自分の能力が変わる カリフォルニア大学バークレー校 超人気の授業

Becoming a Changemaker
An Actionable, Inclusive Guide
to Leading Positive Change at Any Level

ALEX BUDAK
アレックス・ブダク 著
児島修 訳

サンマーク出版

私の大好きな２人のチェンジメーカー、
アシャーとベックスへ。
君たちを愛している。

BECOMING A CHANGEMAKER:
An Actionable, Inclusive Guide to Leading Positive Change at Any Level
by Alex Budak

世界は、かつてないほど
あなたを待ち望んでいる

序章

「チェンジメーカーになる」授業へようこそ

2012年、私は知人のシバニ・シロヤが設立した、カリフォルニア州サンタモニカにあるスタートアップ企業、タラ社のオフィスでコワーキングをして1日を過ごした。

当時の私は意欲溢れる若き社会起業家で、ノートパソコンとコーヒーさえあればどこでも仕事ができた。とはいえ、友人の友人に過ぎなかったシバニが私のためにオフィスにデスクを用意してくれたのはとてもありがたかった。

その日の午前中、コーヒーを片手にシバニと散歩した。霧が晴れ、目の前に太平洋が徐々に姿を現す中、彼女は自身の人生や仕事について話してくれた。

話に耳を傾けるうち、次第にはっきりしてきたことがあった。それはシバニが、ビジネス界の成功者を表すのによく使われる「起業家」「創業者」「リーダー」といったありきたりの言葉ではとらえきれない人物だということだ。彼女は、こうした肩書や名称以上の存在だった。

シバニは国連でキャリアをスタートさせ、マイクロファイナンス〔貧困層を対象とした小規模金融〕のイニシアチブに関わったのち、ウォール街の金融アナリストに転身。人が羨むような経歴だったが、既存の金融業界に物足りなさも感じていた。

ファイナンスの仕事には情熱を傾けていたが、その一方で、自らの仕事とは無関係の、貧しい人たちの存在が気になった。銀行口座も金融の知識もなく、金融市場からのけ者にされた世界の25億人以上もの人たちのことだ。

やがて、のちにタラ社となるスタートアップ企業のアイデアを構想し始めた。そのコンセプトは次のようなものだ。「ごく普通の人が世界を変えるためにお金を借りられる、オンラインのグローバル投資ファンドをつくる」

また、この会社が「今すぐにでも世の中に必要な理由」を、こう考えていた。

「少額融資と金融教育によって金融市場の格差を埋め、起業家が地域社会に変革を起こせるようにするため」

ゼロの身からアイデアを売り込む

とはいえ、私が本当に感銘を受けたのは、タラ社のアイデアそのものより、彼女がそれを実現させた方法だった。

起業家の経験がなかった彼女は、そのハンディをものともせず、ビジョンを一つひとつ実現していった。まず、知り合いやリンクトインで見つけた見知らぬ人に片っ端からアイデアを売り込み（最終的には１５００通以上ものメッセージを送信した！）、パートタイムで働く小規模なチームをつくった。

プロジェクトが軌道に乗り始めると、選択を迫られた。安定していて、社会的地位も高く、苦労して手に入れたウォール街でのキャリアを続けるか、これまでの仕事をきっぱり辞めてすべてのエネルギーと時間をタラに捧げるか――。

シバニは、勇気を出して一歩を踏み出した。その後はひたすら前進を続け、商品数を増やし、会社の拠点を複数の大陸へと広げていった。

だが何より印象的だったのは、シバニの冒険の規模や影響力の大きさではない。

それは、彼女が有していた「資質」だった。つまり、現状を疑う姿勢や、リーダーシップ、誰かの役に立ちたいという気持ちだ。

彼女との朝の散歩を通じて、私は気づいた。世間は、リーダーが成功するには、シバニにとってのファイナンス・スキルのような具体的な能力が必要だと見なしている。

だが、シバニを真に影響力のあるリーダーや創設者たらしめているのは、実務的な能力ではない。それは、**「チェンジメーカー」としての資質**だった。

つまり、**変化を起こすために必要な考え方であり、行動力であり、勇気であり、情熱であり、粘り強さ**だ。この資質は、経歴や場所を問わず、誰もが学べ、実践できるものだ。シバニと一緒に歩いていた私の頭に、「チェンジメーカー」というコンセプトがはっきりと浮かんできた。そして、自分のまわりにも、シバニと同じようなチェンジメーカーの資質がある人がいるのではと考え始めた。その中には、自分のことをチェンジメーカーとは見なしていないだろう人たちも含まれていた。

その瞬間、変化という概念に対する私の考えは……変わった。

それまで、世の中を変えられるのは赤十字や世界銀行などごく一握りの大組織だけだと思っていた。だが、そうではないと思い直した。

誰でもポジティブな変化は起こせる。変化は限られた人たちだけのものではない。**自分が置かれた状況で、自分らしい方法で真摯に取り組めば、変化は起こせるのだ。**

同時に私は、この新たなリーダーたちによる変革を妨げる、社会的、人間関係的な障壁があることもはっきり想像できた。

あの日、シバニと散歩をして以来、私はチェンジメーカーになるためには何が必要で、それを阻む最大の要因は何かを理解することに夢中で取り組んできた。

チェンジメーカーVSチェンジシンカー

「チェンジメーカー」という言葉が初めて世間に知られたのは、社会起業家の国際的支援組織「アショカ」が、年次のニュースレターでこの言葉を使った1981年のことだ。

アショカはチェンジメーカーを「創造的な方法で社会問題の解決に取り組む人」と定義する。

しかし私は、チェンジメーカーの概念は社会問題という枠を超えると考える。そして、チェンジメーカーを、**「自分が置かれた状況でポジティブな変化を導ける人」**と定義する。

変化の規模や範囲は問題ではない。一個人であれ、インターンであれCEOであれ、自分が置かれた場所で変化を導く人は、誰であれチェンジメーカーと見なすべきだ。

チェンジメーカーは、肩書や業界、影響力ではなく、マインドセットやリーダーシップスキル、行動力で定義される。

大切なのは「チェンジメーカー」（変革を起こす人）であることであって、「チェンジシンカー」（変革について考える人）ではない。チェンジメーカーとは、明るい未来と現在に対する改善策があると信じ、それを自らの手で創り出そうとする人のことだ。

激変する世界の中でチェンジメーカーになるには、不確かな状況下で変革を導くリーダーシップスキルが必要だ。

変化を導くには、変化を理解しなければならない。そして、今ほど変化を起こしやすく、

変化を起こすことが重要な時代はない。

カリフォルニア大学、前例のない教室

2019年1月24日午前10時――。このときのことは、今でも鮮明に覚えている。

私は教壇に向かって歩いていた。背後のスクリーンには、140ポイントの特大サイズのフォントで「世界は、かつてないほどあなたを待ち望んでいる」という文字が表示されている。後列の学生の目にさえ飛び込んでくるほどの大きな文字だ。

「〝チェンジメーカーになる〟の講義へようこそ」と私は言った。「世界は、かつてないほどあなたを待ち望んでいます」

私はカリフォルニア大学バークレー校に採用されたばかりで、これが同校での初めての講義だった。そのとき味わった強烈な感覚は、「緊張していた」という言葉では表現しきれない。新米教師として初めて教壇に立とうとしている自分が、ひどく頼りなく思えた。

これまで自分が培ってきた経験や専門性をすべて注ぎ込んだこの前例のないテーマのコースに、学生たちはどう反応するだろう？

これは、もし時計の針を巻き戻せるなら、私自身が学生のときに受けたかった授業だ。

同じように感じてくれる学生がどれくらいいるか、これから明らかになる。

大学を卒業してチェンジメーカーの道のりを歩み始めた22歳の自分には、34歳でカリフォルニア大学バークレーの教室で次世代のリーダー向けに講義する姿はまったく想像できなかった。

だがこの講義の内容は、私が過去12年間に心血を注いできた取り組みの賜物でもあった。


私はプロフェッショナルとしてのキャリアを、幅広いチェンジメーカーの成功を支援するためのプラットフォームの構築と機会の創造に捧げてきた。

まず、世界中のチェンジメーカーがアイデアから行動への第一歩を踏み出すのを支援するウェブサイト「StartSomeGood.com」を共同創設した。このウェブサイトとコミュニティは、資金提供やプロジェクト支援によって1500人以上もの優れたチェンジメーカーが変革を実現するための触媒となった。

その後はスウェーデンで社会起業家向けインキュベーター「リーチ・フォー・チェンジ」を率いる機会に恵まれ、コーチングやメンタリングを通して多くのチェンジメーカーが最大限の影響力を発揮できるように手助けする傍ら、スカンジナビア諸国の大勢の人たちにチェンジメーカーの考えを広める活動にも取り組んだ。

さらに、オンライン署名サイト「Change.org」を世界最大の社会変革プラットフォームに押し上げるため、メンバーと共に3000万ドル以上の資金調達に尽力した。

またこれらの期間を通して、世界数十か国で、世界銀行、国連機関、大手企業、大学など幅広い組織に所属するチェンジメーカーの卵たち向けにワークショップやトレーニングを提供する機会に恵まれた。

今振り返ると、こうした経験のすべてが、カリフォルニア大学バークレー校ハースビジネススクールの教育担当上級副学部長ジェイ・ストウスキーとの運命の出会いにつながっていた。


私の起業家、経営者、教育者としてのキャリアは、共通する1本の糸でつながっていた——変化を起こすことについて教え、啓発することだ。

とはいえ、それまで大学で変革についての講義をする自分を想像したことはなかった。

今後の身の振り方を悩んでいた私は、いつも相談に乗ってくれるジェイのオフィスを訪ねた。そこで、今でも忘れられない質問をされた。

「アレックス、結局君は、本当は何がしたいんだ？」

私は、落ち着かない気持ちになりながら本音を伝えた。

「一番やりたいのは、教える仕事です。でも、大学の教師は私より十歳以上も年上の人ばかりですし……」

だが意外にも、ジェイは驚いた様子もなく、何を教えたいのかとストレートに尋ねてきた。

「チェンジメーカーになる方法です」私はためらわず、自信を持って答えた。

「いいだろう」とジェイは言った。「まずはシラバスをつくってくれ。それから話を詰めよう」

ジェイと握手をしてオフィスを出た。誰かが自分のビジョンに可能性を見出してくれた――。そう思うと、胸が高鳴った。

すぐにスマホを取り出し、「シラバスの書き方」と打ち込んだ。ジェイには自信たっぷりに答えたが、大学の講義内容をどんなふうに作成すればいいかなんて、まったくわからなかった。

講義プランを作成しながら、それまで自分が変革を起こすことを追求する中で学んできたすべてを振り返った。数々の書籍、感銘を与えてくれた世界中の人々、物理学や音楽のような幅広い分野から学んだ変革のアイデア――。これらすべてがコースのシラバスや演習の作成に役立った。

この作業を通じて、コースの明確なイメージが浮かび上がってきた。**学生たちが自らの情熱を個人、組織、社会のレベルでポジティブな変化を生み出す力に変えられる、真のスキルとマインドセットを習得できる講義にしたい――。**

私は、これまでに経験した成功と失敗、それらの体験から得た知見のすべてを携えて、教室のドアの前に立った。心を落ち着かせてドアを開けた。

眼前の光景を見て、目頭が熱くなった。満席だった。しかも、座席からあふれた学生たちが、通路や窓枠に座り、壁際に沿って立っている。

カリフォルニア大学バークレー校の学生は、学期ごとに6000以上のコースから好きなものを選択できる。その学生たちで、教室がはち切れそうになっている。私は自分の使命を確信した。

この学生たちをリーダーにするだけでなく、世界が必要としているチェンジメーカーにするために全力を尽くさなければならない——。

Column

チェンジメーカーは誰でもなれる！

私は先日、カリフォルニア州アンテロープ・バレーにある中学校で、同校の教師アリ・ベネデッティが生徒向けに設けたチェンジメーカー・プロジェクトの一環として、7年生を対象に講演をした。

早々に、穏やかな口調の女の子から核心を突く質問がきた。

「どんな人がチェンジメーカーになれますか？」

私はきっぱりと答えた。**「誰でもなれます！」**

チェンジメーカーと聞くと、起業家や技術者、政治家など、リーダー的な役割を担う人が連想されがちだ。こうした肩書のない人のほとんどは、自分のことをチェンジメーカーだとは思っていないだろう。

格差が広がる現代社会では、他人と差別化できる独自の強みに注目が集まる。だが私は**チェンジメーカーは誰にでも開かれたもの**と定義している。それを例証するため、本書ではあらゆるタイプのチェンジメーカーを紹介する。

本書に登場するチェンジメーカーには、内向的な人も外向的な人も、科学者も芸術家も、先住民も移民も、男性も女性もノンバイナリーの人〔男性でも女性でもない性自認を持つ人〕もいる。子どもの頃から起こしたい変化が明確だった人もいれば、人生の後半になって使命に目覚めた人もいる。親も、子どもも、大卒者も、高校中退者もいる。

本書は、誰もがチェンジメーカーであるという、私たち全員を結びつける事実に焦点を当てる。

これから紹介するすべての事例に自分を重ねるのは難しいかもしれないが、どれか1つでも、特別な意味のあるつながりを感じてもらえることを願っている。

人は、イメージできないものにはなれない。本書が、あなたが自分自身をチェンジメーカーと見なす手助けになれば幸いだ。

激変する世界の中で

私たちが激変する社会に対処するには、次の2つのどちらかを選ばなければならない。

1つは、変化から目を背け、できる限り関わろうとせず、運命に身を任せて変化の荒波を乗り越えられるのを願うこと。

もう1つは、自らの手で道を切り開き、変化を積極的に利用してチャンスを見出すこと。

チェンジメーカーは後者を選ぶ――良い変化を起こすための触媒になろうとするのだ。

ただしその前に、まずは「変化そのもの」を理解しなければならない。今日の変化には、2つの重要な側面がある。変化は現在進行形で起きていることと、変化に対処するのは難しいということだ。

もし、あなたが世界の変化がますます速くなっていると感じているのなら……その感覚は正しい！　その1つの例が、過去600年間のテクノロジーの急速な成長だ。

1440年頃、ドイツのヨハネス・グーテンベルクが活版印刷機を発明した。それから1608年に望遠鏡が発明されるまでに、150年以上の歳月が流れた。蒸気機関の発明までにはさらに90年、電球が発明されるまでにはさらに数十年かかっている。

つまり数世紀前まで、ある人間が生まれてから死ぬまでのあいだに、1つ程度の技術革新しか起こらなかった。

だが時代は変わった。この5年だけを見ても、自動運転技術や遺伝子編集、人工知能などの分野で驚異的な進歩が見られた。本書があなたのもとに届くまでのあいだにさえ、世界を変えるような発見が生まれているかもしれない。

この急速な技術的成長は、1965年にインテル社の共同創業者ゴードン・ムーアが提唱した「ムーアの法則」で説明できる。ムーアは「マイクロチップ上のトランジスタの数は2年ごとに倍増し、コストは半減する」と予測した。

この法則に従えば、コンピューターの計算能力は指数関数的に向上し、技術革新が加速することになる。

トーマス・フリードマンは著書『遅刻してくれて、ありがとう』(日本経済新聞出版)の中で、自動車産業に当てはめることで、ムーアの法則がいかに驚異的かを説明する。

「もし自動車がムーアの法則に従えば、1971年型のフォルクスワーゲン・ビートルは、現在では時速30万マイルで走り、価格は4セント、一度だけ給油すればほぼ無限に走りつづけるほど低燃費の車に進化していることになる」

乗り物の世界に目を向ければ、変化の指数関数的な速さをさらに理解しやすくなる。馬車を捨てて、大きな車輪と天蓋付きの自動車に乗り換えるという破壊的革新が起きたのは、それほど昔のことではない。

それが現代では、ハイパーループ〔車が超高速で移動する真空のチューブ〕や自動運転の未来が間近に迫っている。しかし変化について考えるときには、マイナスの影響にも目を向けなければならない。たとえば2020年時点で、アメリカのトラックドライバーの数は330万人以上。もし輸送業界に大革命が起これば、この雇用が消えるかもしれない。

マーテックの法則
変化はゆっくり浸透する

変化は必ずしも万人に歓迎されるわけではない。私たちはそのことをしっかり認識し、相手の立場を考慮しながら変化を導く必要がある。変化には困難が伴うのだ。

アメリカではここ数年、山火事が起こる季節が長引き、その激しさも増している。これは気候変動の深刻さを物語っている。だが社会はそれを食い止める対策を十分に講じていない。海面が上昇し、氷河が溶けていく光景を目の当たりにしていてもだ。

新型コロナウイルスの世界的流行は、グローバル化や観光、ビジネスを通して世界全体がいかに相互に深く結びつき、感染症に脆いかを思い知らされる出来事だった。私たちは、感染拡大を食い止めるために行動様式を変えるのに苦労した。

2020年にミネアポリス近郊で発生した警察官による黒人男性ジョージ・フロイドの

殺害事件は、アメリカだけでなく世界中の社会に人種差別が根深く存在することを強く印象づける事件だった。フロイドの死とそれに続く抗議運動によって、人種差別と人種的不正義の蔓延に対して世間の目が長く注がれることになった。

それは同時に、この問題についての根本的な改善がまだ実現されていない現実をあらためて浮き彫りにするものでもあった。**問題がどれだけ重要でも、あるいは重要だからこそ、変革には困難が伴い、人々はどうしてよいかわからなくなってしまうのだ。**

現代の大規模な変化は猛烈に速く、複雑なため、従来の思考法やリーダーシップ、行動は通用しなくなりつつある。

ムーアの法則は、現代の変化の凄まじい速さを理解するのに役立つが、これを補完するのが、なぜその速さについていくのが難しいかを説明する「マーテックの法則」だ。テクノロジーは指数関数的に（加速度的に）変化する。**だが、組織は対数的に（ゆっくりと）しか変化しない。**そのため時間が経つにつれ、現実に起きている変化とそれに対応する私たちの能力とのギャップはどんどん広がっていく。

マーテックの法則は、世界で起きている変化と、それに対処しようとする人の能力とのギャップが広がっていることを示している。これは現代人に突きつけられた大きな課題といえるだろう。

しかしチェンジメーカーは、まわりが困難と見なすものの中にチャンスを見出す。

世界は前例がないほど急速に変化し、それについていくこともますます難しくなっている。

だからこそ、今ほどチェンジメーカーが求められる時代はないのだ。

チェンジメーカーは、未来は今日よりも良くなり得るし、それは実現できると信じている。

本書で学ぶチェンジメーカーのマインドセットやリーダーシップ、行動力があれば、変化を自らが望む方向に導ける。

チェンジメーカーとは、変化に主体的に関わることだ。本書を読むことが、その第一歩になる。

仕事と人生に「応用」できる授業

本書は、カリフォルニア大学バークレー校での私の講義と同じ構成になっている（ただし、指定図書は本書だけ！）。講義と同じく、本書も3部構成になっている。

第1部「チェンジメーカー・マインドセット」では、肩書や分野、経歴を問わず、成功したチェンジメーカーに共通する考え方や行動に注目する。後述する「チェンジメーカー・インデックス」を基に、あなたの人生や仕事に応用できる社会科学の知見を紹介する。

また「現状を疑う」「自分を超える」などのチェンジメーカーの原則に沿い、レジリエンス（回復力）、賢いリスクテイク、共感力、好奇心、適応力といった重要なコンセプトも見ていく。

さらに、バークレー校の学生たちも講義で実践する、チェンジメーカー・マインドセットを養う演習の一部を、今回初めて公開する。


第2部「チェンジメーカー・リーダーシップ」では、世界が求めるリーダーになる方法に焦点を当てる。

「権威に頼らず人を動かす」「ネットワークを通じて導く」「信頼を築く」など21世紀のリーダーに欠かせない原則に基づき、ビジョンに向かって人を導く自信を培いながら、独自のアプローチを形作る方法を学んでいこう。

個人としてだけでなく、まわりと協力して力を発揮できるチェンジメーカーになる方法や、これからリーダーになる人も含めて、リーダーとしての勇気と能力を身につける方法を探る。


第3部「チェンジメーカー・アクション」では、身につけたばかりのマインドセットとリーダーシップスキルを使って、アイデアを行動に変えていこう。

「チェンジメーカー・キャンバス」を用いて、変革を実現するための独自の方法を考える。

アーティストや看護師、起業家など多様なチェンジメーカーから、**一歩を踏み出す方法を学び、変化を持続させる方法**を学ぼう。

時は来た。あなたがチェンジメーカーとして活躍できる時代は、目の前にある。

世界は、かつてないほどあなたを待ち望んでいる。

自分の能力が変わる
カリフォルニア大学バークレー校
超人気の授業
Contents

2章 「逆」を見る

3章

謙虚な自信家

「信頼」というスーパーパワー

4章 本当にそれでいい？

変化を行き渡らせる

5章 ピボット！

軸はぶれず「方向転換」する

第2部 チェンジメーカー・リーダーシップ
すべての能力に効き、難題を打破するスキル

6章 動いて「実験」する
万人が「リーダーシップ」をスキルとしてつかえる

7章 マイクロ視点

目の前にある「絶好機」

8章 「包み込む」ように導く

第3部 チェンジメーカー・アクション
現実に、望む結果を実現する

9章 変化を発火させる
アイデアから行動へ

10章

変革が難しいとき

「みんな」をつかう

11章 チェンジメーカー・キャンバス

「やること」を明確にする実行の章

12章 チェンジメーカー・ジャーニー はじめる

カバーデザイン　野副さつき
本文デザイン＋DTP　荒井雅美（トモエキコウ）
編集協力　株式会社鷗来堂
編集　梅田直希（サンマーク出版）

本文中の〔　〕は訳注を表す。

第1部

チェンジメーカー・マインドセット

とらえ方でこんなに変わる

1章

「視点」を変える

常に「別の方法」がある

ハンナは疑っていた。

腕組みをして教室の椅子に座り、不機嫌そうにしている。他の学生たちが笑みを浮かべる中で、その硬い表情はひときわ目立っていた。

心配した私は、授業後にメールを送り、講義にどんな感想を持ったか、何か問題はないか尋ねた。

ハンナからの返事の内容は、意外なものだった。

「私は心からチェンジメーカーになりたいです。でも、今は自信がありません。変化を起こすことへの希望を失ってしまったからです」

絶望が手に取るように伝わってきた。私は落ち込んだが、これはハンナのことをよく理解し、彼女が再びチェンジメーカーになろうとするのをサポートするよい機会になると思い直した。

校内で話を聞いた。

ハンナは夏のインターンシップ中に、ダイバーシティ&インクルージョン（多様性と包括性）の構想を立ち上げようとして挫折したと話してくれた。同僚や直属の上司からは十分なサポートを受け、本人も情熱を持って取り組んでいたが、会社の幹部から妨害されたという。

どんなに努力しても変化は起こせなかった。大きな壁にぶつかったと感じた。その結果、「変化は起こせる、どんな変革も実現できる」と信じるのをやめてしまった。

私自身、同じような状況に置かれたことがあった。それでも私は、彼女の「チェンジメーカー・マインドセット」を育むための取り組みを始めた――これは**身の回りの世界で、自分自身と自分の居場所を新たな視点でとらえる方法**だ。

起点は「マインドセット」

ここから始めたほうがいい理由

ハンナと私がマインドセットから着手したのには理由がある。

チェンジメーカー・マインドセットを育めば、起業家も芸術家も科学者も教師もプログラマーも、情熱の対象や分野を問わず様々な利点が得られるからだ。

変革を起こすには、まず自分を変えなければならない。このセクションでは、私がチェンジメーカー・マインドセットを重視する4つの理由を説明する。

①**人間は、自らのマインドセットをコントロールする力がある。**これは問題の原因を自分の内側に見出すか、外側に見出すかにも関わっている。

②チェンジメーカー・マインドセットを育む方法は、誰でも学べる。私は、元受刑者から大手金融企業のCEOに至る幅広い人たちが、それぞれの方法でチェンジメーカー・マインドセットを育むのをサポートしてきた。

③このマインドセットを養う努力に終わりはない。手を叩いて「よし、これでマスターした！」と言える瞬間は訪れない。1、2回ジムに通えばそれで終わりでないのと同じだ。定期的にトレーニングして、フィットネスを維持しなければならない。

④このマインドセットは、仕事にも日常生活にも好循環をもたらす。仕事上の目標を達成するためにチェンジメーカー・マインドセットを育めば、それは日常生活で自分が担う様々な役割（親、友人、隣人など）にも同じくらい有効なものになる。

■人は「成長型」にも「固定型」にもなる

「マインドセット」は、**「ある人が持つ、確立された一連の態度」**と定義できる。

この言葉は1990年代後半、スタンフォード大学の心理学者キャロル・ドゥエックが提唱したことで注目された。

ドゥエックは後に著書の中で、**「成長型マインドセット」と「固定型マインドセット」**という2つのマインドセットを提唱した。

固定型マインドセットは「人間の基本的資質（知性や才能など）は、あらかじめその人に備わっている不変の資質である」という考えを、成長型マインドセットは「自分の能力は努力によって高められる」という考えを指している。成長型マインドセットを持つ人は、積極的に学び、成長のために粘り強く努力を積み重ねる。

ドゥエックは、誰もが成長型マインドセットを身につけられると主張している。また、この2つは二者択一ではないとも説く。つまり、人は状況に応じて固定型マインドセットに傾く場合もあれば、成長型マインドセットに傾く場合もある。

固定型マインドセットを持つ人は、知性は変わらないと考えるため、「自分は賢い人間だ」とまわりに示したがる。一方、成長型マインドセットを持つ人は、知性は高められると考えるため、学ぶ意欲を持ちやすくなる。

この違いは、困難に直面したときに浮き彫りになる。

固定型マインドセットを持つ人は、困難からすぐに逃げようとする。

たとえば、自分には生まれつき数学の才能があると信じる人は、問題のレベルが上がって解くのが難しくなると、「自分には才能がない」と簡単に匙《さじ》を投げてしまう。

一方、成長型マインドセットを持つ人は、困難を学習や成長の機会と見なそうとするので、粘り強く勉強を続けようとする。

固定型マインドセットを持つ人は、誰かに批判されると、それを自分に対する挑戦だととらえ、無視しがちになる。一方、成長型マインドセットを持つ人は、批判を歓迎し、そこから学ぼうとする。

たとえば、テストの結果が返ってきたとき、あなたは直視するのが辛いという理由でそれを無視するだろうか？　それとも、たとえ結果が悪くても、「これは自分の知識やスキルを高めるチャンスだ」と考えるだろうか？

他人の成功への反応はどうだろう？　固定型マインドセットを持つ人は、成功をゼロサムゲームとして見る傾向があり、人の成功に脅威を感じやすい。誰かが勝てば、自分が負けると考える。

一方、成長型マインドセットを持つ人は、他人の成功に教訓や良いアイデアを見出す。誰かが成功したのなら、自分も将来同じように成功できるかもしれないと考えるのだ。

成長型マインドセットは、私たちが何かを成し遂げようとするうえでのカギを握っている。だが、これだけではチェンジメーカー・マインドセットを持つのに十分ではない。

常に「別の方法がある」と考える

第1部では、チェンジメーカー・マインドセットの主な特徴や特性について説明する。これらの特徴や特性はすべて、次の3つの考えに基づいている。

①常に「別の方法」がある

チェンジメーカーは、現状とは違う方法があると常に信じている。

あなたは、どのインターネットブラウザを使っているだろうか？ 「そのブラウザで、あなたが仕事で成功できるかどうか予測できる」と言ったら信じてもらえるだろうか？

人事ソフトウェア企業のコーナーストーン・オンデマンドによる研究は、驚くべきパターンを発見している。

2015年、同社は優秀な従業員の特性を明らかにするため、カスタマーサービス部門の従業員のデータを分析した。その結果、従業員が使っているブラウザと業績のあいだに相関関係があることがわかった。

「Firefox」「Chrome」を使っている従業員は、「Safari」「Internet Explorer」を使う従業員より業績が良く、職場に長くとどまる割合も15％高かったのだ。

重要な違いは、「Firefox」と「Chrome」はデフォルトのブラウザではないこと。つまり、これらのブラウザを使うには、意識的に選択する必要がある。

現状を疑い、世の中の大半の人が使っているものより良い何かがあると信じて、それを見つけようと努力しなければ、これらのブラウザは使えない。

この調査を実施した同社の最高分析責任者（ＣＡＯ）マイケル・ハウスマンは、ラジオ経済番組「Freakonomics Radio」でこう述べている。

「ある人が手間暇をかけてFirefoxを自分のコンピューターにインストールした事実は、何かを物語っている。（中略）つまりその人は、デフォルト以外のものを、積極的に選んだということだ」

チェンジメーカー・マインドセットは、「必ず、今よりいい方法はある」と考えるところから始まる。

現状は変えられる。それは、より良い方法がどこかにあると想像するための招待状なのだ。

②異分野が「重なり合う場所」に目を向ける

チェンジメーカーは**「異なる分野が重なり合う場所」**に目を向け、変革を起こす。

21世紀の社会が抱える飢餓や水問題、気候変動、人種間の平等、政治的二極化などの大きな社会問題に目を向ければ、これらがただ1つの分野やアプローチでは解決できないことがわかる。

チェンジメーカー・マインドセットは、様々な視点や手法、世界観を組み合わせて変化を生み出すチャンスを探す。**断新な解決策は、分野と分野が重なり合う場所から生まれるのだ。**

サーティ（Saathi）社は、健康問題と環境問題が交わる場所で変革の機会を見出した。インドの女性の大多数が生理用ナプキンを使えないことと、従来の生理用ナプキンが環境に大きな負荷を与えていることの2つの問題の解決に、一度に取り組んだのだ。

同社はバナナの木の茎を原材料にした繊維から、前例のないタイプの生理用ナプキンを開発した。これは従来のナプキンの主な原材料（プラスチックや漂白木材パルプ）と比べてはるかに環境に優しい。化学薬品が使われず、費用対効果が高く、同社の本社があるグジャラート州周辺の地域住民が広く利用でき、わずか半年で自然に分解されて土に還る（従来のナプキンの場合は500年以上）。

同社は、「女性の健康」と「持続可能性」の2つの課題に同時に取り組んだ。

共同設立者のクリスティン・カゲツは、ウェブメディアで語った。

「低価格にするだけでは、生理用ナプキンのライフサイクル全体を考慮できない。使い捨て製品では、使用後の環境への影響を考えなければならない。そこが、他の生理用ナプキンメーカーとの差別化ポイントになる」

サーティ社は、様々な分野の考え方を融合させて新たな可能性を生み出した。既存の枠組みの中でも、それなりの製品はできたかもしれない。しかし同社は複数の分野が重なり合う場所に注目することで、革新的な製品を開発したのだ。

③学習性の希望

チェンジメーカーは希望を大切にする。

変革とは、楽観主義を行動に移すことだ。希望に行動が結びついてこそ、初めて変化は起こせる。

作家のレベッカ・ソルニットは、「希望とは、宝くじが当たるのをじっと祈るようなものではない。**希望は、緊急時にドアを打ち破るための斧なのだ**」と述べている。

ただしこれは、悲観主義の対比という意味での楽観主義ではない。本書ではチェンジメーカー・マインドセットの希望の側面を、「学習性無力感」〔頑張っても結果が得られない状況が続き、その状況を脱しようと努力しなくなること〕に代わる、「学習性の希望」と定義する。

チェンジメーカーとしての世界の見方を学び、変革の行動をとることで、私たちは苦しみの最中にあっても、（むしろ、だからこそ）希望のロウソクを灯しつづけられる。

この楽観主義を応用したのが、「学習性楽観主義」だ。これはポジティブ心理学の創始者で心理学者マーティン・セリグマンが提唱したもので、挫折への新たな対処法を学ぶことを意味している。

ハナが身をもって学んだように、変革には困難が伴う。学習性楽観主義は、物事が思うように進まないときでも、希望を持ちつづけ、行動を取りつづけるためのマインドセットだ。

チェンジメーカーは、困難や、悲劇と呼べるほどの出来事も、**「自分を奮い立たせるための火種」と見なす**。

チェンジメーカー・マインドセットがあれば、何が起ころうとも、自力で対処できると信じられる。だから苦難の中に希望を見つけられる。

ダグラオ・ビルホルは学習性の希望を体現する人物だ。彼の息子は、2015年にムンバイの穴だらけの道をバイクで走っていたときに大怪我を負い、悲運の死を遂げた。大雨で前方の巨大な穴に気づかず、致命的な事故を起こしてしまったのだ。

ビルホルはとてつもない喪失感を味わった。だが希望を失わず、行動に移した。この事故をきっかけに、ムンバイ中の道路の穴を埋めることに人生を捧げると決意したのだ。自身で何百もの穴を埋めただけでなく、その姿によって世の中に感銘を与え、この取り組みに加わる人を増やした。

大きな喪失の後で希望を持ちつづけるのは容易ではない。だがビルホルは希望を捨てず、チェンジメーカー・マインドセットの可能性を示した――息子の死を無駄にしないために、そして塞がれた穴のおかげで彼と同じ悲しみを味わわずにすんだ大勢の他の親のために。

Column

学習性楽観主義

マーティン・セリグマンは、1991年の著書『オプティミストはなぜ成功するか』（パンローリング）の中で、3つの「P」で表される学習性楽観主義の側面、「永続性（permanence）」「普遍性（pervasiveness）」「個人度（personalization）」を紹介している。

どれも、困難への対処策を学ぶのに役立つものだ。ハナはインターン先の組織で変化を起こすのに、これらの側面をどう適用できただろう？

永続性――困難は「一時的なもの」

困難を一時的なものと見なすこと。

ハナの場合、最初の変革の試みが失敗したために、どんな変化も起こせないと諦めるようになっていた。だが困難は一時的なものと見なせば、途中のつまずきも乗り越えられると思えるようになる。学習性楽観主義は、失敗は成功のために必要なものと見なすのだ。

普遍性――悪い出来事を「限定」する

悪い出来事は例外的なもので、良い出来事は再現性のあるものと考えること。

学習性楽観主義は、ネガティブな出来事を、仕事や日常生活の他の側面とは別問題だと考える。同時に、ポジティブな出来事の良い影響を他の面に広げていける。

学習性楽観主義は、ネガティブな出来事をしっかり受け止めたうえで、それを変化の触媒と見なす。

ハナはこの点で苦しんでいた。インターン先での苦い経験が、学業を含む生活の他の部分に悪影響をもたらしていたのだ。だが、この辛さは限られた場所だけで起きたものと見なせるようになれば、意味や成長を見出しやすくなる。

個人度――いい「諦め」をする

挫折を経験したとき、**「自分にはどうしようもない側面もあった」**と見なすこと。

これは責任から逃れようとすることではない。世の中は様々な要素が絡み合う複雑な仕組みで動いているので、どれだけ自分が頑張っても、どうにもならないこともある。

ハナもこのことを理解するのに苦労していた。「変化を起こせなかったのは私のせいだ。自分はチェンジメーカーに値しない」と思い込んでいたのだ。

実際には、変化は十分に起こせたのに、組織内での問題に直面していただけだった。まずハナは、会社の序列の中で一番下のインターンという立場だった。この会社で働き始めたのもほんの数か月前で、幹部が彼女のアイデアに真剣に耳を傾けるのは難しかった。性差別や不機嫌な上司などの問題もあった。

もちろん、だからといって変革が不可能なわけではない。日頃から学習性楽観主義に従っていれば、「最善の努力をしても挫折はする」という楽観的な視点を持てたはずだ。チェンジメーカー・マインドセットでは、**「失敗は新たな視点でとらえなおせる」**と考える。変革に失敗しても、それは自分の能力不足とは限らない。むしろそれは、失敗から学び、勇気を出して次の一歩を踏み出す教訓になる。

失敗しても、変化をもたらす勇気を持ちつづけ、学び、再挑戦すればいいのだ。

「チェンジ」を広げる

チェンジメーカーというコンセプトを通して、自分を大きく成長させる方法は3つある。

1つ目は、**自分がチェンジメーカーになること**。

2つ目は、**チェンジメーカーに協力すること**。本書の第2部「チェンジメーカー・リーダーシップ」では、チェンジメーカーを見つけ、協力する方法、自分のチェンジメーカーへの道のりに彼らを巻き込む方法を説明する。

3つ目の方法は、**人がチェンジメーカーになるのを助けること**。これはとても有意義な方法だ。

非営利団体「Ｃｏｄｅ２０４０」の共同創設者ローラ・ワイドマン・パワーズのケースを見てみよう。

２０１２年に設立された同団体のミッションは、黒人や有色人種のプロフェッショナルにテクノロジーに関する様々な機会を提供し、人種間の貧富の差を埋めること。その過程で、テクノロジー業界最大の人種平等をテーマにしたコミュニティも構築してきた。

類似のプログラムの多くが「参加者へのプログラミング教育」に焦点を当てるが、ワイドマン・パワーズの考えは異なる。自分の業績を素直に肯定できない「インポスター症候群」を克服し、自信と勇気を育み、他のリーダーとのつながりを築くなど、チェンジメーカー・マインドセットの向上を重視している。つまり単なるプログラマーではなく、チェンジメーカーを養成しようとしているのだ。

ワイドマン・パワーズは、**「リーダーシップは目的ではなく、自分を超えた何かを達成するための手段」**だと言う。人々を触発し、効果的なチェンジメーカーに育て上げる力こそが、１人ではできない変化を起こす触媒になる。

■「問いかけ」で固定概念をほぐす

形式張らないチェンジメーカーの育成方法の好例として、ハロラン・ファイ・ランソロピーズ社の前社長で、私のメンターでもあるトニー・カーを紹介しよう。

カーは病院の経営者や革新的なインパクト投資家として実業界で活躍する傍ら、個人としてチェンジメーカーの育成に情熱を捧げてきた。自身も真のチェンジメーカーであるカーは、紋切り型の方法に従ったりはしない。

私が自己紹介のメールを送ったときも、メールにはメールで返信するというマナーなど無視して、直接電話をかけてきた（私の携帯電話が鳴ったのは、カー宛のメールの送信ボタンを押してから10秒ほどしか経っていなかった。つまり、メールを全部読む前に電話をかけてきたのだ）。

カーは面識のなかった私を、自らが住むカリフォルニア州フレズノに遊びに来ないかと誘ってくれた。学生たちの前でチェンジメーカーの話をし、彼の親友である校長と一緒に昼食をとらないかと言うのだ。私は二つ返事で承諾し、２日後、車で４時間かけて彼に会いに行った。

以来、カーは頻繁にメールや電話で連絡をしてきては、私に「変化を起こしつづけているか？　困ったことはないか？」と尋ねてくれる。

カーにとっては当たり前だが、これは誰にでもできることではない。私は後に、カーが何十人ものチェンジメーカーを同じように支援していることを知った。

彼は幅広い人脈や柔軟なアイデア、底なしのインスピレーションを私たち一人ひとりに惜しみなく与えてくれる。

「人がチェンジメーカーになるのを助ける」というこの３つ目の変化の方法を、ハナのケースに戻って考えてみよう。
チェンジメーカーになることにまだ懐疑的だったハナに、私は自分の講義の「今週のチェンジメーカー」という課題を割り当て、感銘を与えてくれたチェンジメーカーについて考えるよう促した。「変化を起こすことは可能だ」と、自分に言い聞かせてほしかったからだ。

これはハナの固定観念に対する挑戦だった。彼女は、「誰かがチェンジメーカーとして成功するのを目にするのは、自分にはその資格がないと思い知らされること」という考えを克服しなければならなかった。

ハナは講義で、無名の人物についてプレゼンをした。彼女がその人物を選んだ理由は、挫折から立ち直り、過去のトラウマに耐える力があったから（これはとくにハナが共鳴した点）だった。ハナはまだ自分のチェンジメーカーとしての能力に疑問を抱きながらも、「私はインターン先で、もっとうまく立ち振る舞えたと思います」と述べた。

■変化は「時間差」で起きる

とはいえチェンジメーキングの取り組みは、学校の成績のように評価されるものではない。**変化の本当の影響は、後から来ることが多い**からだ。ハナの場合もそうだった。

後日、私はある学生から、ハナのプレゼンに強い感銘を受けたというメールをもらった。この彼女もまた、高い理想と、チェンジメーカーのスキルが不足しているという自己認識とのギャップを埋めようとしていた。彼女は「いつか自分も、ハナのような人間性とリーダーシップを兼ね備えたチェンジメーカーになりたい」と思ったという。

メールの内容を伝えたところ、ハナから返信があった。「言葉も見つからないくらい嬉しいです。他の誰かが私をこんなふうにチェンジメーカーとして見て、私がしたことに感銘を受けていているなんて信じられません。心から感動し、感謝しています」

その瞬間、ハナは気づいた――「変化を起こすことに抵抗を感じ、自分で自分の限界を決めるような考えをしていたにもかかわらず、私は価値あることをしていたのだ」と。

彼女は、自分にはチェンジメーカー・マインドセットがあり、誰もそれを奪うことはできないと自分自身に証明した。

その瞬間、ハナはチェンジメーカーの道を進んだ。

Column

「今週のチェンジメーカー」

「チェンジメーカーになる」の講義には、「今週のチェンジメーカー」という課題がある。学生は、自分が感銘を受けた人物を選び、その人がチェンジメーカーである理由をクラスで発表する。

対象人物に条件はない。有名でも無名でも、存命でも他界していても、どんな肩書でも、学生がその人をチェンジメーカーと見なした限り、誰を選んでもかまわない。学生は、授業で学んだチェンジメーカーの特徴やコンセプトを、その人物がどんなふうに体現しているか皆に説明する。

私がこの課題を気に入っているのは、学生が紹介する多種多様なチェンジメーカーを通じて、人がポジティブな変化を導く幅広い方法を見られるからだ。

もしあなたがお気に入りのチェンジメーカーについて発表するよう求められたら、誰を選ぶだろう？　その人のどんなマインドセットやリーダーシップ、行動がチェンジメーカーに相応《ふさわ》しいと思ったのだろう？

本書を読み進めながら、その人物がチェンジメーカーのコンセプトを体現しているかどうか考えてほしい。

私は学生たちに、別の課題に挑むことも促す。それは、「今週のチェンジメーカー」で選んだ人物に、SNSやメールで連絡してみるというものだ。

「あなたのことをチェンジメーカーだと思った理由」を伝えるのは、相手にとって大きな賛辞だ。学生たちはこれが感銘を受けた相手とつながる最高の方法だと気づく。

この課題を通じて、学生が自分がチェンジメーカーと見なした人物から仕事のオファーや直接の電話をもらったり、以降も懇意にしてもらったりするケースが多く生まれている。

もちろん、相手に連絡を取ることにはリスクがあると思う人もいるだろう（だがこのまま読み進めてほしい。次章では、賢くリスクを取るためのフレームワークを説明する）。

たとえ反応がなくても、敬愛するチェンジメーカーに、ハナが「自分の存在が、誰かのチェンジメーカーの道のりに影響を与えた」と知ったときに得た魔法のような感覚を与えられるかもしれない。

チェンジメーカー・インデックス

私は心を動かされるエピソードが大好きだ。その一方で、データが重視される大学やビジネスの世界でも生きている。

チェンジメーカーに関する活動を始めたときから、私はデータに基づいて結果を分析する重要性を信じてきた。よく言われるように**「測定できないものは管理できない」**のだ。

これまで、チェンジメーカーについての本格的な研究は皆無だった。2019年前半、私はどうすればそれができるか頭を悩ませていた。

人生では、大切な人がタイミングよく目の前に現れることがある。シンガポールのイノベーション&コンサルティング企業エデン・ストラテジー・インスティテュートのパートナー、カルバン・チュー・イーミンとの出会いもそうだった。彼が私の住む街にいたのは24時間だけで、たまたまカフェで私とコーヒーを飲む程度の空き時間があった。

私たちは、新たなリーダーを育てること、そして成果を測定することの重要性について意気投合し、チェンジメーカーを育てるという特殊な状況下でこれらをどう行うか意見を交わした。

私はその場で、カルバンに協力すると決めた。2019年には、彼の同僚ジェシカ・カリプ、カリスタ・ソニー、アンジェリン・シアと共にチェンジメーカーを対象とした初の縦断研究「チェンジメーカー・インデックス」を開始した。

「チェンジメーカーになる」の受講生を対象にしたこの長期研究の取り組みは現時点ではまだ初期段階だが、すでに統計的に有意な結果が得られ始めている。

私たちはこの研究にオープンマインドで取り組んでいる。自分たちに都合の良い証拠を探すのでなく、純粋な好奇心に身を委ねて、「人がチェンジメーカーになることは可能なのか？」という問いの答えを探っているのだ。

はっきり言えるのは、その答えは**「イエス！」**だということ。そう、人はチェンジメーカーになれる。私たちはこの研究を通じて、誰もがチェンジメーカーになれることを証明し、そのための効果的なステップを確実に追跡できるデータを得ている。

「チェンジメーキング」は、研究分野としても、その実現方法を探るにしても、曖昧な対象だと思う人もいるかもしれない。

しかし私はこの研究データが、「人がチェンジメーカーになるのは可能である」だけでなく、それが数値に置き換えられる証明になってほしいと願っている。本書で紹介する様々な研究に基づいたアプローチについても同様だ。

チェンジメーカーは「数字」で表せる

「チェンジメーカー・インデックス」は、チェンジメーカーとしての態度や行動、状況などを測定する自己評価型のツールだ。

受講生は最初の授業前、最後の授業後、さらにコース終了後も年1回、この評価ツールを実施する。その目的は、受講生が講義を通じてチェンジメーカーとしてどう成長していくのか、また、講義で培ったチェンジメーキング能力を講義終了後もいかに保ち、さらには向上させているかを調べることだ。

講義終了後の年次調査では、学生たちの人生の出来事（昇進、転職、出産など）との関連も探っている。

質問数は25あり、被験者の属性や定性的な質問を用いて、本人がどれくらい成長を実感しているかや、能力を継続的に伸ばしていくために現在必要なことなどについての詳しい情報も得られるようになっている。

結果は、次の5つの観点から評価される。

・**チェンジメーカー・アウェアネス**――日常や仕事での自分のチェンジメーカーとしての度合いを認識できる能力、現時点の自分のチェンジメーカーとしての「強み」「改善点」「影響力を発揮できる機会」などを認識できる能力

・**チェンジメーカー・マインドセット**――変化の激しい環境で物事を進める能力、目の前の状況に合わせて新たな変化の機会を見つけられる能力

・**チェンジメーカー・リーダーシップ**――肩書や権限に関係なく、変化のビジョンを描き、その取り組みにまわりの人を巻き込む能力

・**チェンジメーカー・アクション**――アイデアを実現させるための一歩を踏み出せる能力、アイデアがどのように成長し、規模を拡大できるかイメージできる能力

・**チェンジメーカー・エフェクティブネス**――前述の4つの領域を実践し、失敗を乗り越えながら、持続的な変化を効果的に実現させる能力

多くの人に「有効」だった方法でやる

チェンジメーカー・インデックスの結果には、私自身も驚かされた。クラスや分野を問わず、学生たちは統計的に有意な程度でチェンジメーカーとして成長していた。

なかにはチェンジメーカーとしてのはっきりとした成長が見られない学生もいるが、全体としてデータには確固とした傾向が見られる。わずか数週間でチェンジメーカーとしての成長が見られるだけでなく、年齢、性別、人種などの変数を考慮すると、誰でも統計的に有意なレベルでチェンジメーカーになれることが明確に示されているのだ。

次ページに、チェンジメーカー・インデックスの5つのテーマ別のデータを示す。平均スコアは、初回の講義前と最終回の講義後に測定したものだ。

調査には2019年から2021年にかけて合計619人が参加しており、いくつかの興味深い点が見られた。

▼基準値となるコース受講前のスコアでは、チェンジメーカー・エフェクティブネスが最も低い

これは理にかなっている。私のクラスには、チェンジメーカーになることを熱望しているが、その道のりを歩み始めたばかりの学生が多く集まるからだ。

同じ理由で、受講前の評価では「個人的・職業的にチェンジメーカーとして成長するためにどのように刺激を受けたか」を尋ねる質問が、25個の中で最も平均スコアが高い1つだった（4・62／5）。これは受講生の意欲の高さを示している。そしてこ

チェンジメーカー・インデックスのセクションごとの平均スコア

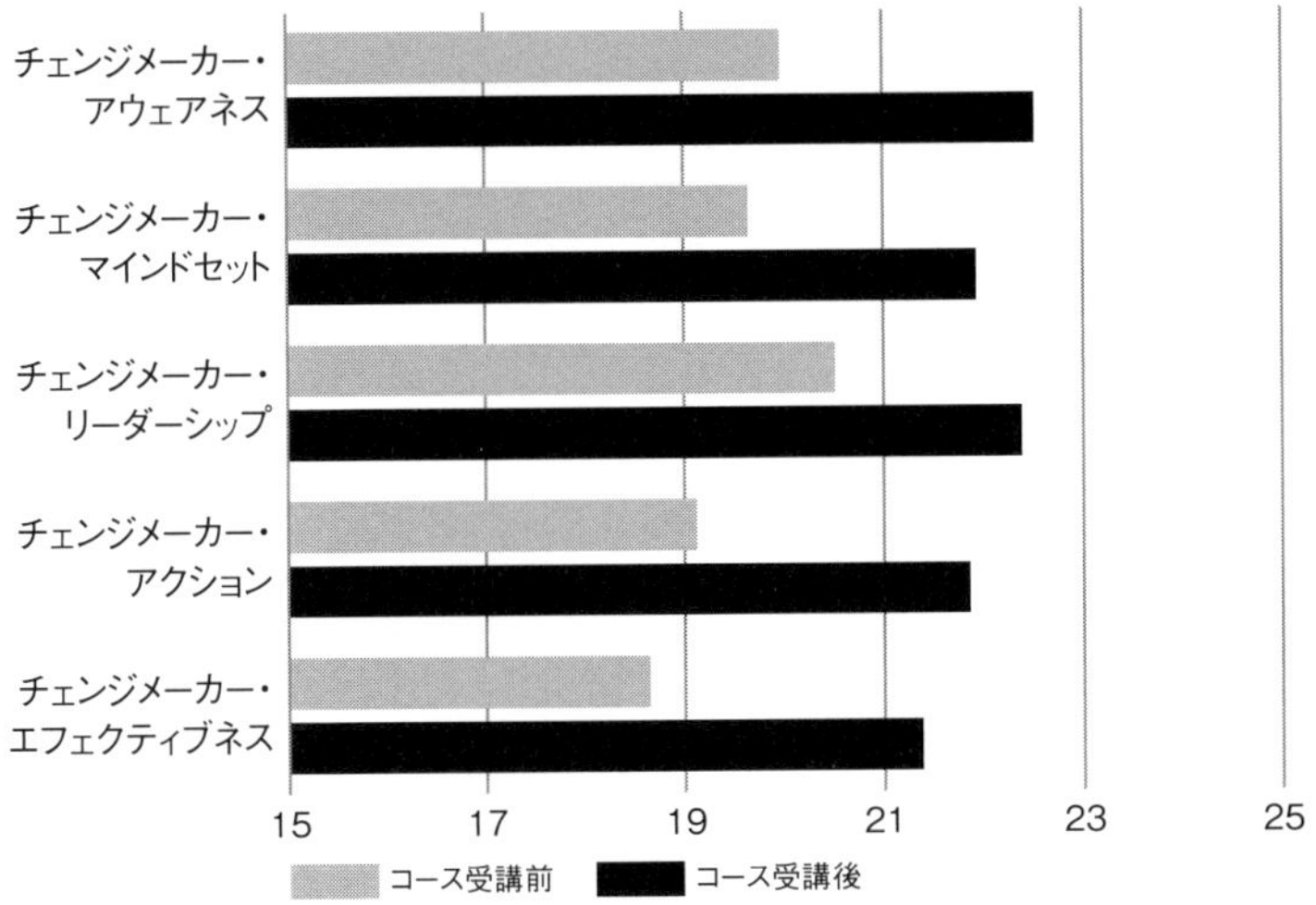

チェンジメーカー・インデックスの各セクションの合計スコア（満点=25点）

チェンジメーカー・テーマ	コース受講前 平均値/質問	コース受講後 平均値/質問	コース受講前 標準偏差	コース受講後 標準偏差
チェンジメーカー・アウェアネス*	3.99	4.51	0.80	0.69
チェンジメーカー・マインドセット*	3.93	4.38	0.84	0.70
チェンジメーカー・リーダーシップ*	4.10	4.48	0.78	0.69
チェンジメーカー・アクション*	3.82	4.37	0.91	0.71
チェンジメーカー・エフェクティブネス*	3.73	4.27	0.99	0.84

* = 統計的に有意な平均値の差の検定（$p<0.05$）［標準偏差は平均に対するばらつき具合を示す］

のコースを受講することで、実際に効果的に変化を起こすチャンスも高まる。

コース前後の調査で測定された最大の変化はチェンジメーカー・エフェクティブネスだった

また、チェンジメーカー・アクションもそれに近かった。これは、私が観察したコース開始時の学生の様子やデータとも一致する。コース開始時には、「アイデアを行動に移す自信がある」という質問への答えは、全質問の中で平均スコアが最も低かった（3・55／5）。だがコース終了後では、この数字が20％以上も増加している。これはチェンジメーカー・エフェクティブネスが、アイデアを行動に移す能力と密接に結びついているからだと考えられる。

MBAの学生たち（年齢中央値＝28歳）は、インデックス全体でコース前後のスコアが1年生とほぼ同じ割合で向上していた。しかし、とくにチェンジメーカー・リーダーシップのセクションでは、コース前のスコアに顕著な違いが見られる

MBAの学生は1年生と比べてコース受講前から自らをリーダーと見なしている確率がはるかに高い。ただしどちらも、コース受講後に「権威に頼らずに人を動かす」能力に驚くべき飛躍が見られる。

MBAの学生は、ダイナミックな環境で道を切り開き、成長する能力が最も向上し

ている。おそらくこれは、実務経験があることと、コースでの学習内容を仕事上の専門領域にすぐに適用できる立場にあることが反映されている。たしかに、現実の仕事の場は極めてダイナミックで変化も急激だ。

あらゆる特性の中で最大の向上が見られたのは、「現実世界には変化を起こすチャンスがある」ことへの認識だ(23・92%増)。本書を読んだあなたにも同じ効果が生じることを願っている

目標とする変化の取り組みの規模を問わず、あるいは自分がどんな変化を起こしたいのかがまだはっきりとしていなくても、本書で紹介する事例やストーリー、アドバイスは、あなたが効果的なチェンジメーカーになる認識とインスピレーションを高めるものになるはずだ。

これからチェンジメーカーになる道のりを歩み始めるあなたに、これらの統計データを見て、「自分は、多くの人に有効だったことが裏付けられた方法論に従っている」という自信を持ってもらえれば幸いだ。

バークレーの原則

カリフォルニア大学バークレー校ハースビジネススクールは、私の学問的・職業的な故郷だ。私は同校が、他のビジネススクールとの差別化のために「文化で競争する」という目標を掲げ、学校の文化と価値観を大切にしているところをとくに素晴らしいと思っている。

同校は4つの「最重要のリーダーシップ原則」を成文化し、その価値観を学校運営に浸透させている。私もハースでの就職面接でこれらの原則について尋ねられたし、学生はコース評価で「教員がこれらの原則を授業で実践しているか」尋ねられる。

キャンパスの前の中庭にはこれらの原則が地面に刻み込まれているので、そこを通るたびに自分たちの文化が何かを思い起こすことになる。

この4原則は、チェンジメーカー・マインドセットを持って現実世界に向き合おうとすることと深く通じるものがある。

チェンジメーカーを育てることへの同校の決意に敬意を表し、本書では第1部の4つの章をこの「最重要の原則」に沿って構成している。

・**2章「『逆』を見る」**では、好奇心や賢いリスクテイクといったマインドセットを取り上げる。

・3章 **「謙虚な自信家」** では、謙虚さや信頼、協調性を仕事や生活に取り入れる方法を学ぶ。

・4章 **「本当にそれでいい？（変化を行き渡らせる）」** では、チェンジメーカーとしての目標の達成に向けて、奉仕、倫理、ビジョン、長期的思考を高める方法を探る。

・5章 **「ピボット！（軸はぶれず「方向転換」する）」** では、年齢を問わず、好奇心を持ちつづけるための適応力や柔軟性、共感力を養う。

第1部を読み終えることで、ハースビジネススクールと「チェンジメーカーになる」の核である4つの「最重要の原則」のそれぞれを体験できる。

あなたはハナと同じように、どんな場所でもチェンジメーカー・マインドセットを発揮する準備を整えられるだろう。

この章のまとめ

主なポイント

● チェンジメーカー・マインドセットは、次の心構えを意識的に持つことから始まる。大切なのは、**「私はまわりの変化に主体的に対応できる」** という考えを常に忘れないこと。

●誰でも、チェンジメーカー・マインドセットを育める。愛する息子を交通事故で失いながら道路の穴を埋める取り組みを始めたダダラオ・ビルホルのように、悲しみに直面してもポジティブな変化は起こせる。「自分には変化は起こせない」と思い込んでしまっていたハナのように、固定観念を覆すこともできる。非営利団体「Code2040」の共同創設者ローラ・ワイドマン・パワーズのように、他のチェンジメーカーの育成に取り組むこともできる。

●チェンジメーカー・インデックスは、経歴や経験、肩書、性格に関係なく、誰もがチェンジメーカーになれることを、確固としたデータで裏づける。

2章

「逆」を見る

「人がしないこと」はすばらしい！

ブライアン・スティーブンソンは、ハーバード大学法科大学院（ロースクール）の卒業生として「よくある道」は歩まなかった。

デラウェア州の貧しい田舎町で育ち、このロースクールに入学するまで本物の弁護士を一度も見たことがなかった。弁護士になりたいと思ったのは、「誰もが正義を受けるべき。とくに、社会的に弱い立場にいる人たちこそ」という信念を持っていたからだ。

自分の使命は、「人権や平等な正義への貢献に人生を捧げる」ことだと感じていた。

しかしいざ入学すると、クラスメイトたちの会話の内容が「貧しい人を助けるとか、社会から取り残された人のために正義を創り出すといった問題とは、まったくかけ離れているように思えた」。

身につけた世界最高水準の法律知識を使って卒業後に何がしたいのか、はっきりとはわからなかった。それでも、既存のレールの上を進むのでは満足できない確信はあった。

「私にとって法律は、世の中を変えるための価値ある道具だった。法律が、変革のための強力な武器であるという考えは今でも変わらない」

みんなが座っているときに立つ

転機は、ロースクール入学後、南部人権センターと関わったことがきっかけで訪れた。そこで、不公平な制度のために、貧困者や有色人種に対して十分な法的支援が与えられていないと主張する人々に出会った。

生まれ故郷の田舎町での記憶が蘇った。「世界には断絶がある。その片側で育った人は、反対側で育った人とは明らかに違う世界を生きている」とスティーブンソンは言う。

変革に対する大きな野心を胸に、1989年、わずかな自己資金を元手に、その後のライフワークとなる「大量投獄、過剰刑罰、人種的不平等の撲滅」を目的とする非営利組織「Equal Justice Initiative（EJI）」（公平な正義のためのイニシアチブ）を立ち上げた。

EJIはまず、アラバマ州で死刑判決を受けた人に法的代理人を保証する活動を始め（それまで同州は全米で唯一このような人に法的支援を提供していなかった）、この支援がなければ処刑されていたであろう125人の誤った判決を覆す手助けをした。

スティーブンソン自らも17歳以下の子どもに仮釈放なしの終身刑を科すことは違憲であ

るという異議申し立てを主導し、米連邦最高裁でそれを認める判決を勝ち取っている。

彼は、人がしないことを進んで行いながら、キャリアと影響力を築いてきた。

「誰かが座っているとき、誰かが立たなければならない。誰かが黙っているときは、誰かが声を上げなければならない」

■疑問を「もっと素朴」にする

その知性や学歴、才覚をもってすれば、スティーブンソンは法曹界でどんな成功でも収められただろう。

しかし彼は、弁護士としてのあり方から、この国の司法制度が本当にすべての人に役立っているのかどうかまで、あらゆる現状を疑うことで自らの足跡を残してきた。

彼がこれまでの人生でこれほど多くのポジティブな変化をもたらすことができたのは、現状を疑ううえで、次の3つの原則に従ってきたからだ。

①「素朴な疑問」を大事にする

ロースクールでは、なぜ多くの人が然るべき正義を受けられないのかという素朴な疑問を抱いていた。常識にとらわれず、法的支援を十分に得られていない人の立場から、彼らの権利を積極的に主張した。

②まわりと「逆」を見る

ロースクールの華やかな世界とは対照的な貧しい人々が暮らす地域で非営利組織を設立した。自らの原体験を忘れず、平等な正義の実現に全力を傾け、社会的弱者の擁護に人生を捧げた。他の弁護士が顧客にしたがらない死刑囚をはじめとする人々を弁護し、それを通じて、社会から軽視されている人たちがいかに人間性を踏みにじられていて、その責任が私たち一人ひとりにあるかを世間に知らしめた。

③賢くリスクを取る

スティーブンソンが担当する案件は、依頼者にとって条件が不利なものや、有利な判決が下るのが極めて難しいものが多かった。だが、新しい依頼者がどんなトラブルを抱えていても、どれほど社会的に弱い立場の人でも、彼は賢くリスクを取ってサポートした。

また、個人としてもリスクを負っていた。自分が追求する仕事のタイプは、法曹界での一般的なキャリアとは異なり経済的な見返りがあまり得られないものだ。それを承知のうえで、自らの成功と幸福を懸けて仕事に打ち込んだのだ。

だが、見返りはあった。死の宣告から人を救えることだ。スティーブンソンが賢く取っていたリスクは、その価値が十分にあるものだった。

「面倒なことに進んで取り組まなければ、世界は変えられない」――彼は現実と希望のバランスを取りながら仲間のチェンジメーカーにアドバイスする。

「不公平は絶望が横たわる場所に蔓延する。希望には計り知れない力がある。誰も絶望させてはいけない。希望は不正の天敵なのだ」

彼は現状を疑い、前述した原則を実践することでチェンジメーカーになったのだ。

効果的に現状を疑うには、2つの能力が求められる。

1つは、**疑う価値のある常識や慣習を見つける能力**。もう1つは、**リスクを取って変化を起こし、他人を巻き込んでいくためのマインドセットとスキル**だ。

本章ではこの2つを取り上げる。まずは、身の回りにある、変化の機が熟している領域を見つける方法から説明しよう。

変革は、まず労力を投じる価値のある「変化の対象」を見つけることから始まる。

Column

なぜ「現状」を疑うべきなのか?

激変する現代社会では、過去の栄光も将来の成功を保証しない。

経済誌フォーチュンに毎年掲載されるアメリカの売上規模上位500社「フォーチュン500」に1955年時点で名を連ねていた企業のうち、現在もこのリストに残っているのはわずか52社(10・4%)。リストから外れた企業の大半は吸収合併されたか倒産している。

個人であれ組織であれ、過去の栄光には安住できない。私たちは常に常識や慣習を疑い、進化や変化、成長の新たな方法を見出さなければならないのだ。

現状に疑問の目を向け、たとえ既存の規範や慣例を揺るがすことになるとしても、ポジティブな変化の機会を見つけ、それを追求する――それがチェンジメーカーだ。

2010年代にデジタルトランスフォーメーション（DX）戦略の実施を後回しにして、こうした技術を容易に導入できる時代がじきに来るはずだと高をくくっていた企業のことを考えてみよう。

これらの企業は当面は現状と何も変わらないはずだと想定していたが、2020年、新型コロナウイルスの感染拡大によって世界は大混乱に陥り、最も保守的な企業でさえ、「変化するか、倒産か」という究極の選択に迫られた。

この混沌とした状況の中、最高の成果を上げたのは、現状を疑うことを習慣化し、前もって行動していた組織や個人だった。

オーストラリアのツーバーズ・ブルーイング社は、同国初の女性が経営者を務めるアルコール飲料メーカーだ。新型コロナウイルスのパンデミックが起きたとき、メルボルンにある同社のワイン試飲室やレストランは大きな危機に晒された。

だが、同社には即座に変化に対応できる備えがあった。政府によるレストランの営業停止命令が出た最初の週末には「ドライブスルー・ボトルショップ」をオープンし、常連客向けにフードデリバリーとオンライン注文を開始した。「現状を疑う」精神が定着していた同社の店舗は、大きな変化にすぐに適応できたのだ。

変革を率いるリーダーは、様々なリスクに直面する。しかしこれから本章で見ていくように、役割や権限、影響力にかかわらず、「周囲の賛同を得ながら、賢明かつ計算されたリスクを適切なタイミングで取る方法」は学べる。

「前提」をひっくり返してみる

「現状を疑う」とは、実際にはどのようなものなのだろうか？

チェンジメーカーは、まず世界の現状をよく理解し、将来に起こり得る変化の可能性を独自の視点で考察することから一歩を踏み出す場合が多い。

ライラ・オルグレンもそうだった。

自らの好奇心から、何十億人が使う何かを生み出したと主張できる人はめったにいないだろう。だが１９３７年生まれのこのスウェーデン人エンジニアは違う。彼女がそれを実現できたのは、現状を疑い、別の可能性を探りつづけたからだ。

オルグレンは１９７０年代、スウェーデンの国営電話会社で初期の携帯電話やそのインフラ開発に取り組むチームで唯一の女性エンジニアとして働いていた。

チームは何度も同じ問題にぶつかっていた。初期の携帯電話は車の中での使用が想定されていたが、チームは自宅やオフィスで慣れ親しまれていたのと同じ電話機の使い方にこだわった。携帯電話は固定電話とまったく同じように使われる――つまり、受話器を取って番号をダイヤルして通話を開始しなければならないと考えていたのだ。

だが、理論上は可能なことなのに、いくらテストを繰り返しても接続が途切れてしまう。

このとき、オルグレンはアイデアを思いつく。それは、チームの方向性を変え、現在私たちが知っている携帯電話へと向かわせるものだった。

「なぜ、固定電話と同じ使い方を採用しなければならないの？」

そう疑問を感じた彼女は、プロセス全体の見直しを提案した。そして、「〝携帯電話でも、固定電話と同じ方法でダイヤルしなければならない〟という、それまで誰も疑わなかった前提を打ち破った」（スウェーデンの大手通信事業者エリクソンによる記述）のだ。

オルグレンは好奇心に耳を澄ませ、どうすれば携帯電話をスムーズに使えるようになるかを、電話の基本原理に疑問を投げかけながら考察した。

「携帯電話には小型のマイクロプロセッサーが搭載されることになっているので、番号を記憶できる。この機能を利用し、記憶した番号を用いてダイヤルすればいいのでは？」

そして、番号を1つずつダイヤル（電話機の回転式の数字盤）して送信するのではない、まったく新しい方法を発明した。つまり、入力された番号を携帯電話機に一時的に保存し、すべての番号が入力されたら、それをまとめて信号として基地局に向けて送信するのだ。

今、私たちが携帯電話で番号を入力すれば簡単にネットワークに接続できるのは、厄介な問題に誰もが頭を悩ませていたときに、より良い方法はどこかにあると信じて、まったく新しい道を想像した、この大胆なエンジニアのおかげなのだ。

思考を「問題」に合わせる

「フランスの首都は？」
「第26代アメリカ大統領は？」
「ラマの赤ちゃんの体重はどれくらい？」

これらはすべて、唯一の正解がある問題だ。このような問題の答えを導き出す思考プロセスを、「収束的思考」と呼ぶ。

このタイプの思考で重視されるのは、スピードや正確さ、論理性だ。収束的思考では、「なじみのあるパターンを見つける」「過去に使った方法を再び使う」「記憶を辿る」といった認知アプローチを用いる。そのため創造性はあまり重要ではない。探しているのは、客観的な唯一の正解だからだ。

この3つの質問の答えは、「パリ」「セオドア・ルーズベルト」「約25ポンド〔約11.4キロ〕」だ。

収束的思考の対極にあるのが「発散的思考」だ。

収束的思考が唯一の正しい答えを探そうとするのに対し、発散的思考では創造性を活かして様々な解決策を探ろうとする。自由に向きを変える非直線的な思考で、創発的〔様々な要素の組み合わせによって全体として新たな価値が生み出されること〕な認知プロセスから生まれることが多い。

収束的思考とは異なり、発散的思考はすぐに答えを求めない。その代わり、幅広い解決策を探ろうとする。これは即興演劇の世界で、相手の意見を否定せずに受け入れて別のアイデアで返す「イエス、アンド」と呼ばれるアプローチに近い。何らかの基準に従って答えを導くのではなく、自由な発想でアイデアを積み重ねていくのだ。

チェンジメーカーにとって、収束的思考と発散的思考の両方が価値ある思考法だ。

とはいえ残念ながら、私たちは唯一の正解を見つけ出そうとして、収束的思考ばかりに頼りがちだ。

好奇心を大切にする、現状を打破できる創造的なチェンジメーカーになるには、この2つのタイプの思考を状況によって使い分け、収束的思考に偏らずに発散的思考にも十分な時間を費やすべきだ。

■「子ども」のように広げて「大人」のように絞る

1つの刺激に対して様々なアイデアを浮かべていくブレインストーミングも、一種の発散的思考だ。効果的に行うには、できるだけ多くのアイデアを挙げていく、あるいは自由に記述していく方法を取ると良い。バブルマッピング〔アイデアを丸で囲み、関係のあるもの同士を矢印でつなげていく発想法〕のようなツールも使える。

このような手法を子どもっぽいと思うかもしれないが、その感想は間違っていない。たとえば心理学者のJ・ニーナ・リーバーマンによる幼稚園児を対象にした研究では遊び心と発散的思考には関連性があり、好奇心と創造性に加えて、「自発性、全般的な楽しさ、ユーモアの感覚」が高まることが観察されている。

発散的思考と収束的思考は適切に組み合わせると効果的だ。まずは発散的思考で大量のアイデアを出し、次に収束的思考によってそれを絞り込んでいく。たとえば、ブレインストーミングで様々な可能性を探求し、いくつものアイデアを列挙した後で、収束的にリストを絞り込む。

現代の学校教育では、発散的思考よりも収束的思考が重視されがちだ。だからこそチェンジメーカーは、創造性と好奇心を重視する発散的思考を意図的に用いるべきだ。

現状を打破するチャンスは発散的思考から生まれやすい。唯一の「正しい」答えにとらわれず、簡単に結論を出そうとせずに、幅広い視点でアイデアを創出しようとするからだ。

その結果、複数の意外性のある発見が見つかる可能性がある。それらは現状を打破するアイデアであることが多い。

■アイデアを「収束」させる

このように好奇心を働かせて新しいアプローチをいくつか見つけたら、次は収束的思考に切り替え、リスクを冒してでも実行する価値のあるものを1つ選ぼう。

企業の会議では意見の不一致がよく起こるが、それは採用している思考法にズレがあることが原因のケースが多い。チームの半分が発散的思考で様々な解決策のアイデアを出そうとしている一方で、残り半分が収束的思考で1つの最適な戦略を探ろうとしていると、全員の意図がどれだけ正しくても衝突は避けられない。

会議での議論では、発散的思考モードになるべきときと収束的思考モードになるべきときを明確に示しておくと、創造性と現状打破のアイデアを両方引き出しやすくなる。

チームの潜在能力を最大限に活用してアイデアを創出でき、全員で収束的思考を用いて1つのアプローチを決定できるので、効率的にプロセスを進められる。

「専門性」を違う分野に持ち込む

IDEOは、デザイナーや起業家、教師、研究者などの多様なバックグラウンドを持つチェンジメーカーが在籍するグローバルなデザイン会社であり、コンサルタント会社だ。デザイナーのデビッド・ケリーとビル・モグリッジによって1978年に設立された同社は、世界的な企業と協力して、人々の生活や仕事を形作るイノベーションを創出してきた。

1980年にアップルの共同創業者スティーブ・ジョブズと組んで未発表のコンピューター「Lisa」用のマウスを開発したほか、史上初のノート型コンピューターの設計や、金融サービス、玩具、医療製品などの様々な業界のイノベーションを支援している。

このようなイノベーションを実現する、多様性に富み、限りない好奇心を持つクリエイティブなチームをつくる秘訣は何か？

カギを握るのは、**「T字型人材」**と呼ばれる概念だ。これはIDEOの人材採用における重要な基準になっている。

T字型の人材には重要な特徴が2つあり、それは「T」という文字の形で表せる。「T」の縦棒の部分は何らかの専門性（エンジニアリング、建築、社会科学、金融など）

を、横棒の部分は分野を越えて他者と協力しようとする特性を表している。

自らの専門性を、幅広い分野やトピック、アプローチについての基本的な知識と結びつけ、積極的に他者と協力しようとするということだ。

T字型人材は、自らの専門分野だけでなく、広い世界に対する好奇心と知見を持ち、積極的にそれと関わろうとする。

好奇心は「筋肉」のようなもの

あなた自身の「T」の横棒を広げるには、すなわち幅広い分野への関心を高めるには、どうすればいいだろうか？　重要なのは、常に好奇心を働かせることだ。

『子どもは40000回質問する』（光文社）の著者イアン・レスリーは、**好奇心は筋肉のようなもの**だと説明する。「好奇心は、使いつづけなければ維持できない。好奇心旺盛な人間でありつづけるには、意識的に好奇心を働かせることを習慣にしなければならない」

では、現状を疑うのに欠かせない好奇心を育む妨げになるものは何だろうか？

私は、5種類の障壁があると考える。これらを取り除くことで、チェンジメーカーとしての好奇心と創造性を存分に発揮できるようになる。

①予定でぎっしりのスケジュール表、大量のToDoリスト――「考える時間」をつくる

会議から会議へと飛び回り、起きているあいだじゅう何かに追われて忙しくしていると、私たちは「実行モード」から抜け出せない。

こうした状態では、心を自由にさまよわせたり、立ち止まって疑問を浮かべたり、身の回りの世界をじっと観察したりする余裕を持てない。

アマゾンの創業者ジェフ・ベゾスが毎日数時間の「考える時間」をスケジュールに組み込んでいるのは有名だ。何も予定を入れず、会議やメールで中断されることなく、自由に考え、戦略を練る――そう、好奇心を働かせる時間だ。

ベゾスと同じことをするのは難しいという人も多いだろうが、誰もが彼のように世界最大級の企業を経営しているわけでもない。1日15分でも、考える時間――好奇心の時間――をスケジュールに組み込んでみよう。好奇心の筋肉を働かせるチャンスが得られる。

②問いの立て方が間違っている――「どうすればできるだろう」のデザイン思考を使う

好奇心を育むのに役立つ、3つの問いの立て方を紹介しよう。

1つ目は、3歳児になったつもりで疑問を浮かべてみること。子どものような驚きと好奇心を持って対象に向き合い、**「なぜ?」と何度も問いかけてみよう**。初めてその問題を目にしたつもりになって、新鮮な気持ちで考えてみるのだ。

2つ目は、**「他の人だったらどうするか?」と自問すること**。私たちは時々、ある方法

に固執しすぎて、一歩引いて「他人ならこの問題をまったく別の視点でとらえるかもしれない」と想像するのが難しくなる。凝り固まった考えはいったん脇に置いて、他人の目を通して状況を見つめ直すことにはとても大きな価値がある。

3つ目は、**「私たちはどうすればこれを実現できるだろう？」という問題解決型の発想を持つこと**。これは「デザイン思考」の考え方の基本だ。

この質問は、「どうすべきか」ではなく、「どうすればできるか」を問うものだ。このように考えることで、多様な思考や、新たなアイデアや視点が生まれやすくなる。

また、主語が「私」ではなく「私たち」になっているのも重要だ。幅広いアイデアを創出するには、他者とのコラボレーションが欠かせない。

問題に取り組むとき、どのように問いを立てるかはとても重要だ。

③マイクロ・マネジメント——あらゆることに細かいのは考えもの

誰かにマイクロマネジメントされると（誰かに作業をさせるとき、あらゆる面で細かな指示に従わせようとすること）、人の好奇心は奪われる。

すべて指示されると、何かを学ぼうとする積極的な気持ちは失せ、言われたことを終わらせようと意識が向いてしまう。結果、「どうすればもっとうまくできるだろう？」と創意工夫することもない。

④過度な専門化――「専門外」の経験がいつか実になる

大学では学生に専攻を1つ選ばせ、それに応じた内容の科目を履修するよう強いるため、とくにこの傾向が強い。また、長年、ほとんど変化してこなかった職業の多くにも過度な専門化が見られる。

好奇心の強いチェンジメーカーは、たとえ短期的な効率を犠牲にしてでも、自分の専門以外の多様な活動をすることで、長い目で見ると大きな恩恵を得る。

たとえば人類学の本を読んだり、フードサイエンスの専門家と話をしたりすることにどんな利点があるかは、すぐにはわからないかもしれない。**だが私たちの視野を広げ、将来、新しい発想を得るための可能性を開いてくれる。**効率ばかりを優先させず、広い視野で考えよう。

私の祖母はよく「人生に無駄なものはない」と言っていた。新しく何かを体験したり、学んだりしたことは、将来思いがけない形で組み合わさり、様々なメリットをもたらしてくれるかもしれない。

⑤遊ぶ時間を取らない――遊びは「喜び・学び」の最高のサイクル

精神科医のブルース・D・ペリーらは、子どもの好奇心、遊び、脳の発達は好循環で結びついているとし、**「遊びの喜びが素晴らしい学びのサイクルを生み出す」**と述べている。「(子どもは)探求し、発見する。発見は喜びをもたらし、喜びは反復と練習につながる。

反復と練習は熟達をもたらし、熟達は喜びと自信につながる。喜びと自信は、再び好奇心に従った行動を促す。すべての学習（感情的、社会的、運動的、認知的）は、遊びの喜びが導く反復によって加速され、促進される」

スーツを着て仕事をしているとか、堅苦しい響きのある肩書があるからといって、遊びが向いていないとは限らない。実際には、むしろそうした人ほど遊ぶべきかもしれない。遊びは好奇心だけでなく、学びをも解き放つ。それはさらなる好奇心と創造性の好循環を生み出す。

この5つの壁に注意を払えば、現状を打破すべき状況を見つけやすくなる。

ここからは、現状を疑い、効果的に変化を起こすのに役立つ、チェンジメーカー・マインドセットの実践とそのフレームワークを見ていこう。

「世間一般」の逆をいく

パタゴニアの創業者イヴォン・シュイナードは、１９５３年にロッククライミングを学んでいた14歳のときに自然への愛に目覚めた。

一般的な起業家とはまるっきりタイプの異なる人物で、創業当初からビジネス界の常識に反する会社を築き上げ、最初に開発した製品は再利用可能なスチール製のハーケン（クライミング時に岩や氷に打ち込んで支点や手掛かりを確保するための釘）。ロッククライミング界に革命を起こした。

しかし、このハーケンは予想外の環境への悪影響ももたらした。利益よりも自らの価値観を優先させた彼は、当時としては異例の決断をして、大きな収入源であったこの製品の販売を完全に中止した。

その後、アウトドアウェア分野に軸足を移したシュイナードは、パタゴニアをライバルとは一線を画す企業に育て上げる。同社は1985年から収益の10％を環境保護団体に寄付し始めた（2002年に売上の1％に変更）。

従業員には無料の託児所やオープンプランのオフィスを提供し、カリフォルニア州ベンチュラのビーチ近くに本社を建て、昼休みに従業員がサーフィンできるようにした。自由闊達な気風は現在も変わらず、同社は価値観やビジョンに沿った独自の路線を歩みつづけている。

パタゴニアが製造するほぼすべての衣料品にはリサイクル素材が使われている。環境負荷を減らすために無駄な買い物を控えるよう、ニューヨークタイムズの広告で「このジャケットを買わないで」と衣料品メーカーらしからぬ呼びかけをしたことでも知られている。

独自の道を歩んでいるにもかかわらず――あるいは、だからこそ――シュイナードは愛され、持続可能で、影響力のある会社を創り上げた。**シュイナードは、世間の価値観に迎合せず、その逆を行く。**

この特性は、役割や分野を超えて成功したチェンジメーカーの多くに見られるものだ。業界全体が同じ方向に進もうとしているとき、大胆かつ原則に基づいた行動を取れる企業は、その戦略の恩恵を受けられるだろう。

皆が割引するなかで「突出」する方法

ストックホルムに住んでいたとき、私はスーパーマーケットの棚に並ぶアメリカ製の商品を見るのが好きだった。コンブチャのボトルからヤンキースの帽子まで、様々な品がはるばるスカンジナビア半島までやってきていた。

その中に、1つだけ衝撃を覚えた輸入品があった。それは、「ブラックフライデー」(感謝祭の翌日に店舗で大売り出しが行われ、人々が大量に買い物をする習慣)だ。とくに不思議に思ったのは、スウェーデンでは感謝祭を祝う習慣がなかったことだ。

だが私の釈然としない思いとは裏腹に、このアメリカ独特の伝統は、ショッピングモールにもストックホルムの文化にも浸透していった。

ブラックフライデーのコンセプト自体はごく単純な試みとして始まった。

もともと、年間の売上目標の達成のためにホリデーシーズンを頼りにしていた店舗の多くは、感謝祭の翌日に特別セールを行い、1か月間のクリスマス商戦の幕開けにしていた。

だが次第に、店舗同士の競争が熾烈さを増す。その結果、ブラックフライデーにできるだけ長時間営業するために、金曜日の朝6時に開店する店が増えた。この流れはすぐに歯止めがきかなくなり、金曜日の午前0時に開店する小売業者も出てきた。さらに時間は早まり、ついには木曜日の夕方6時にブラックフライデーを始める店も出てきた。それは皮肉にも、感謝祭当日に家族が自宅に集まり、神に感謝を捧げて食事すべきとされた時間だった。

ブラックフライデーをできるだけ早く、積極的に展開しようとする動きはアメリカの小売業界全体の潮流となり、どの店舗も追従せざるを得なくなった。たとえそれが感謝祭の伝統的な祝い方を崩すものでも、競合他社よりも早く開店すれば利益が得られたからだ。

アメリカの企業全体が同じ方向に進む中で、独自の道を切り開く勇気ある企業もあった。

2015年、アウトドア・ブランドのREIは、**ブラックフライデーに店舗を完全に閉め、消費者に家族や友人と自然の中で1日を過ごすよう呼びかけた。**この「#OptOutside」(買い物への執着をやめて、屋外で過ごそう）キャンペーンを展開するのは大きなリスクだった。

REIの最高顧客責任者ベン・スティールは「まわりからは正気を失ったのかと驚かれ

た。『なぜ年一番の売上が見込める日に店を閉めるのか？』とね」と回想している。

■ブラックフライデーに休んだ結果、売上9・3％増

たしかにリスキーな決断だった。だがそれは会社の使命に根ざしたものであり、ＲＥＩのビジネスに関わるすべての人に恩恵をもたらした。

休日に働かなくてもよくなった従業員はこの決断を歓迎した。消費者からも支持された。ソーシャルメディアによれば、91％もの人が好意的な反応を示している。投資家の受けもよかった。**ブラックフライデーの休業を初めて実施した2015年、ＲＥＩの店舗全体の売上は前年比で9・3％も増加した。**

世の中の逆を行くのにＣＥＯや影響力のあるリーダーである必要はない。この考えは誰でも実践できる。

まずは好奇心を持ち、小さなトレンドに注目することだ。

ある分野や集団、チームが決まりきった思考や行動をしていると気づくことができれば、その逆に進めばどのような結果が生じ得るかを推察できる。

アッシュの同調実験（後述）が示すように、**人間は集団に従うようにできている。**だからこそ、ＲＥＩのように自らが信じる価値観を貫いたり、シュイナードのように使命やビジョンに結びつく手を打ったりできれば、大きなメリットや変革をもたらすチャンスを得

やすくなる。

それは、企業の戦略を転換するといった大きな行為だけではない。家族内に新しいルールをつくる、子どもの学校で新しいアプローチでボランティアをする、といったことかもしれない。世間一般の考えと逆の行動を取るのは、何よりマインドセットの問題だ。

そしてこのマインドセットは、あらゆる領域や状況に当てはまるものなのだ。

オリジナリティvs同調圧力

インスタグラムに誰かが投稿した写真を見て、まったく同じような写真を投稿したいと思ったことはないだろうか？

エアビーアンドビーで予約した宿泊施設に泊まったら、遠く離れた別の都市で泊まった宿泊施設と内装がそっくりだったとか、グーグルのカーナビ機能が最適なルートを表示してくれたと喜んでいたら、他の車も全部同じルートを進んでいるのに気づいたことは？

現代では、誰もがオリジナリティを求めていると同時に、皆と同じであるべきだという強い同調圧力も感じている。この圧力をさらに高めているのがソーシャルメディアだ。

同調圧力は、今日のデジタル時代よりもはるか昔から存在している。**それは人間の本能から生じているのだ。**

1950年代、心理学者のソロモン・アッシュはペンシルベニア州のスワースモア大学で、被験者が多数派グループの行動や意見にどの程度従うかを調べた「アッシュの同調実験」を行った。

被験者は、他の被験者たち（実際には実験者が仕込んだ俳優）と一緒に部屋に入り、「カードに描かれた複数の線のうち、同じ長さのものはどれか」など、知覚に関するごく簡単な問題に答えるよう求められる。全員が他の被験者の前で答えを順番に発表し、仕込みではない真の被験者は必ず最後に発表するよう仕組まれている。

問題は間違えようがないほど単純だが、俳優たちは意図的に間違った答えをする。この実験は、他の被験者が明らかに間違っているときに、真の被験者はそれに従うかどうかを調べるものだった。

もしあなたが被験者だったら、どのように振る舞うだろう？

俳優たちが正しい解答をした対照群では、被験者の誤答率は1％未満。一方、俳優がわざと誤った解答をした12回の試行では、被験者の75％が1回以上間違った答えを口にした。

つまり、4人中3人が、ごく簡単な質問に対して、他の被験者と違う答えをして目立ちたくないという同調圧力のために、間違いだとわかっている答えをあえて口にしたのだ。

■「慣習」に逆らうタイミング

チェンジメーカーにとって、これは何を意味するのか？ それは、人は生涯を通して、多数派に従い、人と同じことをすべきだというプレッシャーに晒されつづけるということだ。

ただしそれは必ずしも悪いことではない。人生では、多数派の意見に従うことで無難に物事が進む場合は多いし、好ましい選択になる場合も少なくない。常に現状を疑っていると、燃え尽き症候群になるリスクもある。

だからこそ、慣習に逆らうタイミングは慎重に判断すべきだ。たとえば、これまで成功裏に開催を続けてきた、細かな実行手順がすでに確定しているイベントの企画を手伝うことになったとしよう。そのとき、何年も前から発注しているケータリング業者に代わる業者をあえて探したり、とくに問題のない座席の配置をわざわざいじろうとしたりするのは時間の無駄だろう。

このような場合はすべてを変えようとせず、現状を維持すべきところには手をつけず、大胆な変化が必要な側面に労力を集中させるべきだ（たとえば「ゴミゼロのイベントを目指す」「新たなタイプのゲストスピーカーを招待する」「オンライン参加を可能にする」といったこと）。

一度にすべては変えられない。現状を疑うべきときと場所を見極めることが、大きな違いをもたらす。

打破する価値のある現状を見つけ、変化を促し、導くためには、**「規範を疑う勇気」**が必要だ。私たちに〝普通の道〟を進むことを期待するまわりの圧力に負けずに、自分の信じる道を進まなくてはならない。

アッシュの同調実験からもわかるように、同調圧力は人間社会にごく普通に見られる。だが、それでも私たちは自信を育めるし、この章で紹介した手法を用いることでポジティブな変革を導く勇気や能力を培うことができる。

まずは「リスク」を小さく取る

あなたはリスクを厭《いと》わないタイプだろうか？　それとも、慎重なタイプだろうか？リスクを厭わないタイプであることは、私たちのDNAに組み込まれているもの（先天的）だろうか？　それとも、環境によって左右される（後天的）のか？

人間の行動や性格の多くの側面と同じく、その答えはおそらく両方だ。研究によって、リスクを取りやすい人には共通する心理的特徴があることや、リスク傾向には生まれ育った社会環境や日頃からつき合いのある集団のタイプなどが影響することがわかっている。

だが、あなたがどのタイプであれ、チェンジメーカーであるためにはリスクとうまく折り合いをつける必要がある。現状を疑い、変革を導くことには、リスクがつきものだからだ。

前述のように、チェンジメーキングは誰でもできる。つまり、私たち一人ひとりが自分に合った方法で変革を導ける。

このセクションでは、リスクを受け入れるだけでなく、賢くリスクを取る方法を学ぶ。リスクテーカーの起業家による意外性に満ちた事例や、経済学や心理学の知見を通して、チェンジメーカーに欠かすことができない、**自信を持ってリスクを取るスキル**を身につけていこう。

リスク指数が「3超」なら、やろう！

私たちはリスクのマイナス面から身を守るだけでなく、ある決断にどれだけリスクが伴うかについて、事前に時間をかけて検討することができる。

私は企業の経営者から非営利団体のプログラム・ディレクター、経験の浅いプロダクト・マネジャーまで、あらゆるタイプのチェンジメーカーを指導・支援する仕事にキャリアを捧げてきた。

その過程で、**彼らが強いストレスを感じているのは、何か1つ大きなリスクがあるからではなく、数多くのリスクがあるから**だということを観察してきた。

これらのリスクは大きなメリットをもたらすことも、最悪の結果を招くこともある。だからこそ、リスクを取るタイミングを適切に判断するのは、チェンジメーカーに不可欠のスキルといえる。

起業家のタイラー・タービュレンが開発した、言葉の響きによらず驚くほどシンプルで、とても強力な、**「リスク指数」**と呼ばれるツールがある。これはリーダーを目指す人がリスクの価値を判断するうえでとても役に立つものだ。

まずは対象となるリスクを特定し、次にそのリスクの潜在的な報酬と損失を1から10までの尺度で定量化する。この潜在的な報酬を潜在的な損失で割ったものがリスク指数だ。

タービュレンによれば、**リスク指数が3を超えるリスクは取る価値があると見なせる。**

この指標は、あらゆる変革の取り組みにおいて、様々なリスクに適用できる。

$$\text{リスク指数} = \frac{\text{潜在的報酬}}{\text{潜在的損失}}$$

■「犯罪者弁護」のリスクを正確にはじき出す

リスク指数は、現状を疑うことに時間を費やす価値があるかの判断に役立つ。

本章の冒頭に登場したブライアン・スティーブンソンが設立した「ＥＪＩ」（公平な正義のためのイニシアチブ）が新しいクライアントの依頼を引き受けるかを検討する際にリスク指数をどう活用できるか見てみよう。

１９９９年、ＥＪＩの弁護団は、１９８５年にファストフード店のマネージャー２人を殺害したとして有罪判決を受けたアラバマ州在住の男性アンソニー・レイ・ヒントンの弁護を検討していた。犯行の証拠はほとんどなく、担当検察官は過去に人種的偏見のある言動を取ったことがあった。にもかかわらず、ヒントンは死刑判決を受けていた。

このような案件を引き受けることで、ＥＪＩはどんな損失を被る可能性があるか？

こうした不正を正そうとする場合、政治や司法による不条理な圧力を受けやすく、それに対抗するには多くの資金と労力が必要になる。

裁判で敗れれば、国内でその名を知られ始めたＥＪＩは評判を落とすだろう。それに、ヒントンが実際に罪を犯していた可能性もある――その場合は、犯罪者を自由にさせるために裁判を戦うことになってしまう。

こうした潜在的な損失を、数字に置き換える。

次に、ヒントンの弁護を引き受けることでＥＪＩが得られるかもしれないメリットを見ていこう。

裁判に勝てば、文字通りヒントンの命を救える。この案件を土台にして、こうした問題に対してさらに抜本的なレベルでの変革を促すことも可能かもしれない。不当に有罪判決を受けた人たちに希望を与えられるし、ＥＪＩも歴史に名を残すだろう。

これらの潜在的な報酬も、数字に置き換える。そして、潜在的報酬を潜在的損失で割る。これでリスク指数を導ける。

リスク指数は、潜在的損失はたしかに大きいが、それでもヒントンの弁護を引き受けることで得られる潜在的報酬はそれをはるかに上回ることを示していた。つまり、これは追求する価値のある戦いだった。

ＥＪＩは実際にヒントンを弁護し、15年以上も正義のために戦いつづけた。そして２０１５年４月３日、ヒントンは30年近く死刑囚として収監されていたジェファーソン郡刑務所から釈放された。

ヒントンが友人や家族に迎えられた光景を目にするだけでも、彼の弁護を引き受けたことで得た報酬が、損失の可能性をはるかに上回るものだったことがわかる。スティーブンソンとＥＪＩは賢明なリスクを冒した。そして、それは報われたのだ。

「舞台」を用意して人を引き込む

今、あなたが取るべきかどうか検討しているリスクは何だろう？ 時間を取り、リスク指数を計算してみよう。うまくいけば、それは追求する価値のあるリスクだと判断できるだろう。それは素晴らしいことだ。

だが、もしこの新しいアイデアを実行するには賛同者の協力が必要で、しかもその人がリスクを嫌う傾向がある場合、どうすればいいのだろう？

こんなときに役立つのが、社会科学が教える**他者を引き込む方法**だ。相手がどれだけリスクに対して慎重でも、適切なタイミングで、理想的な立場で行動を起こせるような舞台を用意すれば、変革の取り組みに参加してもらいやすくなる。

■くる日もくる日も「信用」を高める

どこに向かいたいかがわからない段階でも、現状に疑問を持つための一歩は踏み出せる。まずは社会心理学で**「イデオシンクラシー・クレジット（個人特有の信用）」**と呼ぶものを高めることで、集団の規範を疑い、その逆を行く変革を導きやすくなる。

イデオシンクラシー・クレジットは心理学者のエドウィン・ホランダーが提唱したもので、個人が集団の他のメンバーに与える、「好意を抱きやすい印象」と定義している。

この信用を獲得する方法は2つある。

1つ目の方法は、**自分にとって優先度の低い問題については大多数の意見に従う**ことだ。それによって集団に良い印象を抱かせれば、そこで得た信用を活かして自分にとって重要な領域で変革を導きやすくなる。

逆に、どんな問題にも疑問を投げかけると、チェンジメーカーというよりも単なる「逆張り者」と見なされかねない（すでに毎年の実施方法が固まっているイベントの計画を手伝う際には、慣例に従うべきところと改善案を提出すべきところを見極めなくてはならないと説明したのを思い出してほしい）。

たとえば、所属先の企業で変革を起こしたい場合、自社で採用する会計ソフトの種類や、求人情報の掲載媒体といった、自分にとって優先度の低い問題については全体の意見に従う。そうすることで、自分にとって重要な「サプライチェーンの透明性を高める」といった、現在の会社の方針を変えるような問題提起をした際、普段、あなたが全体の意見に同調しているのを知る他の従業員に耳を傾けてもらいやすくなる。

2つ目の方法は、**専門性や能力を高めて、それを周囲に示す**ことだ。

日頃から質の高い仕事をしておくと、他のメンバーから認められ、リスクを冒したり、新しい道を進んだりしたときに受け入れてもらいやすくなる。

信用を地道に積み上げておけば、いざというときに、まわりを動かしやすくなる。

例を挙げよう。メジャーリーグのジョー・マドン監督は変わり者だ。愛車は1970年代モノのバンで、大きなメガネをかけ、派手なパーカーを着て、野球の戦術ではなく哲学の話を好む。

だが108年ぶりにワールドシリーズでシカゴ・カブスを優勝させるなど押しも押されもせぬ実績がある名将なので、監督としてのスタイルから日頃の振る舞いまで、常に常識を疑い、自分の考えを貫いても誰にも文句を言われない。マドンはその専門知識と能力で、個人特有の特異性を許容してもらえるだけの信用を獲得したのだ。

ウォータールー大学のアビゲイル・ショラー教授らは、「リスクの追求が動機づけに欠かせないものになるとき」と題した研究で、（とくに意思決定を行う立場にある）他人に新たなアイデアを追求するよう動機づける方法を考察している。

ショラーらは、**「変化は追求するよりも、追求しないほうが大きなリスクになる」**という視点に立てば、新しいアイデアや変革の取り組みへの見方を根本から変えられることを示した。誰もが変化を求めている今日の世界では、変化を求めないことが大きなリスクになるのだ。

この研究は、新しいアイデアや変化に抵抗を感じる人に対してでも、変革のビジョンを伝え、参加を呼びかけることはできるという自信を私たちに与えてくれる。

Column

「スタッフを増やすべき?」——実際のリスク指数の活用現場

ジーン・グォは起業家精神にあふれ、「難民のデジタル格差解消を支援する」という独自のビジョンを掲げて精力的に活動している。

彼女はこのビジョン実現の一環として、移民の人々が職業訓練を受け、地域の労働市場での競争力を高める支援を目的とするコネクシオ社をパリで共同設立した。

同社はフランス全土に大きな影響を与えたことがグーグル・インパクト・チャレンジや世界経済フォーラムから評価され、設立からわずか6年にしてマラウイやアフリカ大陸の他の地域にも進出するほどの成長を遂げている。

コネクシオの顧問としてグォと関わる機会に恵まれた私は、事業計画の定期的な見直し時に、彼女とともにリスク指数を活用してきた。このツールを使うことで、グォは想定するリスクの大きさをはっきりと把握できるようになったと言う。

コネクシオの最初の試験的な取り組みがもたらした効果の大きさは、数字が明確に示していた。その結果、ヨーロッパやアフリカ各国の政府や組織から同社のプログラムを地元に導入したいという問い合わせを受けるようになっていた。

だが小規模なスタートアップだったコネクシオは、様々な課題に直面した。事業を拡大するにはスタッフを増やす必要があったが、それを実行すれば限られた事業資金が枯渇するかもしれない。

グォからアドバイスを求められた私は、「スタッフを増やすというリスクは追求する価値があるか」を判断するツールとして、リスク指数を提案した。

まずは、潜在的報酬の定量化から始めた。コネクシオの規模を拡大すれば、支援できる難民、関与するパートナー、対象となる地域を増やせる。チームのレジリエンス（回復力）や堅牢さも高まり、新たな課題が発生した場合に対処しやすくなるだろう。グォが苦手にしている人事などの仕事も、専門性があり意欲的な人材に任せられるようになる。

しかし、潜在的損失も大きかった。もしパートナー企業が倒産したり、自治体や企業の熱が冷めて当初の興味を失えば、新しく雇用したスタッフの解雇や大幅な賃金カットを余儀なくされるかもしれない。資金を使い果たして倒産するという最悪のシナリオもある。新入社員の教育にも多くの時間をとられる。

それぞれを定量化してリスク指数を導いたところ、答えが「3」を超えると確認できた。これでグォは、「このリスクは潜在的損失を伴うが、潜在的報酬はそれを上回る」と認識した。だから、自信を持って決断を下せた。

リスク指数による裏づけを得たグォは、大胆な手を打ち、賢明なリスクを取った――スタッフを増員し、プロジェクト数も増やしたのだ。

それは取る価値のあるリスクだった。グォはわずか数か月でスタッフを2倍以上に増やし、マラウイで試験的プログラムを開始して、新たな資金調達への道を開いた。

「ニューノーマル」をつくろう！

ムハマド・ユヌスはずっと私のヒーローだった。

ノーベル平和賞受賞者で、マイクロファイナンス分野のパイオニアである彼は、「チェンジメーカーの最大の武器は、非効率的で非倫理的な現状を疑い、何らかの行動を起こすこと」と私たちに示してくれた。

ユヌスは少数に多額の融資をするのではなく、大勢に少額の融資をする取り組みを実践した。まず母国バングラデシュで自ら設立したグラミン銀行を通じて主に女性の起業家に少額融資を行い、従来のマーケットから除け者にされてきた人々にローンの返済能力があるだけでなく（同銀行の返済率は実に99％を誇る）、その資金を起業の資金や家計のやりくりなどの用途に有効活用できる力があることを実証した。

ユヌスは「既存の金融業界は世の中の大多数の人に役立つものになっていない」という考えのもと、この古いシステムを打ち破ることをライフワークとした。

だから2020年の秋、ユヌスが講義にゲストスピーカーとして参加することに同意してくれたとき、私は頬をつねった。彼はコロナ後の世界にどう備えるかというテーマの話の中で、現状を疑うチェンジメーカーの本質を言い表すような喩えを用いた。

人々がパンデミック前と同じ世界に戻りたがっているのはなぜかと学生に尋ね、**この危機をチャンスととらえ、古い慣習を打ち破り、新たな未来を構築すべきだと提案した。**それによってつくられる新しい道は、以前よりも公平で、健全で、人々を結びつける未来につながるだろうとも語った。

できるだけ早く「通常の状態」に戻るようにというアドバイスは間違っている。その代わりに、私たちは皆、旧態依然としたシステムを疑い、それに取って代わるより良いものを見つけなければならない。

ニューノーマルは、現状を疑うチェンジメーカーの手の中にある。それを創り出せるかどうかは、私たち次第だ、と。

この章のまとめ

主なポイント

- 好奇心は学べる。スウェーデンのエンジニア、ライラ・オルグレンのように世界を違う角度からとらえようとする好奇心があれば、様々な新しい可能性を生み出せる。
- 「チェンジメーキング」とは単にリスクを取るのではなく、**賢明なリスク**

を取ること。

●誰もが同じ方向を向いているときこそ、逆の方向に何があるかを考えてみる価値がある。

●アイデアを創出する「発散的思考」と、答えを絞り込む「収束的思考」を使い分けよう。

3章
謙虚な自信家
「信頼」というスーパーパワー

マレーシアのチェンジメーカー、グウェン・イ・ウォンは、その若さに似つかわしくないほど自信に満ちた話し方をする。

メタルフレームの眼鏡の奥にあるその瞳を見ていると、彼女の脳内のシナプスが高速で反応しているのを想像してしまう。物心ついたときから革新者だったというグウェンは、意義あるプロジェクトを立ち上げ、他者とつながり、助け合い、刺激を与えたいという強い思いを常に抱いてきた。

共同設立したトライブレス社の初の製品「エンパシー・ボックス」が世界的な注目を集めたとき、周囲はグウェンの大成功を確信した。

エンパシー・ボックスは現在30か国以上で使われている、チームやグループで共感や尊敬、相互理解を深めることを支援するツールで、彼女は当時すでにこのプロダクトの顔と呼ぶべき存在になっていた。

創業時には強力なチームをつくり、周囲からも彼女のリーダーシップの下で組織がうまく機能しているのは間違いないと見なされていた。

しかし会社が急成長するにつれ重圧を感じるようになり、一心同体であるかのように情熱を注いできたこの仕事に不安を抱くようになった。ビジョンを描いたり、変革を導いたりするといった自分が得意とする能力は、現段階の会社のリーダーに求められる能力とミスマッチではないか——。

拡大期にあるトライブレスでリーダーに求められるのは、製品管理やオペレーションなどの実務的な能力だった。

■なんでもできる「ふり」から卒業したCEO

考え抜いた末、グウェンは結論を導いた。

「私は実務能力やビジネスマインドに優れたスタートアップのCEOではなかった。会社は自分の子どものように大切だが、適任者に任せたほうがもっとうまくいく」

数か月にわたって手続きを進め、難しい議論を重ねた末に、グウェンはCEOを辞任した。「この役割を手放すことで、それ以外の多くも手放せた——。背負っていた重たい荷物や、まわりから評価されたいという思い、何より、自分は完璧で賢く、非の打ちどころがない人間だという驕《おご》りを」

この決断は謙虚さに根ざしていた。それは彼女に「自分には難しい決断ができる」という自信があったからこそ可能になったものだった。

私は世界中のチェンジメーカーたちに指導や助言をしてきたが、グウェンと同じ立場にいるリーダーの多くは彼女のような自己認識に欠けていた。

身を引く決断をする謙虚さがあったグウェンとは違い、我が強いためにその時点での組織や自身にとっての最善策を考えられないのだ。

他の共同創業者がCEOに昇格し、グウェンは要職に就き、そこで自らの強みを発揮した。

「リーダーシップとは、なんでもできるふりをしたり、他人に指示したりすることではない」と彼女は言う。「大切なのは謙虚さであり、弱さを認め、人を信頼し、自分より他人を優先させること」

チェンジメーカー・マインドセットを身につけるには、一見すると矛盾した2つの特性を同時に持たなければならない。

すなわち、**個人として「強いビジョン」を抱きながら、心を開いて「まわりと協力する」ことだ**。次から次へと押し寄せる難題を行動力と決断力で突破しつつ、一歩引いて充電するタイミングも把握しなければならない。

これから見るように、それは半分自信があり、半分謙虚であるといった、玉虫色の領域を見つけることではなく、**自信と謙虚さを両立すること**だ。自信に溢れた勇気ある行動を取りつつ、謙虚で、人を信頼し、まわりと協力し、他者から学ぶ——それがチェンジメーカーになる秘訣だ。

この章では、自分や他人への信頼を築く方法、コントロールを失わずに手綱を緩める方法、謙虚でありながら自信に満ちた強さを発揮する方法を学んでいこう。

謙虚な人は強い

企業の幹部に謙虚さの重要性を説き始めると、たいていみんな目を丸くする。だから私は、重要なメッセージを伝える——**意外に思うかもしれませんが、謙虚さは弱さではありません**、と。

研究結果も味方している。だから私も自信を持って（ただし傲慢にはならずに！）そう伝える。謙虚さは、リーダーにとってとてつもなく大きな強みになるのだ。

「ＣＥＯの謙虚さは重要？　ＣＥＯの謙虚さと企業の成果の関係性の検証」と題された、１０５社のＣＥＯの謙虚さを測定し、企業経営の状況との関係を調べたエイミー・ウー、デビッド・ウォルドマン、スザンヌ・ピーターソンによる研究は、明快な結果を示している。

CEOが謙虚な企業は、そうでない企業に比べてCEOと従業員の賃金格差が小さく、経営陣の構成に多様性があり、従業員にリーダーシップを発揮しイノベーションを起こす裁量が与えられていた。また従業員の離職率が低く、満足度も高かった。そして、会社の収益が改善されていた（これは「みなさんが謙虚であることは重要です」という私の説明に懐疑的な経営幹部にとって何より重要なデータだろう）。

カナダの研究者2人によると、謙虚さの低いリーダーは誰かと対立すると過剰に反応する傾向があり、デューク大学の研究によれば、知的な謙虚さが高い人ほど偽の情報に騙されにくく、曖昧さにうまく対処でき、「弱く見られるのを恐れて間違った道をあえて突き進む可能性」が低い。

実際、**謙虚さが欠けていると、変革を推進するリーダーにとって致命的な欠陥となる場合が多い。**

有名な例を2つ紹介しよう。1つは、血液検査会社セラノスの創業者エリザベス・ホームズの例だ。彼女は「革命的な血液検査」を謳って自社製品を宣伝したが、消費者に嘘を見抜かれ、自ら築いた大企業を崩壊させた。

もう1つは、ネットフリックスのドキュメンタリー『Fyre：夢に終わった史上最高のパーティー』によって最悪のイベントとして伝説化した「ファイア・フェスティバル」

の大失敗だ。同イベントはインスタグラムのインフルエンサーや有名ミュージシャンを利用して「史上最高の音楽祭」という宣伝文句で開催されたが、ふたを開けると目を覆いたくなるような悲惨な運営実態が明らかになった。

プレミアイベントに数千ドルもの入場料を払った参加者に与えられたのは、お粗末なサンドイッチや、避難所で使われるような簡易テント。参加予定のミュージシャンが相次いで出演を取りやめると、暴動が起きかけた。

フェスティバルの主催者ビリー・マクファーランドは、計画の杜撰《ずさん》さを手遅れになるまで認められなかったために、詐欺の疑いで数億ドル相当の訴訟を起こされることになった。

これらは新聞で報道されたり映像化されたりした有名な例だが、誰でも同じような例に遭遇したことがあるはずだ——**謙虚さが足りなければ、期待に満ちた刺激的なプロジェクトも早すぎる死に追いやられてしまう。**

称賛は「窓」、非難は「鏡」で受け止める

『ビジョナリー・カンパニー2　飛躍の法則』（日経BP）の著者ジム・コリンズは、データに基づく厳密な分析で知られる。

コリンズのチームは２００１年、非常によく似た２つの企業（例：共に全米規模の金融

機関であるウェルズ・ファーゴとバンク・オブ・アメリカ）を分析する「マッチドペア分析」を実施し、なぜ一方の企業が繁栄し他方が低迷しているのか調べた。

結果、企業戦略や市場ポジショニングに関する相違点に加えて、**「偉大な企業」のリーダーには「強い決意」と「謙虚さ」という2つの共通点があることがわかった。**組織が、偉大な企業になった決定的な理由の1つが「リーダーが謙虚であること」だった事実は、コリンズ自身を含む多くの人を驚かせた。

コリンズは謙虚さの概念を、それに懐疑的な人（彼が研究対象とする大手企業には、このタイプの人が多い）に説明するとき、「鏡と窓」の比喩をよく用いる。

謙虚でないリーダーは称賛を得ると、たとえそれがチームに向けられたものでも、鏡を見るようにそれを自分のものとして受け止め、非難されると、それが自分個人に向けられたものでも、窓の外を見るように他人のせいにする。

一方、**謙虚なリーダーは称賛を得ると、たとえそれが自分個人に向けられたものであっても、窓の外を見るようにそれをチームと共有する。非難されると、それが自分個人に向けられたものでなくても、鏡を見るように自分でそれを受け止めようとする。**

あなたは普段、称賛や非難にどう反応しているだろうか？

チームが称賛を得たとき、それを自分の手柄にせず、謙虚にチームと分かち合えるだろうか？

何か問題が起きたとき、たとえ自分の責任でなくても、リーダーとして責任を取れるだろうか？

コリンズの厳格なデータ分析によって裏づけられたこの窓と鏡の比喩は、謙虚さを弱さではなく強さとして受け入れるのに役立つ、シンプルかつ強力な枠組みになる。

「中心」にならなくていい

チェンジメーカー支援を目的としたウェブサイトを運営するStartSomeGood社を立ち上げて間もない頃、私は自分のリーダーとしての能力を、「どのくらいの頻度で部下から質問されるか」で測っていた。

「この件はどう思いますか？」「このマーケティング戦略はどうすべきでしょう？」などと尋ねられるたび、「私はなんて優秀なリーダーなんだろう。みんなが助言を求めてくる。これは自分が重要な証拠だ」と考えていた。

しかし実際には、私は自分とチームをダメにしていた。私はボトルネックになっていた——従業員に裁量権を与えず、自分の自尊心を満たすために会社の成長を妨げ、週75時間も働き、疲れ果てていたのだ。

すべての中心に自分を置くことで、私のリーダーシップはメリーゴーランドの真ん中にある柱のようなものになった。まわりでは刺激的なことがたくさん起こり、何かが動いている錯覚が渦巻いていた。だが実際には、チームは固定された1つの場所で、ぐるぐる回っていただけだった。

私はその後、自分自身、そしてチームを、このメリーゴーランドから解き放つことができた。**「信頼で人を導く方法」**を学んだからだ。

グローバルな現代社会では、私たちはパラドックスに直面している。

今日の世界を形作る主要なトレンドを思い浮かべてほしい。グローバリゼーション、ソーシャルメディア、オンラインショッピング、リモートワークなど、どれも信頼を基盤にしているとわかるはずだ。つまり信頼の重要性は、かつてないほど増している。

しかし、同時に信頼はかつてないほど不足している。

ピュー・リサーチセンターによれば、連邦政府を「常に」あるいは「ほとんどの場合」信頼すると答えたアメリカ人の割合は1958年の73％から2021年の25％以下へと急落。また、アメリカ人の71％が互いへの信頼が低下していて、70％が信頼の低下が問題の解決を難しくしていると回答した。

62％が「人は誰かを助けるより自分自身のことを気にかける傾向がある」と考え、3分の1以上の人が雇用主を信頼していない。スウェーデンでは信頼のレベルがアメリカに比べて高いなど、国によって違いはあるものの、全体的な傾向は明らかだ――信頼は組織においても個人間においても急激に低下している。

しかし、変革を導くには、他人を信頼し、他人に信頼してもらう能力が必要になる。

つまりチェンジメーカーであるあなたにとっての大切な問いは、**「信頼という〝スーパーパワー〟を使って変革を実現する方法」**を、どうすれば身につけられるかだ。

そこで、信頼についての見方をとらえ直すのに役立つ「信頼の飛躍」という概念を学ぼう。自分や他人を信頼し、相互に信頼し合うための方法を学ぶヒントも紹介する。

信頼を「パワー」として使う

オックスフォード大学講師のレイチェル・ボッツマンは、TEDトークの中で、「私たちは国家や組織を信頼するのをやめ、見知らぬ人を信頼し始めた」という挑発的な（だが私には正しいと思える）主張をしている。

彼女は信頼とは「未知のものを信じること」で、人は信頼を完全に合理的なものだと思い込もうとするが、実際には「飛躍」がなければ成立しないと指摘する。

つまり私たちは、確実に信頼できるという保証がないという認識のもとで、相手を信頼すると決めなければならない。そこには、飛躍が存在する。

ボットマンはヨーロッパの相乗りサービス「ブラブラカー」を例に説明する。

ブラブラカーのユーザーは、まったく面識のない人と相乗りすることになる。そこには信頼の飛躍が存在する。

こうした信頼の飛躍は、数十年前にはまったく想像もできなかった（1970年代に、道を歩いていて、目の前で乗用車が停車し、そこに人が乗り込む光景など、想像できただろうか？）。しかしウーバーやリフトのようなサービスのおかげで、見知らぬ人の車に乗ることは日常化した。

私たちはこうした信頼の飛躍を頻繁に行っている。

ボットマンは、「信頼を完全に合理的なものにしようとすると、結局は失敗してしまう」と述べる。未知のものと信頼関係を築くには、ある時点で飛躍しなければならないのだ。

信頼は何から生まれるか？

私たちは信頼を、ある関係性の中に存在するかしないかという「白か黒か」の問題としてとらえがちだ。

しかしチェンジメーカーは、信頼はそれほど単純な問題ではないと理解すべきだ。信頼は次の3つの側面で成り立っている。これらを「信頼の柱」と呼ぼう。

①自分自身を信頼する

②他者を信頼する

③他者から信頼を得る

信頼を「スーパーパワー」として活用するには、3つの柱すべてが不可欠だ。2つしかないと信頼の基盤が揺らいでしまう。

第1と第2の柱はあるが第3の柱を欠く場合は、チームやコラボレーターから孤立してしまい、他者の能力を引き出すリーダーになれない。

第1と第3の柱はあるが第2の柱を欠く場合は、傲慢でお高くとまっている印象を与える恐れがあり、「傲慢な自信家」につながりかねない。

第2と第3の柱はあるが第1の柱を欠く場合は、能力や知見、専門性を十分に発揮できず、取り組み全体に対する影響や貢献が限られてしまう。

それぞれの柱を知り、3本の柱を基盤として強固な信頼を築く方法を見ていこう。

■①自分自身への信頼——「小さなタスク」から「小さな勢い」をつける

多くの人が日頃から苦労しているのは、自分自身を信頼する方法だ。

自己信頼は、どうすれば身につけられるのか?

まずは、**実践することで信頼が自然と生まれてくるような習慣**を身につけることだ。

「小さな完了」を体感する

元米海軍大将のウィリアム・H・マクレイブンは、テロ組織のリーダー、オサマ・ビンラディンの殺害を計画・指揮するなどの重要な任務を果たしてきた。輝かしい経歴を誇るリーダーは、軍隊を含む様々な分野の後進のリーダーたちにどんなアドバイスをしているのだろう？

高度で複雑なリーダーシップ理論？　多面的な戦略を実行する戦術的アドバイス？

そうではない。マクレイブンのアドバイスは、**「朝、ベッドを整えてから1日を始めること」**だ。2014年のテキサス大学の卒業式でのスピーチで、彼はこれから世界に足跡を残そうとする卒業生に向けて「ベッドメイキングをしよう」と呼びかけた。

「毎朝ベッドメイキングをすれば、その日の最初の仕事が終わったことになる」とマクレイブンは言う。

「すると、小さな誇りの感覚が持てる。もう1つ、さらにもう1つと別の仕事を成し遂げようという意欲が生まれる。1日の終わりには、朝一番の仕事をしたことが、多くの仕事の達成につながっている。ベッドメイキングは、『人生では些細なことが重要である』という真実を教えてくれる。小さなことを正しくできなければ、決して大きなことは成し遂げられない。もし良くない1日を過ごしたとしても、夜には朝、自分で整えたベッドに戻れる。きれいに整えられたベッドを見れば、明日はもっといいことがあるはずだという気持ちになれる」

信頼が自然と生まれてくるような習慣を実践するのは、自分を信頼するための第一歩になる。小さなタスクを着実にこなせば、大きく手強いタスクに自信を持って取り組める。

面白い例を紹介しよう。私と同じStartSomeGoodの共同創設者であるトム・ダーキンスは、毎朝「ToDoリスト」をつくる際、1番目にいつも同じタスクを書き込む――それは、**「ToDoリストをつくる」**というタスクだ。

リストを作成すれば自動的に最初のタスクに「完了」のチェックを入れられる。次のタスクに向かう小さな勢いを創り出せるのだ。

自分の能力を「過小評価」している

自己信頼を築く2つ目の提案は、「インポスター症候群〔自分の業績を過小評価してしまうこと〕」は一般的に思われているよりもはるかに多くの人が体験している」という事実を覚えておくことだ。

これは元々「インポスター現象」と呼ばれていたものを、1978年に心理学者のスザンヌ・イメスとジョージア州立大学教授のポーライン・ローズ・クランスが理論化したものだ。

最近では作家のルーチカ・トルシャンとジョディ・アン・ビューリーが「女性にインポスター症候群だと言うのはやめるべき」という記事で、インポスター症候群を「自らの能力を疑い、詐欺師であるかのように感じてしまうこと」と定義している。

インポスター症候群は、世間的には「明らかに成功した」と考えられている人々のあいだで蔓延している。アカデミー賞受賞女優のナタリー・ポートマンやスターバックスの元CEOハワード・シュルツも体験談を語っている。

インポスター症候群は誰でもある程度感じているものだが、私の観察では、とくに女性や有色人種の学生、親が大卒でない家庭で育った学生によく見られる。このことは、「インポスター症候群は個人の問題ではなく制度的な問題としてとらえるべき」という前述のトルシャンとビューリーの主張を裏づける。

だが朗報もある。MITのバシマ・テューフィク教授の研究が明らかにしたように、**こうした感情は生産性に結びつけられるのだ。**

テューフィクによれば、インポスター症候群には「他者からの評価と、実際の能力とのあいだにギャップがある」という特徴がある。自分を信じることを学べば、このギャップを埋めるのに役立つ。

テューフィクは医学生を対象にした研究で、インポスター症候群を体験している人はそうでない人に比べて「共感的、聞き上手、質問上手」で、相手に視線を合わせるのもうまく、友好的なボディランゲージを使うことを明らかにしている。

インポスター症候群を感じているからといって、自分を責めるべきではない。「これは誰もが多かれ少なかれ感じているものだ」と考えれば、仕事のパフォーマンスは向上するし、**「私にはたぶん自分が思っている以上の能力がある」**という心の励みも得やすくなる。

■②他者への信頼——優秀な人ほど苦手

インポスター症候群の蔓延が示すように、自分を信じる方法を学ぶことは、人によっては一生を通じた課題になるだろう。自分自身への信頼を築くことは必要だ。しかしそれだけでは、スーパーパワーとしての信頼は十分に活用できない。

人を信頼する方法を学ぶのは、私の講義を受講するバークレー校の学生にとってはとくに難しい。彼らはそれまでの人生で、「正しい」方法、つまり独自の方法にこだわることで良い成績を収めてきた傾向があるからだ。

ある学生は私の研究室を訪ね、不満を口にした。

「講義の最後のグループ課題で、他のメンバーは僕が求めるレベルで課題に取り組んでいません。自分1人でやらせてください」

この学生はまさに成績優秀そのもので、2つの主専攻と副専攻を掛け持ちし、成績評価の指標であるGPAでは4・0近くを維持していた〔平均値は2・4〜2・8。3・5で「非常に優秀」とされる〕。

話を聞いているうちに、彼がこれまで、1人で何かに取り組むのがもっとも効率的な方法だと考えていることがわかった。それも無理はない。学校のテストでは、基本的に生徒は自力で学習する能力が評価される。

だが残念ながら、**学校で優秀な成績を収められるだけでは、世の中は渡っていけない**。社会に出てからは、人と協力しなければ何かを成し遂げられない。ましてや、他人を信頼することが不可欠なチェンジメーカーになりたいという彼の願望がかなうはずもない。
私は彼に、他人を信頼できるチェンジメーカーになるためのアプローチを3つアドバイスした。次のコラムで詳しく見てみよう。

Column

人を信頼する3ステップ

1．小さく始める

チェンジメーカーは、人を信頼して仕事を任せると、自分の取り組みへのコントロールが失われるかもしれないと恐れがちだ。

だから私は、いきなり全面的に相手を信頼してすべてを任せるのではなく、**小さな「信頼の飛躍」から始める**ことを勧めている。

まずは、少しだけ仕事を任せてその人なりの方法で貢献してもらう。それがうまくいったら（たいていは予想以上にうまくいく）、次回はもう少し大きな仕事を任せる。

信頼は「オール・オア・ナッシング」ではない。アメリカとソ連による核軍縮議論でロナルド・レーガン元大統領がよく引用したロシアのことわざにあるように、「信頼せよ、されど検証せよ」なのだ。

まず少し信頼し、良い手ごたえがあったら、次回はさらにもう少し信頼しよう。

2.「What」は明確に、「How」は柔軟に

たとえば、あなたが「持続可能な都市」をテーマにしたイベントの開催を計画していて、その一部を誰かに任せたいが、どれだけ裁量権を与えればいいかわからないとする。

このような場合は、イベント全体の構想や、基本的な条件の部分はあなた自身で策定し、その計画をどう実現するかについては柔軟性と創造性の余地を残すとよい。

たとえば、相手には「現代風のセットを用意し、出演者4人（男女2人ずつ）でパネルディスカッションをする。聴衆は50人以上」という要件を伝える。これは「何（What）」の部分であり、とても明確だ。

ただし、それを達成するための「方法（How）」は相手に任せる。相手は人脈を活かしたり、メールで打診したりして出演者を集めるだろう。フェイスブックに広告を掲載したり、メールのキャンペーンを展開したりするかもしれない。

どのような手段が用いられるかは、あなたにとって重要ではない（はずだ）。あなたは最終的な結果のみを求めた。そうすることで、そのビジョンを自分なりの方法で実現しようとする相手を信頼できるようになる。

おそらくすべてを細かく指示するよりも、良い結果が期待できるだろう。

3.スケジュールに「余裕」を持つ

小さく始め、「What」を明確にし「How」を柔軟にしていても、信頼の飛躍を行う

のは怖いものだ。自分にとって大きな意味を持つ取り組みの場合はなおさらだ。

　そんなときは、リスクが現実となった場合に備えておくといいだろう。闇雲に相手を信用しようとする必要はない。相手が期待に応えなかった場合の「最悪のシナリオ」を想定し、対処策を事前に考えておくのだ。

　相手への信頼が徐々に高まってくると、仕事の任せ方やタイミングをうまく判断できるようになる。だがそれまでの間は、裏切られたときに起こることに備えておくべきだ。「持続可能な都市」がテーマのイベントの開催計画を任せるケースなら、余裕を持って2週間の期限を与えておく。そうすることで、最悪、相手が計画に失敗しても、自分で仕切り直してイベントを成功させられる余地がある。

　リスクに備えておけば、手遅れになる前に（実際そうなるケースは少ないが）、誰かに何かを任せるのを取りやめることができるのだ。


　幸い、この学生は私を信頼してこのアドバイスを受け入れ、グループ課題に取り組んでくれた。最後のプレゼンは素晴らしかった。メンバー全員が発表し、内容も件の学生が私に説明していたものから大きく変わっていた。

　それは彼が信頼の飛躍を実践して、チームメイトに仕事を任せたことを物語っていた。

　彼がチームを信頼した結果、チームのプレゼンは優れたものになり、チェンジメーカーとしての彼自身の将来性も大きく広がったのだ。

■③他者からの信頼——人の「信頼本能」をくすぐる

これで、人を信頼する準備ができ、その意欲も湧いたのではないだろうか。だが、人から信頼されるにはどうすればいいのだろうか？

信頼は単独では成り立たない。そこには常に**「信頼しやすさ」**の問題が関わる。**つまり、一方が信頼に値すると証明すれば、もう一方はその人を信頼しやすくなる。**誰かを信頼すれば、他の誰かを信頼しやすくなり、「人を信頼したい」という本能も強化される。

信頼は、好循環を生む信頼性で成り立っているのだ。

これは、闇雲に他人を信頼することではない。それでも私たちは本能的にまず相手を信頼しようとし、自分も相手に信頼され得るし、されるのが自然だという認識を持っている。

だからこそ信頼と信頼しやすさの好循環が成り立ち、私たちは敵になり得るかもしれない人を味方に変えることができるのだ。

▼信頼を得るために、信頼を与える

シェアリングエコノミーを例に取ろう。ライドシェアのサービスを利用するとき、乗り込んだ車のドライバーを最低の「1つ星」だと初めから決めてかかるか、最高の「5つ星」だと信じるかで、どんな違いが生じるだろうか。

1つ星だと想定して乗車した人は、ドライバーを批判的に見て、細かな要求をし、神経質になる。その結果、ドライバーも普段の力を発揮できず、ユーザーの信頼を得にくくなる。

一方、5つ星を期待して乗車した人は、相手の良い面を見ようとし、ドライバーもそれに応えて最善の努力をする。結果、最高のライドと信頼関係が生じやすくなる。

これは驚くべきことだ——あなたが相手を信頼に値すると思えば、相手は「自分は信頼に値する人間だ」と示すために懸命に努力してくれるのだ。

他者から信頼してもらうためには、まず自分から相手を信頼すべきだ。まさに「信頼の飛躍」だが、このシンプルで効果的な方法によって、信頼の好循環に入っていきやすくなる。

チェンジメーカーにおすすめできる、他者から信頼してもらう方法は他にも3つある。「透明性」「脆弱性」「アイデアには厳しく、人には優しく」だ。

隠すより「オープン」に

まずは「透明性」から始めよう。

状況把握のための情報が不足しているとき、人は自分が知り得た部分的な情報だけをつなぎ合わせて架空の物語を創り上げる傾向がある。その物語は自分自身を主人公や被害者にした、現実とはかけ離れたものであることが多い。

このような事態に陥らないよう、十分に情報を伝え、相手が状況を正しく認識できるようにすることは、他者から信頼される人になるために果たすべき大切な義務だ。

私たちは、「その人のためになるから」という理由で相手に情報を与えないことが多い。資金が底をつきかけているスタートアップの経営者が、従業員にそれを伝えないような場合だ。

だが実際には、**情報は隠すよりもオープンにしたほうがいいことが多い**。私の友人のケースを紹介しよう。

彼は、自分が働いていたスタートアップを愛していた。だが、CEOから、会社が倒産したことを当日に知らされた。寝耳に水だった。

友人は新たな収益機会のアイデアをいくつも持っていたし、まさかのときのためにとっておいた優良な見込み客もいた。CEOはそのことを何も知らなかった。

もしCEOが数週間前に会社の経営が危機的状況に陥っていると知らせていたら、私の友人を含むチーム全員が、なんとか解決策を探ろうと熱く議論しただろう。

CEOが従業員を信頼していなかったために、会社の倒産は早まってしまった。もしCEOが透明性のあるリーダーシップを実践していたらどうなっていただろう――私と友人は、そう考えずにはいられない。

「人間らしさ」を見せて安心してもらう

次は「脆弱性」だ。研究者でありベストセラー作家でもあるブレネー・ブラウンは、このテーマのスペシャリストだ。

彼女が示した知見の中でとりわけ印象的なのは、**「人は自分の脆弱性を弱点と見て、他人の脆弱性は強みと見る傾向がある」**というものだ。

この矛盾について考えてみてほしい。私たちは他人の脆弱性は評価するが、自分の脆弱性は弱みと見なして隠そうとする。

しかし、他者からの信頼を得ようとするチェンジメーカーとして、脆弱であること——人間らしいこと、自分らしさを十分に発揮すること、オープンで正直であること——は、まわりに安心感を与え、信頼してもらう良い方法になる。

私たちは「チェンジメーカーは鎧を身につけた無敵の存在でなければならない」と考えがちだが、その不死身の鎧が、他者からの信頼を妨げている場合が多い。

もちろん、脆弱性は同情を求めるツールではない。そこには線引きが必要で、さらけ出さないほうがいいものもある。チェンジメーキングに謙虚さと自信の両方が必要なように、**効果的な脆弱性にはオープンにすべきところとそうでないところの明確な線引きが必要で、そうすることで他者からの信頼を得やすくなる。**

議論の的を「アイデア」に絞る

最後は、「アイデアには厳しく、人には優しく」だ。

変革を導くには、翼を大きくはためかせて、周囲に波風を起こすようなアイデアやビジョンを推し進めなければならない場合も多い。そのためには、まわりとの合意形成が必要だ。容易ではないが、だからといって不愉快なものにする必要はない。

信頼を導く対話とは、それぞれが自らの考えを十分に主張したうえで、チーム全体でどうすればアイデアを改善できるか議論するというものだ。

重要なのは、**アイデア（新しいアプローチ、ビジョン、可能性など）と提案者を区別して議論すること**。たとえそれがどれだけひどいアイデアでも、提案者を尊重しながら、問題点を指摘すべきだ。

それは人でなく、アイデアを批判することだ。意見を述べる勇気のある人を尊敬し、そうしてくれたことを称賛しながら、その一方で、可能な限り最良のアイデアを見つけようとする。

カリフォルニア大学バークレー校の同僚モーテン・ハンセンが著書『Great @ Work』（三笠書房）で述べるように、優れたチームは「意見をぶつけ合い、それから団結する」。つまり、各人が最善だと信じるアイデアを主張しながら、同時にチーム全体で最善のアプローチを見つけようとするのだ。合意が形成されたら、後は全員がそのアイデアのもとに一致団結し、共に前進する。

あなたが積極的に「信頼の飛躍」を実践しようとすれば、信頼はスーパーパワーになる。

協力を「効果的なもの」にする

重要なチェンジメーキングは、誰かとの協力で成し遂げられる。

効果的に協力する能力――他者と関わり合い、自信と謙虚さのバランスを取る能力――は、チェンジメーカーとして成功できるかどうかを大きく左右する。

規模の大小にかかわらず、共同作業では対立を乗り越えて生産的に働くことが求められる。

対立における自分の普段のアプローチを知るのに便利なのが、シンプルかつ強力なツールであるトーマス・キルマン・コンフリクト・モード検査（ＴＫＩモデル）だ。

２つの軸があるグラフを想像してほしい。縦のｙ軸は「自己主張」で、「自分の関心を満足させようとする度合い」が下から上に向かって高くなるよう示される。横のｘ軸は「協調性」で、「相手の関心を満たそうとする度合い」が左から右に従って高くなるよう示される。

あなたのコラボレーションへの関わり方は、このグラフのどこに位置するだろう？　その答えは、あなたが対立にどう対処するかを示している。

このグラフには、最も効果的なコラボレーションを生み出す驚くべき位置がある。

両方の項目で自分を低く評価しているなら、あなたのアプローチは「回避」だ。自分とチームメイトの関心をどちらも満たそうとせずに、対立を回避している。

自己主張は高く、協調性は低いと評価した人のアプローチは、「強制」だ。チームメイトよりも、自分の関心を優先させようとしている。

自己主張は低く、協調性が高いと評価した人のアプローチは、「服従」だ。自分を犠牲にして、チームメイトの関心を満たそうとする。

ここからが面白いところだ。ほとんどの人は、対立への最善のアプローチは、自己主張と協調性の両方のバランスを適度に取ることだと考えている。

しかし実際には、それによって導かれるのは「妥協」と呼ばれる混沌とした居心地の悪い状態だ。結果として手にするのは、自分とチームメイトの関心を部分的にしか満たさない中途半端な妥協案に過ぎない。つまり、誰も十分な満足感を得られない。

たとえば、同僚と一緒に課外授業のコンテンツを企画しているとしよう。あなたは小学生向けの科学体験プログラムを、同僚は高校生向けのビデオ制作プログラムをつくりたい。

このときあなたと同僚が中途半端に妥協すれば、企画の内容は「中学生向けのＩＴ教育プログラム」になってしまうかもしれない。たしかにそれは中間の案かもしれないが、この妥協案は誰のためにもならない――とくに、生徒たちにとって。

最高のコラボレーションは、**自己主張（自分のニーズに気を配ること）と協調性（相手のニーズに気を配ること）の両方が高いとき**に生まれる。これはＴＫＩモデルで「協調」と呼ばれる。

つまり、あなたとチームメイトの関心事をどちらも満たす、ウィンウィンの解決策を見つけようとすることだ。この形のコラボレーションは新たな可能性を開く。

先のケースに当てはめれば、「高校生が創造的な教育ビデオでの演出と演技を通じて小学生に科学を教えるプログラム」を企画できるかもしれない。

「傲慢にならずに自信を持つこと」が自信と謙虚さを意味するのと同じように、コラボレーションでは中途半端な妥協に陥らず、自分と他人の目標を追求することが重要になる。

コラボレーションの真価は、自信、謙虚さ、信頼が一体となったときだ。

■「スロー」を持ち込む

最初はゆっくり進め、その後でスピードを上げるのも、コラボレーションの秘訣だ。

何らかの価値観に基づいて変革を進めようとするとき、最初の価値観のすり合わせには時間をかけるべきだ。

最初に価値観の共有のための議論に時間を費やしておけば、その後で物事を素早く決められるようになる。

私はこのことを、（当時付き合っていた現在の妻）レベッカと一緒に、ハイキングをしていたときに身をもって知った。それはプロポーズの数日後のことだった。歩きながら、近く控える結婚式の打ち合わせを軽い気持ちで始めたところ、「結婚式のイメージカラー」についての意見の食い違いに発展した。

しばらくして、私たちは最初に価値観をすり合わせずに「実行モード」に入っていたことに気づいた。頭を冷やし、2人で川沿いに座り、足を冷たい水に浸しながら、結婚式に何を求め、どんな価値観を体現したいのか話し合った。後で両親も驚いていたが、私たちは結婚式の「ミッションステートメント」まで作成した。

それは、次のようなものだ。「私たちは、自分たちらしく、大切な人たち全員と一緒に祝え、リラックスして心から楽しめる結婚式をつくります」

これは私たちの結婚式全体の、その後の結婚生活の軸となる重要な価値観になった。

このミッションステートメントの作成は簡単ではなかったが、時間をかけてじっくり取り組むことで、その後の判断を迅速かつ容易に行えるようになった（もちろん、結婚式のイメージカラーも！）。

■「意見」を終わりまで聞く

最後のアドバイスは、「コラボレーションは過程が重要」だ。

チェンジメーカーはたいてい、まず自分の意見や考えを相手に伝えようとする。それは自信の表れであり、大切なことだ。

だが**まず相手の意見を聞こうとする謙虚さ**も、同じくらい大切だ。相手は、あなたが考えもしなかったようなアイデアを提案してくれるかもしれない。

仮にあなたが温めていたのと似たアイデアを相手が提案しても、それは良いことだ。相手の素晴らしいアイデアを称賛し、提案者としての功績を相手に譲ったうえで、自分が望んでいた結果を得ればいい。

この章を締めくくるにあたり、冒頭で紹介した、マレーシアのチェンジメーカー、グウェン・イ・ウォンのその後を見てみよう。

彼女は自ら起業したトライブレス社の成長に伴い、求められる役割が変化したことに応じる形で、熟慮の末にCEOの座から身を引いた。謙虚ながらも確かな自信に裏づけられた一歩を踏み出したグウェンと同社は、それからどうなっただろう?

彼女は再び自由に実験し、イノベーションを起こし、人、製品、デザインを中心とした自分本来の強みに注力できるようになった。

このタイミングは重要だった。グウェンが新製品の発売で重要な役割を果たすことができたからだ。

世界の多くの人々が対面での仕事からリモートワークへと移行しつつあった2020年4月、トライブレスは同社の製品「エンパシー・ボックス」のオンライン版を発売し、物理的な製品の製造から完全なデジタル化への移行を決定づけた。

CEOを辞任するという決断をしたときはその先がどんな道に続いているのかまったく想像できなかったと言うグウェンは、「チームに裁量を与え、信頼し、投資することで、ここにたどり着けた」と語っている。

グウェンのように、変革を導くための2つの概念を両立させられるチェンジメーカーになろう！　自信と謙虚さ、信頼と信頼しやすさ、スローとファスト――。

これらは、次のチェンジメーカー・マインドセットの概念である「変化を行き渡らせる」に移行するときに役立つ。

この章のまとめ

主なポイント

● 謙虚さは強みであり、弱みではない。研究によれば、謙虚なリーダーのほうが、収益からチームエンゲージメント〔チームとの関わりの深さ〕に至るまで、あらゆる面ではるかに優れた成果を上げる。

●信頼を得るには、まず相手を信頼すること。自己中心的なリーダーにならず、まわりを信頼する方法を探ろう（ただし、最悪のシナリオには備えること）。

●真のコラボレーションは、それぞれが積極的に自らの望みを主張しながら、相手の望みを満たす方法も見つけ、全員がウィンウィンの関係になるようなスイートスポットで起こる。

演習

●「鏡と窓」のコンセプトを実践して謙虚さを育もう。誰かから褒められたらそれを分かち合える人を探し、チームの誰かが非難されたら自分も責任を負う方法を探ってみる。謙虚な姿勢を示したときに、まわりがどう反応するか観察してみよう。

4章

本当にそれでいい？

変化を行き渡らせる

持って生まれた性格のせいかもしれないし、カリフォルニアのリラックスした気風のせいかもしれないが、私は起業家、経営者、研究者としてのキャリア全体を通して、三つ揃いのスーツを着た人と会議をした回数は片手で数えられるほどしかない。

それだけに、その日会うことになっていたスーツ姿の人物が、まだ21歳だったことが不思議に思えた。これからこの青年と、サンフランシスコのポトレロヒル地区の急な坂道を上り下りしながら、季節外れの暖かい日に、一緒にウォーキングミーティングをするのだ。

握手を交わした私たちは、美しいサンフランシスコ湾やオークランドヒルズを望める丘を目指して歩き始めた。

この若者は、チェンジメーカーになるためのメンタリングを受けたいと連絡してきた。

彼はその日登ろうとしていた丘と同じくらい高い野心を持っていた。だが、サンフランシスコの有名な観光地、ピア39をぶらつく観光客たちと同じくらい、進むべき方向があいまいだった。

彼には1つだけ野心があると言う。それは、フォーブス誌が選ぶ「世界を変える30歳未満の30人」のリストに名前が載ること――。

「その評価を得るために、君はどんなことを成し遂げたい？」私は尋ねた。

気まずい静寂が訪れた。

彼は「何をしたいかはわからないですが、このリストには入りたいのです」と繰り返した。

私は、それでは本末転倒だと言った。目的と手段が入れ替わっている、と。

「順番が逆だ」私はためらわずに言った。

「人は、自分が他人に与える影響をコントロールできない。でも、他人のために何かをする能力と意思決定はコントロールできる。フォーブスのリストに誰が選ばれるかは、将来、君の知らない誰かが決めることだ。君はそれをコントロールできない。君がコントロールできるのは、今ここで、〝人のために尽くし、その人たちの人生をより良くする方法を探し出す〟と決断することだ」

自分のエゴより他人の幸福を優先させる、「自分を超える」チェンジメーカーになるべきだ、と私は言った。

「その決断をしても、フォーブスが君をリストに選ぶとは限らない。でも、君がその決断に従って目標に向かって突き進めば、その過程で多くの人の暮らしを向上させられるだろう。『30歳未満の30人』に選ばれるよりはるかに意義があるし、大きな力が得られる」

歩きながら、私は自分を超えるというマインドセットを持つ意味を彼に説明した。

このマインドセットは4つの要素から成る。「サーバントリーダーシップ」「倫理的リーダーシップ」「長期的視点」「ビジョン」だ。

これは意味のある目標に向かって（ビジョン）、正しい方法で（倫理的リーダーシップ）、長い時間をかけて（長期的視点）人のために奉仕すること（サーバントリーダーシップ）だ。

名声や富を保証するものではないが、これを実践したチェンジメーカーは、自分を成長させ、周囲の人たちにポジティブな影響を与える機会が得られる。

この章では、この4要素を理解して実践できる、「自分を超えるチェンジメーカー」になる方法を学んでいこう。

「自分ファースト」型は短命に終わる

今日の世界のリーダーに目を向けると、彼らがメディアや政治、ビジネスの世界で、あまり好ましくない、時にはかなり辛辣な言葉で表現されているのがわかる。

たとえば、結局は自分のことを第一に考えるリーダーは、「権力欲が強い」「堕落している」といった言葉で描写されるし、ＣＥＯと従業員の賃金格差の拡大や、有権者より自分の利益を優先する政治家の傲慢さもよく批判の対象になる。

これは、私たちが嫌というほど目にするリーダー像なのかもしれない。しかし、それはリーダーの真の姿ではない。短期的な成功は収められても（おそらくそれははかない成功だ）、**自分を第一に考えるつけは必ず回ってくる。**長期的に良い影響を残すチェンジメーカーにはなれないのだ。

自分を超えるリーダーのマインドセットは、**まず自分をサーバントリーダー（奉仕するリーダー）と見なすこと**から始まる。

賢者は控えめで口数が少ない

サーバントリーダーシップは数千年前からある概念でありながら、急速に変化する世界でリーダーとして活躍するための現代的なアプローチでもある。

これは目指す変革の規模や組織の大小を問わず、様々な状況で適用できる。

２６００年前の中国の思想家、老子はこう述べている。

「最高の統治者は、民に存在をほとんど気づかれない。（中略）賢者は控えめで、口数も少ない。**任務が終わり、事が整ったとき、民に『私たちの力で達成した！』と思わせる状況をつくるのが良い統治者なのだ**」

米軍にもサーバントリーダーシップの考えが浸透している。それは**「将校は最後に食べる」**という慣習として表れている。

米軍の食堂では、位の低いものから高いものの順に並んで列をつくる。最上級の士官が食べ始める頃には、部下はもう食事を終えている。

これは規則ではなく、違反者に対する罰もない。だがこれは、サーバントリーダーシップの紛れもない実践例である――リーダーは、部下に先に食事を始めさせる。つまりリーダーは、自分よりも部下の利益を優先させるのだ。

ロバート・グリーンリーフは１９７０年に「リーダーとしてのサーバント」と題した論文の中で、「奉仕はリーダーシップの際立った特徴であるべきだ」と主張し、サーバントリーダーシップという概念を提唱した。

グリーンリーフは、サーバントリーダーシップは「誰かに奉仕したいという純粋な気持ち」から始まり、「その結果としてリーダーになろうとする」と述べている。

これは、私に相談に来た例の若者の考えが、いかに本末転倒だったかを表すのに役立つ。リーダーになりたいという願望ではなく、**人のために尽くすことから始まり、その結**

果としてリーダーになることを選択する――それがサーバントリーダーシップだ。

グリーンリーフは、自分がサーバントリーダーかどうかは、「私が奉仕している人たちは、人間として成長しているか？」と問うことでわかるとも述べる。

リーダーが人に仕えることで、相手は人間として強く、有能になる。さらには、自らもサーバントリーダーになろうとする。

私は部下に接するとき、「彼らが最高の仕事をするのを助けることを最優先事項とする」と自分に言い聞かせている。

部下には、どんな問題を抱えていて、どんな支援を求めているかを尋ねる。「自分は何でも知っている」という態度を取らず、積極的に話を聞く。何が必要かを一番よく知っているのは部下だと信じ、話に耳を傾け、それから行動を起こす。

その結果、私はあらゆる仕事をこなしている。同僚の代わりに難しい話をしたり、大きなプレゼンの準備をする部下にアドバイスをしたり、部下が会議室を予約できるよう手を貸したり。

私は部下の成長の妨げになるかもしれないものを取り除き、彼らが成長するのを支援する。すべては、他者に奉仕するという意識的な選択から始まる。

「奉仕」が硬直した問題に効く

自分を超えるマインドセットの目指すところがサーバントリーダーシップだとすれば、このような概念があまりにも希薄な政治の世界をどう考えるべきだろうか?

もしあなたが「現在の政界では人材を見つける仕組みが破綻している」と思うなら、エミリー・チャーニアクもきっと合意するだろう。

チャーニアクはボランティア団体アメリコーでの活動や、1日最大25万の人が奉仕活動に従事したことで知られる「ビー・ザ・チェンジ」の創設メンバーであるなど、サーバントリーダーシップと長く関わってきた人物だ。

彼女は自らのメンターで、2009年にマサチューセッツ州の上院議員選挙に出馬したアラン・ハゼイから選挙キャンペーンの副本部長に任命されたのがきっかけで政界に足を踏み入れた。ハゼイは落選したが、チャーニアクは、政界の大きな問題を目の当たりにした。

チャーニアクは「政界の人材採用システムは排他的で、革新的なリーダーが誕生しにくくなっている。現状を打破するには、システムそのものを変えるしかない」と考え、2013年、サーバントリーダー、とくに米軍や平和部隊のような国家に奉仕した経験があるリーダーの採用によってアメリカの民主主義の活性化を目的とする無党派の非営利団体「ニュー・ポリティックス」を設立した。

同団体は、これらのサーバントリーダーは国内トップレベルの問題解決者、チェンジメーカーであり、現在のアメリカには彼らの指導力が絶対に必要だと主張している。ニュー・ポリティックスは、有能な政治家を見つけ出して当選させるのではなく、サーバントリーダーシップに相応しい人材を発掘することを何よりも重視する。人材の選定では、政治的信条や選挙に勝てる見込みではなく、他者に奉仕することを意識的に選択してきた献身的な経歴の持ち主であることが優先される。そして、これらのリーダーに、政治や政策についての研修を施し、当選の手助けをする。

同団体はこのようにして、保守かリベラルかを問わず人々が議会に必要とする政治的リーダーを輩出している。すでに地方、州、国のレベルでサーバントリーダーを当選させていて、サーバントリーダーのマインドセットには既存システムに有意義な変革をもたらす力があることを証明している。

Column

5分間の親切

サーバントリーダーシップは、業界や分野を超える。

ペンシルベニア大学ウォートン校教授のアダム・グラントは『GIVE & TAKE「与

える人」こそ成功する時代』（三笠書房）の中で、用語こそ異なるものの、サーバントリーダーシップと同じ概念を考察している。

グラントは人間を「テイカー（受け取る人）」「マッチャー（バランスをとる人）」「ギバー（与える人）」の3つのペルソナに分類する。テイカーは他人からできるだけ多くを引き出そうとし、マッチャーは与える量と得る量のバランスを取ろうとし、ギバーは見返りを期待せずに他人に貢献しようとする。

グラントによれば、全体に占めるギバーの割合はわずかで、（予想通りと言うべきか）燃え尽きてしまう可能性が高い。だが**ギバーは並外れた影響力を発揮する刺激的なリーダーやチェンジメーカーになる大きな可能性がある**。

グラントが提唱した「5分間の親切」は、サーバントリーダーシップの実践を始めるのに良い方法だ。これは文字通り、**誰かに5分間だけ親切な行為をする**というものだ。

「見返りを期待せずに誰かのために5分でできることは何だろう？」と自問してみよう。「引き合わせたいと思っている2人にそれぞれの相手を紹介するメールを書く」「同僚や上司、友人に日頃の感謝の気持ちを伝える手紙を書く」などでもいいだろう。

たった5分、人に奉仕することで、サーバントリーダーへの一歩を踏み出せる。

消費者は「美辞麗句」を見抜く

リーダーの中には、最低限の仕事だけをして、悪い評価さえされなければそれでよし、と考える人もいる。このようなやり方でも、うまくいく場合はある——少なくとも短期的には。

しかし、チェンジメーカーはもっと高い基準を目指すべきだ。現代のリーダーには、当たり障りのないことではなく、積極的にポジティブな変化を起こすことが求められる。

コーンコミュニケーションズ社の調査によれば、消費者の85％（ミレニアル世代（1981～1996年生まれ）では91％）が、倫理的で意義ある企業理念に忠実だと思えるブランド商品があれば乗り換えると答えた。

さらに、ミレニアル世代の62％と全成人の過半数が、社会的な責任を果たしている会社で働けるなら収入が減ってもかまわないと答えている。

リーダーであり消費者でもあるチェンジメーカーは、**倫理的であることは、実現すればよいというものではなく、不可欠な素養だと考えるべきだ。**

現代のCEOはこのプレッシャーを感じていることが、2020年の信頼度調査「エデルマン・トラストバロメーター」によっても明らかになっている。

回答者の76％が、「企業のＣＥＯは政府の主導を待たずに率先して社会的な変革に取り組むべき」と考えている（前年比11ポイント増）。回答者の大半は「ＣＥＯは賃金格差解消から環境問題に至る幅広い社会問題の解決を推進できる」と考えていて、従業員の71％は、「ＣＥＯがこうした様々な課題に対処することは極めて重要」だと答えた。

現代人はリーダーに多くを期待している。消費者も、現実と一致しない美しい宣伝文句を並べ立てる企業のやり方を見抜く力が高まっている。

このような口先だけの企業の例は、２０２０年のジョージ・フロイドの殺害事件後にもソーシャルメディアで顕著に観察された。

事件後、アマゾンからロレアルに至る様々なブランドがブラック・ライブズ・マター運動への支持を表明したが、それと一致しない日頃の行動（経営陣の人種構成から職場に導入されているポリシーまで）を知る一般の人々によって非難を浴びた。

自分を超えるチェンジメーカーは、倫理的リーダーシップを「形式的に従うべき最低限の基準」ではなく、自分の立場を活用し、チームやコミュニティのメンバーを大きな目標に向かわせる機会ととらえる。

「倫理的」は力になる

倫理的なリーダーになるための鍵は、「信頼性」「一貫性」「包括的な関与」の３つだ。

■「行動」を正しくする

1番目の鍵は「信頼性」だ。

現代人、とくにデジタルネイティブのミレニアル世代やZ世代（1997年以降に生まれた世代）は、うわべだけの言葉を見抜くのが得意だ。だからこそ、倫理的なリーダーには信頼性が求められる。

「#MeToo」のような社会運動では、多くのリーダーが支持声明を出したが、熱心に他人に変革を呼びかけるわりには、自らの行動がそれに伴っていないケースが多々見られた。

倫理的であるためには、まず自らその行動を実践して、信頼を勝ち取らなければならない。

■それを「一貫」する、続ける

2番目の鍵は「一貫性」だ。倫理的リーダーになるには、ある瞬間だけ正しい行動を取るのでは不十分だ。**倫理は一時的ではなく永続的なものだ。**リーダーが正しいことを一貫して続ければ、まわりを変革の取り組みに引き込みやすくなる。

長年LGBTQ＋の権利を支持してきた、アップルのCEOティム・クックは、個人として、慈善活動の一環として、ビジネスパーソンとして、自らの行動と会社のポリシーの両方において、社会的な平等を擁護しつづけてきた。

米連邦最高裁で「同性婚は法的に保障された権利である」とする判決が下されたとき、リーダーや企業の多くがこの運動を支持し始めた。

これは歓迎すべきことだが、私たちはクックのように一貫してこの分野で倫理的リーダーとしての役割を果たしてきた人物が、大勢の支持が集まる前から、まさに「自分を超える」マインドセットを体現してきたことを忘れてはならない。

以前からこうした活動をしてきた倫理的リーダーがいたからこそ、後に続くリーダーたちが倫理的なポリシーを安心して推進できるようになったのだ。

■「巻き込み」が生まれる

3番目の鍵は「包括的な関与」だ。これは、あらゆる関係者を巻き込むことだ。多くの人を関与させれば、倫理的リーダーシップは強固になる。

ブラックフライデーに店を閉め、消費者に家族や友人と自然の中で過ごすよう呼びかけた「#OptOutside」キャンペーンを実施した「REI」もその好例だ。

同社は消費者に対してだけでなく、従業員に対しても、有給休暇を与えることで倫理的な行動を取った。これが、キャンペーンをさらに強固にした。

従業員と顧客の両方が参加したことで、どちらか一方が不満を抱くことなくキャンペーンを展開できた（たとえば、店が閉まることで顧客は自然の中で過ごすことができるが、その分、給料が減れば従業員からクレームが上がりかねない）。

いけないのは「何もしないこと」

人気のアイスクリーム会社ベン&ジェリーズの影響力は、スーパーの冷凍食品売場をはるかに超えて広がっている。同社は自社の価値観に基づき、社会問題の解決に長期的に取り組んできた。

同社のグローバルアクティビズム戦略の責任者クリストファー・ミラーは、ハーバード・ビジネスレビュー誌にこう語っている。

「我々は様々な社会問題に対して、自社の価値観に根ざした行動や主張を行ってきた。我々にはNGOや政策関連での経験を持つ社会的使命を担うチームと、自社のファンとつながり、アイデアを売り込む方法を心得る世界的なマーケティングチームがある。だから、何かが起こったときに必要なメッセージを十分に伝達できる仕組みや能力がある」

同社のCEOマシュー・マッカーシーは次のように語っている。

「我々がこのような活動をするのは、アイスクリームの売上を増やすためではなく、人を大切にしていて、しっかりとした価値観を持っているからだ」

ベン&ジェリーズが企業の社会的責任において際立っているのは、サプライヤーから消費者、地域住人に至るまで、地域社会と誠実に関わっている点だ。

たとえばミラーは、ジョージ・フロイド殺害事件への同社の対応についてこう説明する。「チームと私には、大勢の友人や支持者、パートナーがいる。だから、どんな対応を取る際も、まずは彼らと十分に相談することにしている。ブラック・ライブズ・マター運動に関する私たちの声明では4つの具体的な政策提言をしたが、これは本社の会議室でつくられたものではない。必要な解決策をよく知る、問題の最前線にいる人たちの声を反映したものだ」

ベン&ジェリーズのハーフベイクドフレーバーに使われているブラウニーやクッキー生地のように、倫理や価値観は同社のDNAに組み込まれている。

だが、まだ自社の価値観を明確にしていない企業はどうすればいいのだろう？

「正しいことを始めるのに悪いタイミングはない。そして人々は、あなたを必要としている」とマッカーシーは語る。

「それは動物愛護協会の活動に参加することかもしれないし、困っている人たちにランチを届けることかもしれない。どんなことでもいい。**いけないのは何もしないことだ**」

素早く、ただし急がず

変化には時間がかかる。

私の知るチェンジメーカーにはせっかちな人が多い。この特性は彼らにとって好都合だ。なぜなら、それは行動につながりやすいからだ。

とはいえ、**永続的な本物の変化をもたらすのは短距離走ではなくマラソン**だ。

このことは、新しい習慣を取り入れようとするときの目標設定期間の目安にも表れる。新しい習慣を身につけようとしたが、1〜2週間で諦めてしまった経験はないだろうか？

「習慣は3週間ほどで身につく」と考える人は多いが、習慣形成を研究するロンドン大学ユニバーシティ・カレッジ（UCL）の健康心理学者フィリッパ・ラリーらが『ヨーロピアン・ジャーナル・オブ・ソーシャル・サイコロジー』に発表した研究によると、**人が新しい習慣を身につけるには平均して66日かかる**。

これは、チェンジメーカーに長期的な努力が求められる理由を裏づけるものだ。

四半期ごとの決算発表に奔走する企業のパターンに倣ってか、「自分を超え、長期的な視野を持つ」のに苦労する人や組織は多い。

だが売上高は、組織の経営状態を表す一時的な指標に過ぎない。経営コンサルティング企業のマッキンゼーは、15年にわたって企業615社を追跡調査し、長期志向と短期志向の企業の違いを調べた。

その結果、短期的な思考や戦略を取り入れる企業の割合が増えている一方、**長期的な視**

点を重視する企業の２００１年から２０１４年にかけての収益成長率は47％増加していたことがわかった。

同社は「調査期間中の長期視点型の企業の収益は他社と比べて平均36％多く、経済的利益も平均81％増加していた」とまとめている。

■「すぐの変化」より「忍耐づよく」

それでも、「短期的な視点に集中しなければならない」重圧にさらされているリーダーは多い。様々なシステムも、この表面的な見方を強化している。

ウォール街のアナリストは四半期ごとの決算発表に目を光らせ、ソーシャルメディアはいつでも流行りのネタを探している（２０１４年に流行した「アイスバケツ・チャレンジ」を覚えているだろうか？）。その結果、リーダーはさらに短期的な視野で思考するよう仕向けられる。

だが、レース全体を視野に入れて計画するのではなく、目の前のハードルをクリアすることだけに躍起になっていると、リーダーは疲弊し、永続的な変革を起こせなくなる。

自分を超えるチェンジメーカーは本質的で持続可能な変化はすぐに起きないと認識しているので、長期的なゲームをプレイできる。チェンジメーカーにとって、広い視野を持ち、忍耐強く行動できることは、大きな強みになる。

私の講義に、シド・エスピノサがゲストスピーカーとして登場してくれたことがあった。

私は彼に、若くして多くを成し遂げた秘訣を話してくれることを期待した。当時、マイクロソフトの慈善事業のシニアディレクターで、以前はカリフォルニア州パロアルトでラテン系アメリカ人として初めて市長を務めていた彼は、まだ30代だった。

だがシドのアドバイスは意外なものだった。企業や地域社会に求められる変革について語ったシドは、**「自分のことを短距離走者ではなく、リレーのランナーと見なそう」**と言った。

また、「君たちの望む変革が、自分のキャリアや人生を通じてすべて実現することはまずないだろう」とも語った。

シドのアドバイスは、企業の変革にも社会的な変革にも当てはまる。私たちは短期的には、経済的な目標や他の目標に責任を負うことになるかもしれない。

しかし、目の前の課題に取り組みながら、将来誰かにバトンを渡すことを考えていると、いろんな重荷から解放される。カリフォルニア大学ロサンゼルス校バスケットボール部の伝説的コーチであるジョン・ウッデンの有名な言葉に、**「素早く、ただし急がずに」**というものがある。

私たちは、今すぐ必要なことに目を向けながら、実現に長い時間がかかるかもしれない重要な変化に対しては急がずにいることができるのだ。

「無限のゲーム」をしていると仮定する

コンサルタントのサイモン・シネックは、このコンセプトを著書『The Infinite Game』（未邦訳）の中で見事に表現している。

シネックは1980年代にニューヨーク大学名誉教授のジェームズ・P・カースが行った研究を基に、人間がプレイするゲームを「有限」と「無限」の2種類に区別した。

有限のゲームは厳密なルールと合意された目標があり、明確な勝者がいる。モノポリーやバスケットボールなどが当てはまる。一方の無限のゲームには明確な始まりと終わりがなく、既知のプレイヤーと未知のプレイヤーが存在し、厳密なルールはない。

シネックによると、ビジネスや政治、そして人生は、無限のゲームだという。私は無限ゲームの典型例に、「変革を導くこと」を加えたい。

無限のゲームには明確な勝者はいない。プレイヤーは、いつでも参加や退場ができるからだ。たとえばリソースや続行意思が枯渇したときには退場できる。

シネックは無限のゲームでは、**誰が勝ち、負けるかを考えず、時の試練に耐え得る強く健全な組織の構築に注力すべきだ**とアドバイスする。

有限のゲームではなく、無限のゲームをしている意識で環境、教育、地域社会、情報格差解消などの問題に取り組めば、長期的な社会貢献がしやすくなる。

自分たちの取り組みを客観的にとらえ、無限のゲームをプレイしていると見なすことで、リーダーや組織は、様々な問題に遭遇しても立ち直りやすくなり、目先のことにとらわれずに持続可能な成果に向かって邁進できるようになる。

取りかかり1年目を「実験」にする

無限のマインドセットは、チェンジメーカーにも役立つ。

私のもとには、就職のアドバイスを求める学生たちがよくやって来る。私は彼らとの会話を通じて、あるパターンを見つけた――学生たちは、短期的な辛さから逃れようとして、長期的な幸福や成果を犠牲にしがちだということだ。

彼らは、理想の仕事を一度で探り当てる有限のゲームをプレイするつもりでいる。私は学生たちに、今はそんなふうには考えられないかもしれないけれど、最初の仕事でキャリアが決まるわけではないと伝えている。

就職は「有限」だがキャリアは「無限」であり、途中で無数の修正の機会がある。無限のマインドセットを持ち、チェンジメーカーとしてのキャリア全体を俯瞰することを心がければ、1年や2年は長いキャリアの中のわずかな期間に過ぎないことがわかり、いっときの試練にも耐えやすくなる。性急な判断も下さずにすむ。

このようなマインドセットがあれば、最初の仕事を学びや成長の機会と見なし、今後数十年をかけて自分が本当にしたいことに向かって進んでいけるようになる。

私は、デザインとイノベーションの専門家ジョスリン・リン・マランの**「初めての仕事は、その後のキャリア形成に役立つ実験の場と考えるべき」**というアドバイスを学生たちに伝えている。

最初の就職先で働きながら、「私は小さな会社で働くのが向いているだろうか？」「テンポの速い環境で働くのは好きか？」「文章を書く仕事は大学で受けたコースと同じくらい充実している？」などと考えるのだ。

就職活動の見方を「有限」から「無限」のゲームに変えることで、学生は最初の仕事を見つけるための、胸が躍るような新しい判断基準を持てるようになる。

Column

「無限の時間軸」に転換したエアビーアンドビー

エアビーアンドビーは、「無限の時間軸」への転換を行い、自社だけでなく利害関係者にも多くの長期的利益をもたらした企業の好例だ。

共同創業者のブライアン・チェスキーは2018年、「21世紀型企業の構築についてのエアビーアンドビー・コミュニティへの公開状」を発表した。

チェスキーはその中で、「現在の企業は、『企業のビジョンや長期的価値、社会への影響を犠牲にして、短期的な利益に目を向けなければならない』と言う20世紀の遺産から生じる圧力に直面しています。それは21世紀の世界に生きる20世紀の企業と言えるでしょう。（中略）私たちはエアビーアンドビーを、２つの特徴を持つ21世紀型の企業にしたいと思っています。１つは無限の時間軸を持つこと。もう１つはすべての利害関係者に奉仕することです」と述べている。

チェスキーはさらに、長期的なビジョン（前述したシネックの「無限のゲーム」とまさに同じ考え）を持つ重要性を説き、その重要な土台を提供している。

「私たちは自社のビジョンを実現し、それが社会のためになるようにしなければなりません。つまり、エアビーアンドビーという会社（従業員と株主）、エアビーアンドビーというコミュニティ（ゲストとホスト）、エアビーアンドビー以外の世界という３つの利害関係者の利益を念頭に置かなければならないのです」

業界が50％売上を落とす中「5％減」にとどめた

エアビーアンドビーのこれまでの歩みは決して順風満帆ではなかった。

バケーションレンタルのオンラインマーケットプレイスを提供する企業として、当然ながらその成長にはジェントリフィケーション〔富裕層が増えることで貧困層の多い地区が高級化すること〕や住宅価格の上昇といった問題に関して政治家や近隣住民との意見の相違があった。

エアビーアンドビーの無限の時間軸を語るうえで、私は同社が非の打ちどころのない企業だと言うつもりはない。

だが現時点ではっきり言えるのは、せいぜい数週間先しか見通せない企業が多いなかで、同社は長期的な視野を持っているということだ。

同社が、ビジネスを展開するうえで様々な障壁を乗り越え、無限のビジョンを実現し、すべての利害関係者にプラスの影響を与える理想を実現できるかどうかはわからない（もちろん無限のゲームをプレイしている以上、同社の挑戦に終わりはない！）。

しかし四半期ごとの業績に執着する有限のゲームから、ビジョンや利害関係者を重視する無限のゲームへと移行できたことは、同社が社会に大きな影響を及ぼすための重要な一歩といえる。

エアビーアンドビーの今後を占ううえでの1つの指標となるのが、新型コロナウイルスの感染拡大がもたらした旅行業界への大打撃を同社が見事に耐え抜いた事実だ。

２０２０年の第１四半期から第３四半期にかけてアメリカのホテル事業の売上は50％以上減少したが、**エアビーアンドビーはわずか５％の減少にとどまった**。リーダーや組織が長期的な視野を持てば、短期的なショックを乗り切りやすくなるのだ。

エアビーアンドビーは社内外に課題を抱えている。しかし、無限の時間軸を持つ企業としての同社の位置づけは、多くの人に将来の社会の持続可能性への期待を抱かせる。

「壮大で具体的な絵」で人を動かす

自分を超えるマインドセットの4つ目の要素は、**共通のビジョンに向かって他者を導き、成長させること**だ。

カリフォルニア大学バークレー校ハーススビジネススクールの元学部長リッチ・ライオンズは、ビジョンをシンプルかつ強力に定義する――**「後に続く人のための未来の絵を描くこと」**だ。

明確で説得力のある未来志向のビジョンを描く能力はリーダーに不可欠だ。サンタクララ大学リービー・ビジネススクールのジェームス・クーゼスとバリー・ポズナーは、同僚とリーダーに求められる特性を調べる大規模調査を行った。

回答者が同僚に対してもリーダーに対しても一番求めた特性は「正直さ」だった。しかし、「先見性」を求める割合は同僚に対してわずか27％だったのに対し、**リーダーに対しては72％だった。**

これは、リーダーと同僚のあいだで最も大きな差が見られた特性だった。つまり未来を見通し、その絵を描き出す能力は、私たちが一メンバーからリーダーへと成長する大きな差別化要因になるといえる。

では、私たちはチェンジメーカーとして、どのようにまわりの人を引き込み、インスピレーションを与えるイメージを描けるのだろうか？

ここで役に立つのが、言語学とマーケティングから得られる知見だ。

■「未来」を起点にする

世界中のチェンジメーカーへの資金調達支援を目的とするウェブサイト「StartSomeGood.com」を立ち上げたとき、私たちは資金調達希望者にサイト上で、「解決しようとしている問題は何か？」「どうやってそれを解決するつもりか？」という2つの質問に答えてもらっていた。

私たちはこれを、出資の判断材料となる重要な質問だと思っていた。

その後、私たちは幸運にも社会科学者で起業家のヒルディ・ゴットリーブの協力を得た。そして、この2つの質問に関するテーマの研究にキャリアを捧げてきた彼女から、様々なタイプのリーダーに効果的な質問をする方法をアドバイスしてもらった。

彼女によれば、私たちの質問では、資金調達希望者からも出資者からも最高のものを引き出せないという。

まず問題について尋ね、次にその解決策を尋ねるのでは、本来のビジョンから生じ得るはずの多様な解決策の範囲が制限されてしまう。これはマイナスの状態からゼロの状態への移行に過ぎない。つまり、地面の穴を見つけ、それを埋めるにはどうすればいいかを尋ねているだけだ。

ゴットリーブは、ビジョンに目を向けさせる質問に変えるべきだと言った。「問題は何か？」「その解決策は何か？」ではなく、**「どんな未来をつくろうとしているのか？」と「その未来をどうやってつくるつもりか？」と尋ねるのだ。**

些細なニュアンスの違いに思えるかもしれない。だが、質問を変えたインパクトは大きかった。

起案者によって提供されたストーリーとビジョンは感銘を与えるものになり、新しいビジョンを示したことで**支援者からの出資額もはるかに多くなった。**

質問を変えたことで、マイナスの状態からプラスの状態への飛躍がイメージできるようになった。起案者は、「その取り組みにぜひ参加したい」と支援者に思わせる未来像を描けるようになった。

ビジョンは問題解決に限定されず、全員が共に未来を創造することを誘うものになった。全員が魅力的なイメージを描けるようになり、結果として多くの人がこれらのビジョンに参加するようになったのだ。

「ビジョン」で人を長く惹きつける

このように、言語にはビジョンを描く計り知れない力がある。では、他者に説得力のある形で参加を呼びかけるための、ビジョンの定義と表現の秘訣は何か？

私はチェンジメーカーたちに、**「長期的で野心的な時間軸」**で考えることを勧めている。ビジョンを本当に説得力あるものにするには、それを実現する目標の期間を、1年や5年ではなく**数十年単位でとらえる**のだ。

あなたは10年後、20年後、30年後の望ましい未来について、明確で説得力のあるイメージを描けるだろうか？

このようなスケールでビジョンを描くことで、全員が短期的な視点にとらわれずに長期的な思考を受け入れ、同じ未来に向けて決断し、行動できるようになる。

これらのビジョンで描かれる変革は、その定義上、短期的かつ表面的な問題解決ではない。それは、実現に数年以上の努力が必要な変革だ。

作家のマシュー・ケリーは著書『The Long View』（未邦訳）の中で、なぜ数十年単位で考えることが変革を導く効果的な視点をもたらすのか、明確に述べている。

「人は1日でできることを過大評価して1か月でできることを過小評価し、1年でできる

ことを過大評価して10年でできることを過小評価している」

私たちは野心的なビジョンを全員で共有することで、進むべき方向を見失うことなく、重要な目標に向けた取り組みを数十年にわたって続けられるようになる。

ビジョンを描くときは大胆になるのを恐れてはいけない。自分やまわりの人が確信を抱きながら全力を投じられるような絵を描こう。

企業が描くインスピレーションをもたらす未来像の好例として、「火星での有人探査と定住を実現する」（スペースX）、「ボルボがこれから製造する車で、誰も重傷を負ったり、命を落としたりすべきではない」（ボルボ）などが挙げられる。

スペースXは様々なミッションについて、ボルボは安全性の向上について、一般的な言葉で抱負を掲げることもできた。だがこの2社は、明確で説得力のあるビジョンを描くことで、従業員や関係者に感銘を与え、参加や支援を力強く呼びかけているのだ。

このようなビジョンは企業の強みになり、その実現に協力したいと考えるチェンジメーカーを惹きつけることもできる。

Column

ビジョンで「独創的」になる

私はよく、「独創的なビジョンステートメントを作成する方法」を尋ねられる。ビジョンは、あらゆるタイプの人に当てはまり、かつ重要でなければならない。

ただし、ビジョンの力を活用するのに、起業家である必要も、大きなチームを率いている必要もない。

私はビジョンの定義に苦戦するチェンジメーカーに2つのアドバイスをする。**「既存のビジョンから着想を得る」**と**「人の意見を聞く」**だ。

既存のビジョンから着想を得る

ビジョンステートメントを定義し、洗練させるには、尊敬する人や同じような変革を追求する組織からインスピレーションを得ることをお勧めする。

ビジョンステートメントには組織レベルのものと個人レベルのものがある。組織レベルのビジョンステートメントの例として、パーソナルコンピューター革命が始まった頃のマイクロソフトが掲げていた素晴らしいビジョンを紹介しよう――「世界中のデスクと家庭にコンピューターを」

次に、個人レベルのビジョンステートメントの例を挙げよう――「大勢のチェンジメーカーたちが変革を主導する世界を実現する」

私と妻のレベッカがそうしているように、「優しく、健康で、勇気のある子どもを育てる」といった家庭でのビジョンステートメントを作成してもいいだろう。部下が3人いる管理職は、「チームが毎日精一杯仕事をすることに喜びや達成感、意味を見出す」といったビジョンステートメントをつくれる。

あなたに感銘を与えてくれる人やチーム、組織のビジョンに目を向け、共感する点があるなら、その一部を自分のビジョンに取り入れることを検討しよう。

人の意見を聞く

人の意見を求めることに躊躇してはいけない。あなたがつくるビジョンが、まわりがついていきたいと思うような絵を描けているかどうかを確認する最善策は、それを積極的に人に見せて、反応を観察することだ。

最高のビジョンは、誰もいない部屋からは生まれない。ビジョンの中心には人間がいる。ビジョンを検証し、洗練させるには、人の意見を取り入れることが重要だ。

たとえば私は、3人の部下がいるマネージャーに、ビジョンの草案をチームで共有することをアドバイスした。このマネージャーの当初のビジョンは「優れた仕事をすること」を重視していたが、意見を求めた結果、部下たちが「仕事を通じて充実感を覚えること」を重視しているとわかった。それに応じてビジョンを修正したことで、部下からも十分に支持されるビジョンを作成できた。

ビジョンはチーム全体に浸透し、マネージャーは自らをサーバントリーダーとして位置づけ、部下が望む方法でリーダーシップを発揮できるようになった。

大きく考える

私はチェンジメーカーたちに、大きく考えること（自分がもともと達成できると思っているよりもさらに大きく）を勧めている。

ビジョンステートメントで大きな野心を示すことに恥ずかしさを覚える必要はない。むしろ、積極的にアピールすべきだ。この野心こそが、パートナーやチームメイト、資金提供者を引き寄せる鍵になる。

それに、この野心は実現が容易ではないと思える目標に挑戦するとき（実際、チェンジメーカーの道のりには困難が伴う）、重要な何かに向かって前進する意義を思い出させてくれる。

どこから始めたらいいかわからない人のために、ビジョンを見つけ、作成するヒントを紹介しよう。

最初のステップは、日常から離れ、考えるための時間を積極的に取ること。方法は自由だ。森を散歩するのもいいし、1日のスケジュールに「考える時間」を組み込むのもいい。1日中メールの返信に追われるように過ごしていると、大きなビジョンは描けない。

次に、「なぜ?」と繰り返し自問することで、ビジョンの根底にあるものを理解する。

私は長年、チェンジメーカーたちへのコーチングでこの方法を用いてきたが、それがトヨタ自動車で採用される〝なぜ〟を5回繰り返す「5回のなぜ」によく似ていることに気づいた。

ただし私は、チェンジメーカーの「なぜ」は5回では不十分と考える。現状を疑い、ビジョンの本質に限りなく近づくには、必要なだけ「なぜ」を繰り返す必要がある。

教育にテクノロジーを活用する「エドテック」分野に取り組むロサンゼルスの起業家と私が交わした最近の会話を紹介しよう。

起業家：私のビジョンは、ロサンゼルスで設備不足の学校に通う生徒たちに良い教育を提供することです。
私：なぜそうしたいのですか？
起業家：生徒たちの学校生活を向上させたいからです。
私：なぜそれが重要なのですか？
起業家：生徒たちが多くを学べるようになるからです。
私：なぜそれが重要なのですか？
起業家：進学であれ就職であれ、卒業後の人生のためにより良い準備ができるようになるからです。
私：なぜそれが重要なのですか？

起業家：人生で多くのことを達成できるようになるからです。
私：なぜそれが重要なのですか？
（起業家は私の質問にうんざりしているかもしれないが、私は笑顔で尋ねつづける）
起業家：それによって、教育設備が恵まれた学校に通う生徒たちと同じレベルのことが達成できるようになるからです。
私：なぜそれが重要なのですか？
（あと少しで本当の答えにたどり着ける！）
起業家：誰でも、どんな環境にいても、夢を追い求められるようになるからです。
私：なぜそれが重要なのですか？
起業家：ロサンゼルスがもっと公正で公平な都市になるからです。
私：素晴らしい！　では、まとめてみましょう。
起業家：「私たちはロサンゼルスを、誰もが、どんな環境にいても夢を追求できるようになるために必要な教育を受け、能力を持てる、公正で公平な都市にする」

この起業家が実現しようとしていた真のビジョンに到達するまで、「なぜ」が7回必要だった。

忘れないでほしい。この章で学んだマインドセットは、正しい方法で、長期的に、有意義な目標に向かう、人のために奉仕するチェンジメーカーになるのに役立つものだ。

この章のまとめ

主なポイント

●サーバントリーダーシップは、古代からの慣習であると同時に、現代のマネジメントにとって極めて有効なアプローチでもある。
●倫理観を仕事に取り入れるのに遅すぎることはない。
●長期的なマインドセットは重要だ――チェンジメーキングは短距離走ではなくマラソン。研究結果も、長期的視点が永続的な変化をもたらしやすいことを示している。
●野心的なビジョンを持つのを恐れてはいけない。それはあなたの強みになり、変革のイニシアチブ（新しい提案を主導すること）に人を引き込みやすくなる。

演習

●誰かのために5分間だけ何かをする「5分間の親切」を実践しよう。
●自分やチーム、家族、組織のために、ビジョンステートメントを作成しよう。まずは、自分が魅力的だと考える企業のビジョンステートメントを参考にして着想を得るところから始めよう。

5章

ピボット！軸はぶれず「方向転換」する

「イエス、ウィー、キャン！」という言葉に、馴染みがある人は多いだろう——これは2008年のアメリカ大統領選挙でバラク・オバマがキャッチフレーズに用いたことで有名になった。

このフレーズは、一国の選挙の枠を超えて世界中に広がった。しかし、変化への熱い呼びかけの言葉は、この選挙で生まれたものではない。

この言葉が誕生したもともとのきっかけは、意外な形で労働組合のリーダーになった、ドロレス・ウエルタだった。

労働運動家のセザール・チャベスから、新たに発足する農業従事者向け労働組合のリーダーになることを求められたとき、ウエルタは初め、冗談だと思った。

11人の子どもを抱えるシングルマザーとして、オファーを断る理由はいくらでもあった。だが小学校教師時代の経験から、受けることにした。裸足の子どもたちが空腹のまま教室に入ってくる光景を思い出し、農家を支援する行動を起こす決意をしたのだ。

この1960年代当時、農民は1ドル以下の時給で日の出から日没まで働き、トイレもなく、冷たい水も飲めず、休憩時間もまともに取れない劣悪な環境に置かれていることが多かった。

ウエルタはそれまで本格的な交渉をした経験はなかったが、チャベスと共に全国的なブドウのボイコット運動を主導した。この大胆な行動によって何百万もの人を巻き込み、ついにはアメリカ史上初めてブドウ生産者に農場労働者との契約を締結させた。

ブドウ農場労働者の賃金と福利厚生は向上し、待望の補償制度も実現した。

「そんなことはできるわけがない」というまわりの強い反発に対抗すべく、「シ・セ・プエデ《Sí se puede》！」（スペイン語で「私たちはできる」という意味）という運動のスローガンもつくった。

「続ける力」の秘訣

これがウエルタのチェンジメーキングの始まりだった。その遺産は、分野を超えて広がっている。彼女はそのキャリアを通じて、チェンジメーカー・マインドセットの重要な「常に学びつづける」という要素を実践してきた。

ウエルタは変革には柔軟な発想が不可欠と考え、メッセージを効果的にアピールする方法を探った。たとえば、女性と子どもを抗議運動に積極的に参加させた。自らが目指す変革によって家族全員が恩恵を受け、参加者の多様化によって運動の非暴力性が強まることを認識していたからだ。

またリーダーとして共感を重視し、常に自分が支持する人たちの立場に身を置いた。カリフォルニア州陸運局の試験をスペイン語で受験できるようにしたり、農業労働者向けの障害者保険を実現したりと幅広い取り組みを主導した。弱い立場の人のために声を上げることに人生を捧げたのだ。

また、マリオ・T・ガルシアの著書『A Dolores Huerta Reader（ドロレス・ウエルタ読本）』（未邦訳）に詳述されるように、人種や階級、性別による偏見にも負けずに変革を追い求めつづけ、高いレジリエンス（回復力）によって挫折から何度も立ち上がり、多くを成し遂げた。

非暴力の不服従活動やストライキに参加したことで25回も逮捕されたが、変革を求めて戦いつづけた。

90歳を過ぎた今でも、ウエルタは自分を刷新しつづけ、常に学びを忘れずに自らが創設した財団を率いている。この財団は、彼女の仕事を引き継ぐ形で様々なコミュニティを支援している。

現在では最前線に立つよりも後進を鼓舞し、支援することのほうが多くなっているものの、彼女は「Ｗｈｙ」の部分を明確にし、「Ｈｏｗ」の部分を柔軟に変化させながら、若い頃と同じように変革を求めて闘いつづけている。

私たちはドロレス・ウエルタのようになる方法を学べるだろうか？　柔軟性や共感、レジリエンスを発揮し、常に学びつづけるチェンジメーカーを目指せるだろうか？

シ・セ・プエデ！

成功は「ぐちゃぐちゃな線」をたどって起きる

ここ数年ネットで流行している、コメディアンのディミトリ・マーティンが描いた「成功」というテーマのイラストは、人々の成功についての甘い幻想を見事に打ち砕くものだ。

イラストの左側には企業のＣＦＯ（最高財務責任者）なら誰でも見たがるグラフが描かれている——右上に向かって真っすぐ伸びる直線の矢印だ。このグラフには「私たちが考える成功への道筋」というキャプションがついている。その右側には、「実際の成功への道筋」というキャプションの、まるで幼児がでたらめな編み物をしたような形のグラフが描かれている。波線が、上下左右に複雑な動きをしながら右上に向かっている。

グラフの終点は左のグラフと同じ高さに到達しているが、そこに到達する道筋は乱雑で、あらぬ方向に行きつ戻りつし、同じところをグルグル回っている。

結論は明確だ。私たちは、成功はきれいな直線を描くと思いがちだが（そして自らのプロジェクトがこの想像と一致せず、頭を悩ませる）、**実際の成功――と変革の取り組み――には、後退や軌道修正、停滞期がつきものなのだ。**

つまり、成功を収める鍵は、最初に採用した1つの戦略で幸運をつかむことではなく、途中で出くわす想定外の出来事や問題、複雑な事態への対応力をつけることなのだ。

プロボクシングの元世界チャンピオン、マイク・タイソンは、そのことを簡潔に表現する。「誰にでも計画はある――顔面にパンチを食らうまでは」

対応力とは、パンチをうまくかわしながら、成功のポイントに向かって変革のイニシアチブのために戦いつづけることだ。

私は、チェンジメーカーが変革を導くための対応力を保つためには、「なぜ（Ｗｈｙ）」は明確にし、「どのように（Ｈｏｗ）」については柔軟であるべきだとアドバイスする。**大きな目標やビジョン、変革にはしっかりコミットしながら、その達成の方法については臨機応変に方向転換させていくのだ。**

目標や価値観は変えず、それを実現する効果的な手段を探していく。倫理とコンプライアンスを専門とするＬＲＮ社の創業者ドブ・シードマンは、「この方向転換は、バスケットボールのピボットのように、片足をしっかりと固定して、もう片方の足をより良い方向に動かす意図的な動作だ。政治やビジネス、教育などの分野のリーダーは、軸足をしっかりとした価値観に置いて、もう一方の足を素早く動かし、方向転換すべきだ」と述べている。

「Ｗｈｙ」を明確にし、「Ｈｏｗ」を柔軟にすることで、私たちは自信を持って（だが、もちろん傲慢にならずに！）方向転換できるようになる。

この考えは、個人にも組織にも有効だ。

現実に起きたピボット

ダリウス・グラハムは、様々な状況下で変化を起こしてきた。その取り組みを通じてたった1つの「Ｗｈｙ」をブレない軸にしてきたことが、既存の枠にとらわれない彼の活躍に大いに役立った。

グラハムの「Ｗｈｙ」はどのように生まれたのか、彼がそれを軸にして、次のチェンジメーキングのチャンスにいつ、どのようなタイミングで方向転換したか見てみよう。

法科大学院を出たばかりのグラハムは、企業倒産案件を担当する法務の仕事を始め、すぐにその仕事が自分に向いていないと気づいた。しかし、できる限りの経験や知識を身につけたいと思い、1年間働きつづけた。

その間、この会社が国の資金を多く扱っていること、ワシントンDC全体でこの資金が不平等に分配されていることに気づいた。それはグラハムの人生を変える大きな出来事であり、彼の「Ｗｈｙ」になった。

グラハムによれば、この「Ｗｈｙ」とは、「私たちが住む地域社会や世界は様々な問題に直面していて、活用されるのを待っている解決策や資金があるにもかかわらず、そこには不一致がある」と認識することだ。

彼のライフワークは、地域社会、とくに歴史的に社会から疎外されてきた人と、政府機関の資金を結びつけ、世の中全体が直面する問題を効率的かつ効果的に解決することだ。

グラハムがこの「Ｗｈｙ」を初めて実行に移したのは、ワシントンDCの草の根コミュニティの取り組みに数百ドル規模の少額の助成金を提供する「DCソーシャル・イノベーション・プロジェクト」を設立したときだ。

そこで出会った多くのチェンジメーカーから刺激を受けた。解決を信じる人からの支援は、たとえその額がわずかでも、受けとった側には大きな力になることも実感した。

■Ｗｈｙに「軸」を置く

積極的に次の機会を探していたわけではなかったが、ある日、夢のような話が舞い込んできた。ボルチモアのジョンズ・ホプキンス大学からソーシャル・イノベーション・ラボのディレクターとして学生主導のソーシャルベンチャーを支援する仕事をオファーされたのだ。

グラハムはこの立場を通じて自らの「Ｗｈｙ」を追求し、「視野を広げ、学生を支援してもらうために地元のチェンジメーカーをプログラムに参加させるべき」と同大学を説得した。最終的にこの提案は受け入れられた。これは「Ｗｈｙ」に根ざした、彼にとって最初のキャリアの方向転換になった。

グラハムはその後、別の夢の仕事に就く機会を得た。今回は、ハリー・アンド・ジャネット・ワインバーグ財団で、ボルチモア地域を担当するプログラム・ディレクターに就任した。

学術界から慈善事業へという方向転換になったが、グラハムは自らの「Ｗｈｙ」にしっかりと軸足を置いていたので、このオファーを支障なく受け入れた。現在では、この影響力を持つ財団の資金を使って、ボルチモアの地域社会が主導する取り組みを支援している。

グラハムはボルチモア美術館の理事や同美術館のパブリック・エンゲージメント委員会の共同議長も務め、アート愛好家として美術界にも変革をもたらした。日中に美術館を訪れる時間がない層にも利用してもらうため、作品3点を売却して得た資金を開館時間の夜間延長費に充てるなどの取り組みを実施している。

グラハムはそう長くはないキャリアの中で多くの方向転換を果たした。それぞれに意味があっただけでなく、それは積み重なるものだった。方向転換を重ねるごとに自らの

「Ｗｈｙ」の核心に近づき、変革を目指す人に資金を届けるための創造的な方法を探しつづけることができたのだ。

「How」を1つに絞る

このような適応力は、組織にとっても重要だ。

StartSomeGoodの構想を思いついたとき、私と共同創設者のトムにとって、このウェブサイトを立ち上げるための「Ｗｈｙ」はこれ以上ないくらいはっきりしていた――「世界中のチェンジメーカーが良い取り組みを始めるのを支援すること」だ。

しかしそれをどう実現するかについて初めて意見を出し合ったときには、やるべきことの多さに圧倒された。

私たちは社会問題の解消を目指す「ソーシャルベンチャー」が民主的な手続きで資金を得られるようにすべきと考え、それを実現することでチェンジメーカーを支援したいと考えていた。しかし、そこに大きなジレンマがあるのもわかっていた。

チェンジメーカーが資金を得るにはその影響力を証明しなければならないが、プログラムを実際に開始するまでは影響力を証明できない。

また私たちは、チェンジメーカーがプログラムの規模を拡大するには、アドバイスやボランティアなどの知的資本が必要なのと同時に、アドバイザーやコミュニティメンバー、そしてベンチャーのビジョンに結集し、その成長と発展を支援する人々から成る社会資本も重要だと考えていた。

サンフランシスコのトムのアパートでコーヒーを飲みながら夜遅くまで話し合っていたとき、ようやく気づいた。

もしこれらすべての方法を同時に追求しようとしたら、どれもうまくいかず、結局は失敗に終わるだろう。**「Ｗｈｙ」は明確だったが、「Ｈｏｗ」はもっと絞り込む必要があった。**

私たちは最終的に、初期段階のプロジェクトに対して出資者が出資できる仕組みをつくることで、社会起業家による変革の可能性を最大限にできると考えた。こうした仕組みはその時点では非常に乏しく、実現すれば多くのチェンジメーカーを後押しできると思えた。チェンジメーカーへの資金調達支援に集中するという方向転換は、StartSomeGoodの最初の数年間の目標になった。

その後、組織の規模が拡大し、コミュニティが成長するに従って「Ｈｏｗ」を見直し、チェンジメーカー支援に他の資本を追加し始められるようになった。チェンジメーカーが新たな戦略や計画のヒントを得られるように、ポッドキャストやバーチャル・オンライン・サミットなどの知的資本を支援するプログラムを追加した。

それが可能になったのは、「Ｗｈｙ」にしっかり軸足を置いたまま、まず1つの「Ｈｏｗ」

に焦点を当てると決断した、あの深夜の気づきがあったからだ。

未来を切り開くには、本当に大切なものは変えずに柔軟に方向転換できる適応力を組織のDNAに組み込む必要があったのだ。

人事責任者の9割が「今後、必要になる」とした能力

年間1200万人以上の採用面接を行う人材会社ライトマネジメントが2014年に公表した調査「フラックス・レポート」には、今日の激変するビジネス環境で成功するのに必要なものがはっきりと示されている。

この調査によると、**イギリスとアイルランドの人事責任者の91%が、今後数年間で採用ではとくに変化と不確実性に対処する能力が重視されるようになるだろうと回答した。**

これはチェンジメーカーにとって素晴らしいニュースだ。

しかし、このような変化の激しい環境で生き残り、成功するために必要な柔軟性は、どう身につければいいいだろう?

ジョージ・メイソン大学の心理学教授スティーブ・ザッカロは、「変化にうまく適応できるリーダーの特性は何か?」についての研究を重ねてきた。そして、重要なのは柔軟性で、さらにそれは**「認知的」「感情的」「現実的楽観主義」**の3つに分類できると主張す

る。

この3つはどれも、チェンジメーカーにとって自らの心身の健康と、変革プロジェクトを支えるうえでとても重要だ。

■「認知」の柔軟性――戦略を「シミュレーション」する

様々な戦略や考え方を活用する力。2つの戦略を検討し、実施した場合にそれぞれがどんな結果をもたらすか、シミュレーションして比較検討できる（例「地理的条件も戦略的根拠もまったく異なるペルーとガーナのどちらで事業を展開するか決定する」）。相反する戦略を検討して実行でき、複数の戦略の中に新たなつながりを見出せる。

この柔軟性は、「戦略の柔軟性」とも見なせる（前述のStartSomeGoodのケースで、同時に複数の「Ｈｏｗ」を検討し、最終的に1つに絞り込んだのもこの柔軟性だ）。

■「感情」の柔軟性――「自分の感情」は一旦脇に

自分や相手の感情に合わせてアプローチを変えられる力。

たとえば、やむなく部下に解雇を通告したとしよう。泣く、支援や慰めを求める、といったふうに感情的に反応する部下もいれば、冷静に解雇手当の詳細や解雇の正当な理由を尋ねる部下もいるだろう。

「感情の柔軟性」の高いリーダーは、こうした様々な反応にうまく対処する。相手の感情に応じて対応を変えるのだ。これは自分の感情を脇に置き、相手の感情を優先させた行動が取れる、サーバントリーダーシップにも共通する点だ。

実践は簡単ではないが、直面する様々な感情に柔軟に対処できることは、チェンジメーカーにとって大きな力になる。

■「現実的楽観主義」の柔軟性――何事も「いい面」を探す

楽観的であると同時に現実的でありつづける力。**地に足をつけながら、物事の良い側面に目を向けられること。**

不確実で恐ろしい未来に直面したとき、人が一般的に取る反応は2つある。恐怖から生まれる悲観主義か、根拠のない楽観主義だ。

だがこの柔軟性があれば、曖昧な状況に対処しやすくなる。状況の恐ろしさを素直に認めながらも、明るい明日を信じられる（自分たちの手で創り出せる）のだ。

チェンジメーカーにはこの3つの柔軟性すべてが必要だが、ポジティブな変革を導くうえでとくに重要なのが「現実的楽観主義の柔軟性」だ。

変革を起こすには、最も困難な状況やシナリオを見つけ出し、それに積極的に関わらなければならない場合が多い。当然、障壁や非難にも頻繁に直面する。

そのとき大切なのは、**事態の深刻さを認識しながら、楽観主義に基づいた行動を取れる**

ことだ。

「共感」はとても大事

2014年、ロージー・リンダーは「子どもたちに共感を教える」ことを唯一の目標としたアプリ「ペッピーパルズ」を公開した。

彼女は経営幹部や母親としての自身の経験から、従来重視されてきた知能指数（IQ）と同じくらい、感情的知性（EQ）が重要だと確信していた。

ペッピーパルズは、3歳以上の子どもが、可愛い動物のキャラクターと一緒に、言葉を用いないシナリオに沿って感情を認識し、それに名前を付け、他人の気持ちを理解することを学ぶアプリだ。子どもたちが相手の感情や細かな表情に気づき、反応できるよう、心理学者らが協力して開発した。

スウェーデン、ウプサラ大学のグンナル・ボーンの研究によって、このアプリには未就学児が感情を知覚し、コントロールできるようになる効果があることが確認されている。

子どもたちが将来チェンジメーカーになるために、チェンジメーカー・マインドセットに不可欠な**「共感」**を学ぶことはとても大きな意味がある（リンダーによる大勢の子どもたちの共感能力の発達に関する取り組みについては、11章で詳述する）。

「他者の視点」をイメージする

カリフォルニア大学バークレー校のグレーター・グッド・サイエンスセンターは、共感を「他人の感情を察知し、相手が何を考え、感じているかを想像する能力」と定義している。

ここで重要なのは、共感（empathy）と同情（sympathy）を区別することだ。共感とは、他人の感情に合わせて自分の考えを変えたり、信念を曲げたりすることではない。**他人の立場に立って物事を見られるということだ。**

他人（とくに意見が異なる人）の視点で物事を考えられることほど、変革を導くために大切なものもない。

チェンジメーカーは最低でも、変革の取り組みが人にどんな影響を与え得るか、想像できなければならない（研究が示すように、この能力はひどく過小評価されがちだ）。

「ちがう立場」の意見をもらう

2018年のハーバード・ビジネスレビュー誌の記事「組織変革を導く秘訣は共感」で、デュアルテ社の最高戦略責任者パティ・サンチェスは、自らの信念に従って新たな道を切り開く前に、まず変革の影響を受ける人たちに共感しなければならないと主張した。

しかしサンチェスによれば、経営幹部の50％は変化を起こす際に従業員の気持ちを考慮していない。つまり、変革を主導する経営幹部の2人に1人は、それが他者にとってどんな意味を持つのか考えずに変革を進めているのだ。

私はグローバル企業の幹部に、バイアスや死角に注意するようアドバイスしている。組織のコミュニケーションではカルチャーや文脈が重要になる。部署内の限られたメンバーや同じような管理職レベルの人のみで従業員に伝達するメッセージの内容を確認していると、視野が狭くなり、全員に納得してもらえるような説得力や配慮を欠いてしまう。

私は経営陣に、幅広い役職や支店、勤続年数のメンバーから成る従業員諮問委員会をつくり、定期的にアドバイスや意見を求めることを勧める。そうすることで従業員は、経営陣が気づいていない会社の重要な問題を指摘できる。

このレベルの共感を実践するのは簡単ではなく、時間と労力が要る。

それでもチェンジメーカーは、自分のストレスや重圧を乗り越え、他人が変革をどう受け止めるか考える時間を意識的につくるべきだ。

「もし自分が相手の立場だったら？」と想像する――共感から始めなければ、変革への試みはいずれ足踏みしてしまう。

共感は「伝染」する

プリンストン大学の心理学者エリック・ヌークらは、「向社会的適合性」と題した研究で、他人の共感的行動を観察した人の共感的感情が変化することを明らかにした。つまり、**集団の共感的行動は個人の共感的行動に影響する。**

チェンジメーカーは、まず自分で共感を示し、まわりに共感の好循環を広げるべきだ。例を挙げよう。私の講義の受講生に、オーロラ・ロペスという学生がいた。彼女は子どもの頃は、自分がカリフォルニア大学バークレー校のような大学に進学するとは想像もしていなかった。

その思いを強める出来事があった。高校2年生だったある日、家のドアをノックする音が聞こえた。

玄関には警察官が立っていて、オーロラが本来自宅の住所から通うべき地元の公立高校ではなく、叔父の住所を使ってパロアルトのヘンリー・M・ガン高校に通っているのは問題だと指摘した。オーロラは15歳で彼女を生んだ母親と叔母、祖父母に育てられ、朝6時に起きて遠く離れた進学校に通っていた。だが、この一件ですべてが変わった。

2015年から、地元のウッドサイド高校に通うことになった。「転校してしばらくは、

〝この学校に通っていたら、人生で成功なんてできない〟と思っていた」

だが、同校で歴史を教えるパブロ・アギレラと出会ったことで、心境が変わりだす。

アギレラはオーロラと似た経歴の持ち主だった。ラテン系アメリカ人で、同じ町の出身で、ウッドサイド高校の出身。アギレラは学生たちに自分がスタンフォード大学の卒業生であることをよく話していた。自慢ではなく、有色人種の学生たちに、「似た境遇の人でも大学に入れる、自分にもその資格は十分ある」と思わせるためだった。

アギレラはオーロラに目をかけてくれた。彼女の可能性を評価し、おそらくは若い頃の自分の姿も重ね合わせていた。

進学する自信がなかったオーロラに、少なくとも1校、大学に願書を送るように約束させた。「彼はサンノゼ州立大学の出願書類を私に手渡し、空いている教室のドアを閉めて、『願書を書き終えるまで出てこないように』と言った」

オーロラは入学を認められ、1年間同大学と地元のコミュニティカレッジに通ったのち、カリフォルニア大学バークレー校に編入した。

そして初めての学期、「チェンジメーカーになる」の講義を受講した。「この経験で、私のリーダーシップに対する考え方は一変しました」と彼女はバークレーニュース紙でのインタビューに答えている。「このコンセプトを心に刻み、日々実践を試みてきました」

■たった1人が「全体の空気感」をつくる

オーロラはその後3学期にわたって私の教育助手を務め、その中で素晴らしい行動をした。

あるとき、私はオーロラが行った採点結果を確認していて、彼女が答案用紙やレポート用紙に学生を励ます言葉を書いているのに気づいた。

彼女にそうしてほしいと頼んだ覚えはない。彼女は自主的に、自らの共感に基づいて、とくに自分と同じく家族で初めて大学に進学した「第一世代」と呼ばれる学生たちに励ましのメッセージを書いていた。

たとえば、「私はあなたがこのレポートを書いたことをとても誇りに思う。私には、第一世代の学生であることがどれだけ大変かがよくわかるから、できる限りのサポートをしたい」といった言葉を、自らの連絡先やSNSのハンドルネームとあわせて記していた。

これは大きな価値ある行為だ。私は一度インスタグラムで、自分の子どもがオーロラのコメントにどれだけ励まされたか誇らしく書き込む親の投稿を見たことがある。

大学生になったオーロラは、高校時代にアギレラから受け継いだ共感のバトンを大勢の学生に渡していた。

共感は伝染するという考えは、チェンジメーカーの取り組みにも応用できる。

学校でのいじめを例に取ろう。プリンストン大学の心理学教授エリザベス・レヴィー・パラックとラトガース大学、イェール大学の共同研究者らの実験では、少数の中学生に学校でのいじめに公的に反対する立場を取らせたところ、その主張に共感する雰囲気が学校全体に広がったという。

この研究は、「仲間からの影響には対立的な空気を変える力がある」ことを示している。**共感的な雰囲気は、変革を受け入れやすい空気を創り出すのだ。**

「休止」でレジリエンスをつける

最近は「セルフケア」という言葉をよく耳にするようになった。セルフケアとは、心身の健康を保つために、ストレスに自覚的になり、その対処策を自分自身で実践することだ。これは、チェンジメーカーが身につけるべき重要な習慣だ。

変革を導くのは難しい。とくに、1人の人間が抱えている問題よりもはるかに大きな、長年続いているシステム的な問題に対処しようとすれば、簡単に燃え尽きてしまう。

有色人種のチェンジメーカーは、日常的に強いストレスに晒されやすいのでとくに注意が必要だ。研究者のダニエル・D・キング、アブディファタ・A・アリ、コートニー・L・マクルーニー、コートニー・ブライアントらも、このことをハーバード・ビジネスレビュー誌の論文『黒人の従業員に時間と休息を与えよ』ではっきりと示している。

チェンジメーカーは仕事に熱心に取り組むが、長期的に取り組みを続けられるように自分をケアすることも大切にしなければならない。

詩人で活動家のオードル・ロルドも、「自分をケアするのは自己満足ではない。それは自分を守ることだ」と述べている。

教育者で作家のスティーブン・コヴィーは、なぜこれが重要か説明するために、「刃を研ぐこと」という喩えを用いている。

のこぎりで巨木を切り倒そうとすると、木が最後に倒れるまで、ひたすらのこぎりを挽きつづけなければならない。チェンジメーカーも同じようなやり方で変革を起こそうとする。目的を達成するまで、立ち止まって考えることなく前に進みつづけようとする。

しかしコヴィーは、現状を疑い、視点を変える時間をつくるべきだとアドバイスする。

「刃を研ぐ時間が取れなくなるほど忙しくしてはいけない」

のこぎりの歯は、使えば使うほど切れ味が悪くなる。

チェンジメーカーは、とくに人のために変化を起こそうという意欲に満ちているとき、自分のための時間を取ることに罪悪感を覚えがちだ。

だがセルフケアを習慣にしなければ、StartSomeGoodで働いていた頃の私と同じように、ひたすら働きつづけ、日を追うごとに疲弊していく。

日々の仕事からいったん離れて刃を研ぐ時間をつくれば、切れ味の良いのこぎりのようになって、再び効果的に変革に取り組めるようになる。

■自分で自分を「復活」させる

コヴィーは著書『7つの習慣』の中で、自己刷新（彼の言葉で言えば「再新再生」）の4つの領域、すなわちセルフケアを計画的に実践することで刃を研ぐことができる人生の4側面を挙げている。

チェンジメーカーは、長期にわたって効果的に変革を導けるよう、この4側面に時間を投資すべきだ。

・肉体的側面――健康的な食事、運動、休息
・社会・情緒的側面――他者と社会的で有意義なつながりを築く
・知的側面――学習、読書、執筆、指導
・精神的側面――自然の中で過ごす、瞑想や音楽、芸術、祈り、奉仕などを通じて精神を豊かにすること

チェンジメーカーが長期にわたって変革に取り組みつづけるには、この4側面で、自分に合った方法でセルフケアをする必要がある。

参考までに、私（アレックス）と、他のチェンジメーカー、20代のプロダクト・マネジャー、シンシアと、40代のコンサルタント、ハビエルの例を見てみよう。

肉体的側面

・アレックス：運動を一番大切にしている。毎日30分は必ずウエイトトレーニングかインターバルトレーニングをする。ランニングも始めた……ペースは遅いけれど（これはどんな変化も簡単には起こらない証拠）。

・シンシア：以前は2、3時間しか寝ないこともあった（とくに大学時代は睡眠時間が少なかった）。今では8時間睡眠にこだわり、毎晩夜10時にはベッドに入って、十分に休息した状態で目覚めるようにしている。

・ハビエル：運動と栄養のバランスを重視している。健康の鍵は、体に良い朝食を食べること。また毎朝、仕事の前に運動している。

社会・情緒的側面

・アレックス：友人と近況報告しあうのは重要だが、簡単なことではないので、次の2つを心がけている。まず、毎月定期的に友人と電話して、通話を終える前に次回の予定をスケジュールに書き込む。それから、20分程度の空き時間があったら、そのとき話をしたいと思った友人に電話する。

・シンシア：同僚とのつながりは重要だ。昼休みは必ずコンピューターから離れて、チームメイトと食事を楽しみながら時間を過ごすようにしている。
・ハビエル：毎週日曜日の夜には家族で食事をする。子どもの学校でボランティア活動に参加している。

知的側面

・アレックス：普段から大量のオーディオブックやポッドキャストを聴いて新しい情報に触れ、そこで得た情報をまとめて定期的にニュースレターとして発信している。
・シンシア：好きなときに自分の好奇心を満たし、新しいことを学ぶために、無料のオンライン講義を受講したり、ユーチューブ動画を見たりしている。
・ハビエル：教会や地域の人に様々なアドバイスをするボランティアをしているので、常に何かを吸収し、それを人に教えている実感がある。

精神的側面

・アレックス：私にとって一番難しい側面。瞑想とヨガは続けているが、なかなかルーチンとして定着しない。自然の中にいると大きな喜びや精神的な解放を感じるので、これが現時点の主なアプローチになっている。
・シンシア：瞑想。最初はどんな効果があるのか半信半疑だったが、朝と夜に数分間行うだけでも大きな精神的解放感が味わえることに気づいた。
・ハビエル：教会との関わりを通じて、精神的な安らぎを得ている。また、ピアノやギターを弾く時間をつくって音楽と一体になる感覚を味わっている。

常に学びつづけるには、元気を保ちつづけなければならない。レジリエンスや自己刷新の向上に役立つ習慣を身につけよう。

「疑い」「恐れ」は誰もが抱く

真剣に何かを追求するときには、疑いや恐れも感じるものだ。

私の「チェンジメーカーになる」のクラスにゲストとして訪れた起業家で投資家のカルソーム・ラハニも、普段は早口で話し、自信に満ちあふれているが、恥ずかしがらずにそのことを認めている。

「あなたはとても自信があるように見えます！」とシャノンという学生がラハニに言った。「自信を持つことに苦しんだり、失敗を恐れたりしたことはありますか？　なぜなら――」

「もちろんあります」ラハニはシャノンが質問を終える前に答えた。「今朝体験したばかりです！」。教室にいた学生全員が驚いた。

ラハニはドバイで生まれ、バングラデシュのダッカで育ち、パキスタンで暮らした後、アメリカへ渡って大学に進学した。

バージニア大学を卒業すると外交の学位を活かして軍需産業で働き始めたが、すぐにそれが天職でないと気づいた。自分の価値観や理想には合致していなかった。

男性中心の職場で唯一の女性アナリストだったが、職場で十分に受け入れられているとも、尊重されているとも感じなかった。

ラハニがこの仕事に就いていた2007年、ニューズウィーク誌の表紙に「世界で最も危険な国」という見出しとともにパキスタンの写真が掲載された。同国で幼少期を過ごした彼女は、軽蔑的な響きのある言葉が使われているのを不当に感じた。アメリカ人は本当のパキスタンを知らないのに――。

そこで2008年、パキスタンに関する他では見ることのできないニュースや解説記事を掲載するブログを立ち上げた。普段の仕事とは違い、大きな力を得たような手ごたえがあった。パキスタンのアーティストや創業者――チェンジメーカー――について書き、彼らのストーリーを紹介するうちに、パキスタンの若者たちがいかに大きな可能性を持っていて、世界からまだよく知られていないかに気づいた。

これをきっかけに、2011年、パキスタン初のスタートアップ・アクセラレータプログラム「Invest2Innovate」を設立。

「次の大きなイノベーションはシリコンバレーだけでなく、あらゆるフロンティア市場からもたらされる」という信念のもと、彼女はこのモデルをカンボジアやベトナム、バングラデシュ、ネパールなどに拡大しつづけている。

■失敗を「必ず通る中継地点」ととらえる

価値観に従って変革を導き、起業家精神と経済活動にチェンジメーカー・マインドセットを持ち込むことで、ラハニは多くを成し遂げてきた。

シャノンが「自信を持つことに苦しんだり、失敗を恐れたりしたことはありますか?」とラハニに尋ねたのも無理はなかった。傍目には、偉大な何かを達成した人は恐怖や疑念を感じないように見える。

もちろん、答えは正反対だった。

ラハニは起業家の家庭で育った。父親は20代の若さで100万ドルを手にするほどの成功を収めたが、子どもたちがまだ幼いうちに事業に失敗して全財産を失った。彼が次のベンチャー企業を成功させるまでのあいだ、母親はドバイでエアロビクスを教えて家計を支えた。

辛く厳しい経験だったが、ラハニは学生たちに、父親の苦労を間近に見たことで、**失敗は意義ある何かに取り組むうえで避けられないもの**だと理解できるようになったと語った。

子どもの頃、初めて乗馬を習ったとき、すぐに落馬して泣いてしまったと言う。とても恥ずかしかった。

「でも、父は私の服を叩いて土を払いのけると、『よし、これでお前は本物の馬乗りになった』と言った」

現在ではスケールの大きな活動を主導する立場でありながら、自己不信や不安を感じない日はめったにないとラハニは言う。

しかし、幼い頃に学んだ教訓が、前に進みつづける大きな心の支えになっている――とくに、変革を導くのが難しいときに。

ラハニは失敗を恐れない。彼女は失敗を、自分自身に挑み、学び、成長し、変革への取り組みを進める機会ととらえているのだ。

科学も裏づける〝失敗の価値〟

スウェーデンの著名な経営者・投資家のミア・ブルネルは以前、**「失敗するのは、何か意味のあることに取り組んでいる証だ。失敗がなければ進歩もない」**と私に語った。

研究結果はこの言葉の正しさを、個人と集団の両レベルで裏づけている。

「起業家として成功できるかどうかは失敗から学ぶ能力次第」という考えについて、私がこれまで見てきた中で最も説得力ある研究結果は、アルナルド・カムフォらが発表した「起業における意思決定への科学的アプローチ：ランダム化比較試験からのエビデンス」という論文だ。

実験ではイタリアの複数のスタートアップの創業チームを対象にし、一方のグループには自らのスタートアップで仮説を検証するための科学的手法を学ばせ、対照群と比較した。

その結果、科学的手法を学んだ起業家のスタートアップは高い収益を生み出し、かつ**途中で何度も軌道修正していたことがわかった。**

科学者は、望ましい結果が出なかった実験を失敗とは考えない。仮説の妥当性を検証するための価値あるデータと見なす。

これは失敗についての健全な考え方だ。前述の実験では、起業家はイノベーターとしての仕事に科学的手法を活用し、失敗を恐れずに好奇心を働かせて試行錯誤を繰り返した。

これにより、失敗から迅速に学び、それを仕事の改善に適用できたのだ。

Column

失敗は「一生忘れられない教訓」となる

失敗を積極的に受け入れられるかどうかは、それができる特権的な条件に恵まれているかどうかとも関わっている。失敗から立ち直る支えとして、どのような広さや強さのセーフティーネットを持っているかは人によって違う。

チェンジメーカーは、失敗を恐れて何もしないことよりも、失敗する勇気があることのほうが評価される文化を集団内に創り出せる。また個人としても、失敗の潜在的なリスクがどの程度か、リスクに見合う価値があるかを判断するためにリスク指数を活用できる。

チェンジメーカーのマインドセットも、失敗への対応で重要な役割を果たす。**失敗を不本意な後退ではなく、学びと成長をもたらす「良い失敗」に変えよう**と考えられるからだ。

リーダーは、人が「前向きに失敗する方法」を学ぶのを助けられるだろうか？

まず認識すべきは、個人であれ組織であれ、様々な理由によって、誰もが同じように失敗を受け入れられるわけではないということ。

世の中には不公平が存在する。人種や階級、能力などに根差した偏見のために、社会的弱者のチェンジメーカーは、失敗がもたらす結果に大きな影響を受けやすい。誰もが失敗する。だが、誰もが失敗したときにまわりから同じような支援や受容を得られるわけではない。

以前、経験の浅い私の部下が、最重要レベルのメールの宛先を、間違えてBCCではなく

CCで数百人に一斉送信したことがあった。その結果、大勢の受信者が「全員に返信」で返信したメールが、各人の受信箱に大量に溢れた。

彼女は取り返しのつかない過ちをしたと、泣きそうな顔をして私のところにやってきた。私は彼女に、理想的な状況ではないが、フォローアップをして悪影響を食い止めようと伝えた。誰でも同じようなミスをする、一度の失敗で自分に失格者の烙印を押すべきではないとも励ました。**重要なのは、ミスをしたかどうかではなく、ミスにどう対処するかだ。**

私は彼女に、**一生忘れられない教訓を得たととらえればいい**と伝えた。苦い経験をした代わりに、今後は送信前にBCCとCCの欄を間違えないようにしっかり確認するようになるだろう。

失敗を受け入れるマインドセットがあれば、単純なミスが学習と成長のチャンスになる。これが、「良い失敗」の力だ。

意図的に失敗する授業

失敗と健全な関係を築くこと――すなわち、失敗を変化の障害物ではなく、触媒と見なすこと――は、「チェンジメーカーになる」の中心テーマだ。

この講義で私が学生たちに課す演習の内容は、カリフォルニア大学バークレー校のキャンパスで広く知られるようになっている。

私は「失敗」についての講義の終盤、カルソーム・ラハニのようなチェンジメーカーの考え方について説明し、賢明なリスクテイクに関する研究や、シリコンバレーの失敗を前向きにとらえるカルチャーなどの話をしたのち、たった2単語からなる文をスライドに表示する。

失敗《Go》してみよう《fail》

学生たちはソワソワしながら不思議そうに笑みを浮かべているが、次のスライドが表示されると、その笑顔はすぐにパニックの表情に変わる。私が冗談を言っているのではないと気づくからだ。

そのスライドには、**「今すぐ教室を出て、誰かに頼み事をして、拒絶されること。制限時間は15分」**という指示が書かれている。つまり、意図的に誰かから拒絶される——積極的に失敗する——ことを体験するのだ。

どんなに馬鹿げた依頼であれ、相手がそれを承諾したらやり直し。相手にきっぱりと断られるまで、キャンパス内にいる誰かに頼み事をしなければならない。

内容はなんでもかまわない。ルールは2つだけ。違法なことや危険なことは頼まないこと、これが講義の一環であると相手に知らせないことだ。

■「失敗してみよう」

エリートの多いカリフォルニア大学バークレー校の学生たちにとって、意図的に失敗し、拒絶されるのを想像するのはとてつもなく難しい。顔は真っ赤になり、額に玉のような汗が浮かぶ。心臓の鼓動が高鳴って大変だったと言う学生もいる。

若くして多くを成し遂げてきた優秀な彼らにとって、拒絶されたり失敗したりするのを想像するのはとても怖い。

私は励ましの言葉をかけ、講義で教えたばかりの概念をもう一度おさらいさせて、これから15分間でどんなことが起きるのかと戦々恐々としながら教室から出ていく学生たちの幸運を祈る。

演習を終えた学生たちが続々と戻ってくると、教室の雰囲気は一変する。皆、満面の笑みを浮かべている。

出ていくときは重たく引きずるようだった足取りは、高揚し、弾むものになっている。誰もがたった今体験したばかりのことを笑いながら熱っぽく語っているので、とても騒々しい。隣の教室の教授から静かにしてほしいと苦情を言われたことがあるほどだ。

学生たちが興奮しているのは、人生を変えるほどの重要な教訓を学んだという手ごたえを感じているからだ。彼らにとってこの演習は、新しく健全な視点で失敗をとらえるための経験になった。失敗は恐れるものではなく、望む変革を実現するために欠かせない手段だと理解し始めたのだ。

その後は授業の残りの時間を使って、各自が拒絶された体験を振り返り、そこから得た気づきを話し合う。学生たちの体験談はどれも興味深い。

この議論を通じて、必ず浮かび上がる重要な教訓が2つある。

■「何も求めない」のが最大の失敗

1つ目は、「人は失敗を恐れるあまり、求めているものがはっきりしているにもかかわらず相手に何も求めないことが多いが、**実は何も求めないことこそ本当の失敗である**」という教訓だ。

学生の4割が、まったく馬鹿げていると思うことを頼んだにもかかわらず、相手に受け入れられた体験をしていた。

ある学生は、雨の日に、傘を持っていた見知らぬ学生に、次の授業がある教室まで傘を差しながら一緒に歩いてくれないかと頼んだ。驚いたことに、相手はそれに同意してくれた。その教室まで往復すれば30分近くもかかるのをわかったうえでだ。

他の学生は近くのカフェに行き、オレンジジュースをタダで飲ませてほしいと頼んだ。なんと、店は要求に応えてくれた。拒絶されるまで教室に戻れないのでさらにもう1杯リクエストすると、店はまたタダでオレンジジュースを出してくれた。最終的に「ノー」と断られるまで繰り返し、この学生は6杯のジュースを手にして教室に戻ってきた。

キャンパス内のトレーニングジムにいる全員に「ハッピーバースデーの歌」をうたってもらった学生もいたし（「今日は自分の誕生日ではない」と伝えたにもかかわらず）、デートに誘いたいので電話番号を教えてほしいと伝えたら相手が本当に教えてくれたことに心の底から驚いた学生もいた。

人は、「どうせ拒絶されるだろう」という理由で、欲しいものを求めないことが多い。だが、**「どうせ失敗する」と考えるのは、失敗する準備をしているのと同じだ。**

もしラハニがそのような考え方をしていたら、その道のりの中で、落馬を何度も繰り返すような危険を冒す勇気を奮い起こせただろうか。

私たちは、求めていないものは手に入れられない。学生たちはこの演習を通して、人間はどんな行動が拒絶されるかを予測するのが下手で、それを確実に知るには実際に試してみるしかないという真実に気づくのだ。

■失敗は頭で考えるほど「致命的」ではない

この演習から得られる2つ目の教訓は、**「失敗の痛みは、頭で考えているほどたいしたものではない」**だ。

この演習で、近くで作業していた建設作業員にブルドーザーを運転させてもらえないか

現象が一変する「量子力学的」パラレルワールドの法則

村松大輔 著

「周波数帯」が変われば、現れる「人・物・事」が変わる。これまでSFだけの話だと思われていた並行世界(パラレルワールド)は実は「すぐそこ」にあり、いつでも繋がれる！理論と実践法を説くこれまでにない一冊！

定価＝1540円（10%税込） 978-4-7631-4007-4

生き方

稲盛和夫 著

大きな夢をかなえ、たしかな人生を歩むために一番大切なのは、人間として正しい生き方をすること。二つの世界的大企業・京セラとKDDIを創業した当代随一の経営者がすべての人に贈る、渾身の人生哲学！

定価＝1870円（10%税込） 978-4-7631-9543-2

100年足腰

巽 一郎 著

世界が注目するひざのスーパードクターが1万人の足腰を見てわかった死ぬまで歩けるからだの使い方。手術しかないとあきらめた患者の多くを切らずに治した！
テレビ、YouTubeでも話題！10万部突破！

定価＝1430円（10%税込） 978-4-7631-3796-8

子ストアほかで購読できます。

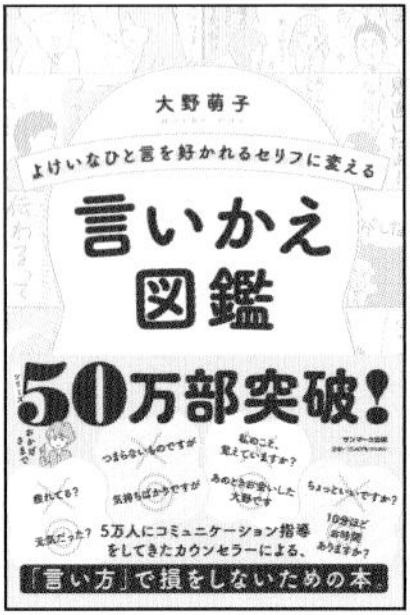

よけいなひと言を好かれるセリフに変える言いかえ図鑑

大野萌子 著

2万人にコミュニケーション指導をしたカウンセラーが教える「言い方」で損をしないための本。人間関係がぐんとスムーズになる「言葉のかけ方」を徹底解説!

(定価= 1540 円 (10%税込) 978-4-7631-3801-9)

ぺんたと小春《こはる》の めんどいまちがいさがし

ペンギン飛行機製作所 製作

やってもやっても終わらない!
最強のヒマつぶしBOOK。
集中力、観察力が身につく、ムズたのしいまちがいさがしにチャレンジ!

(定価= 1210 円 (10%税込) 978-4-7631-3859-0)

ゆすってごらん りんごの木

ニコ・シュテルンバウム 著　中村智子 訳

本をふって、まわして、こすって、息ふきかけて…。子どもといっしょに楽しめる「参加型絵本」の決定版!ドイツの超ロング&ベストセラー絵本、日本上陸!

(定価= 1210 円 (10%税込) 978-4-7631-3900-9)

尋ねた学生がいた。このリクエストはきっぱり拒絶された。だがこれをきっかけに、建設作業員に不動産開発の業界話をあれこれ尋ねることができた。その結果、学生はこの作業員の勤務先の会社でインターンとして働かせてもらえることになった。

他の例も挙げよう。とても恥ずかしがり屋の学生がいて、演習の最初の14分間は、勇気を振り絞って誰かに声をかけようとしながら、それができずに不安な気持ちで廊下を歩き回っていた。残り1分になったとき、彼女は恐る恐る、通りすがりの女性に、履いている靴を履かせてほしいと尋ねた。「申し訳ないけど、お断りしておくわ……なぜかはわかってくれるでしょう？」とその女性は冷静に答えた。

学生は初め、拒絶された瞬間に自分が泣き出すと思っていた。ところが、逆に重圧から解放されて心が軽くなった。相手は怒鳴りも嘲りもしなかった。この馬鹿げたリクエストに、丁寧かつユーモアを交えて答えてくれた。猛烈な恥ずかしさを感じると思っていた学生は、深呼吸をし、笑顔で女性に礼を伝え、教室に戻ってきた。

その後、彼女はカリフォルニア大学バークレー校の学生自治会の役員に立候補して当選した。勇気を出し、失敗は致命的ではないと学べたからこそ、引っ込み思案な彼女は自治会の選挙に立候補するという大胆な道を切り開けたのだ。

私は他のクラスの学生から、「失敗の教授」と呼ばれることがある。〝自分の評価を落とす〟という理由で失敗を忌み嫌う教授が多い中で、私は失敗を名誉の印だと思っている。

幾度もの失敗を経ずに有意義な変革が実現したことはない。変革を導くとは失敗することであり、チェンジメーカーであるとは失敗を受け入れることだ。

私たちは失敗を受け入れるほど、効果的かつ迅速に成長する。「学びつづける」チェンジメーカーになれるのだ。

この章のまとめ

主なポイント

● 変革を起こしたい理由（「Why」）は明確に、それを実現する方法（「How」）については柔軟に。

● チェンジメーカーには、「認知」「感情」「現実的楽観主義」の3種類の柔軟性が必要。とくに現実的楽観主義の柔軟性は、変革の取り組みを率いるうえで重要だ。

● レジリエンス（回復力）とは、長期的に強さを保つこと。肉体的側面、社会・情緒的側面、知的側面、精神的側面の4側面の向上を意識することで、困難を乗り越えやすくなる。

演習

● 「失敗の演習」を実践してみよう。「拒絶される」ために、誰かに何かを頼んでみよう。拒絶されるまで続け、「この演習を実践したことでどんな感情が生じたか」「失敗をもっと前向きにとらえられるようになるには、どうすればいいと思ったか」などについて考えてみよう。

第2部

チェンジメーカー・リーダーシップ

すべての能力に効き、難題を打破するスキル

6章

動いて「実験」する

万人が「リーダーシップ」をスキルとしてつかえる

運に恵まれなければ、私はカリフォルニア大学バークレー校ハースビジネススクールに採用されなかっただろう。

私はそれまで同学から2度も拒絶されていた。一度目は学部の入試で、もう一度は大学院の入試で。

だから、今回は教員としてではあるが、再び拒絶されることに特別驚いたりはしなかった。

それでも、この拒絶は今までで一番辛かった。同校のキャンパスに新設されたリーダーシップセンターの初代エグゼクティブ・ディレクターになるという、まさに夢のような職への応募だった。それはチェンジメーカーとしての私のこれまでの経験と、ストックホルムの「リーチ・フォー・チェンジ」で学んだリーダーシップのすべてを活用できるチャンスだった。だから不採用通知を受け取ったとき、驚きはしなかったが落胆した。

メールの冒頭には、「私たちはあなたが選ばれなかったことを残念に思います」と書かれていた。過去に2度受け取った通知文よりも、文面には同情が感じられた。「でも、あなたは多くの優れた候補者の中で2位になったことを誇りに思うべきです」

嬉しい言葉ではあった。だが、銃撃戦に2位は存在しない。

リーダーシップセンターのディレクター職を巡る競争でも同じだ。銀メダルに値する職はない。それでも私は同校の人たちが自分のために時間を割いてくれたことに感謝し、またの機会に連絡をもらうのを楽しみにしていると返信した。

私が思っていたよりもずっと早く、ほんの数日後に同校から連絡があった。1位になった応募者が辞退したことを知らせるメールだった。バークレー校から来るのはいつも良くない知らせだと思い込んでいたからか、この夢の仕事をオファーされた現実をにわかには信じられなかったが、私はすぐに承諾の返信をした。

「リーダー職」かどうかはどうでもいい

これまで大学の世界で働いた経験がない私にとって、この役割はとても大きなものだった。同センターの野心的な資金調達目標はすでに設定されていて、私はすぐにその目標を目指す立場を引き継ぐことになった。

この仕事のおかげで、それまで接する機会のなかった、尊敬する大勢のリーダーとつながることができた。それはかけがえのない体験になった。リーダーシップの世界で活躍するヒーローたちに、彼ら自身のリーダーとしての成長の道のりの話や、今日のリーダーシップについて意見を聞くことができた。

私のお気に入りの質問は、「あなたのリーダーシップのスタイルは、どのように培ったのですか？」だ。

最も多かった回答（全回答者の実に約75％）は、「キャリアのある時点で悪いリーダーを目の当たりにし、自分はこんなリーダーにはならないと決断したこと」というものだ。

私のヒーローであるリーダーたちは、悪いリーダーを反面教師にして、良いリーダーになる方法を学んでいたのだ。

誰でも何らかの形で悪いリーダーと接した経験があるはずだ。ただし前述のリーダーたちが他と違っていたのは、「悪いリーダーの真似はしない」と心に誓い、その経験をプラスに変えて、自らの手で新たな道を切り開いたことだ。

この章では、リーダーシップを新たな視点でとらえ直す方法を説明していく。

私が考えるリーダーシップとは、役割や肩書にとらわれないものだ。私は、**リーダーシップは誰もが平等に発揮できるものと考えている。**リーダーシップとは、他者への奉仕を選択することであり、思考だけでなく行動することだ。それ以外の条件はない。

私はリーダーシップを「他者を通じて、また他者と共に、意義あることを実現する能力」と定義する。

この定義はリーダーの行動に焦点を当てている。リーダーシップは他者を通じて発揮されることも、他者と共に発揮されることも、この2つが組み合わさって発揮されることもある。

いずれにしても、それは意義ある行為であり、他者の力を借りて行われるものだ（リーダーシップは決してたった1人では成立しない）。

この定義は、リーダーシップを新たな視点でとらえ直す土台になる。20世紀型のリーダーシップのモデルから脱却し、過去の遺物として葬り去るチャンスになる。

21世紀型のリーダーシップには、これから紹介する4つの重要なスキルがある。チェンジメーカーは年齢や肩書、経験にかかわらずこれら4つすべてのスキルを手に入れられる。

「行動」から変える

リーダーシップを新たな視点でとらえ直す第一歩は、**誰かに許可されるのを待たずに、今いる場所でリーダーとして振る舞い始める**ことだ。

私が新進のリーダーに最もよく薦める本は、ロンドン・ビジネススクールのハーミニア・イバラの著書『世界のエグゼクティブが学ぶ誰もがリーダーになれる特別授業』（翔泳社）だ。

彼女はこの本で、「人は、自らの習慣的な思考が妨げている行動を取ることでしか考え方を変えられない。これは変化のパラドックスだ」と述べている。**つまり、リーダーやチェンジメーカーは、ただ考えるだけでなく、行動しなければならないということだ。**

これは私のチェンジメーキングのモデルにもぴったり合っている。結局のところ、それはチェンジ・シンキングではないのだ。

イバラは、リーダーシップについての、直感に反するモデルを提示している。

従来のリーダーシップのモデルは思考を重視してきた。まず考え方を変え、次にその考えに基づいて行動することが大切だとされてきたのだ。

だが彼女は、このモデルは今日の世界では時代遅れだと主張する。つまり、**考えてから行動するのではなく、行動してから考えるべき**だというのだ。

現代のリーダーは、まず行動を変えるべきだ（たとえば、リーダーとしての新しいアプローチやスタイルを試してみる）。そうすれば、その後で立ち止まって考え、それが効果的だったかどうか熟考できる。それが次の行動につながり、好循環を生む。

イバラは、「ただ考えるのではなく、動いて実験することがリーダーシップを育む秘訣だ」と述べている。

誰かの許可を待たずに、チェンジメーカーやリーダーになる許可を自分に与えよう。そうすることで、私たちはリーダーのように考えるだけでなく、リーダーのように行動できるようになる。

「直接頼む」とともでもなく影響する

もちろん、CEOになって初めて自分がリーダーになったと確信できることもあるだろう。だが実際には、その前から自分にリーダーになる許可を与えていなければ、CEOの地位に上り詰めることはまず不可能だ。

イバラは調査と分析に基づき、リーダーの6つの最重要スキルを次のように特定している。

・組織・部門間での「効果的なコラボレーション」を実現させる
・人を鼓舞し、「意欲」を高める
・周囲の「賛同や支持」を得る
・戦略的な「方向性」を示す

・不確実／曖昧な条件下で「適切な意思決定」ができる
・権威に頼らず「人」を動かす

どれもが肩書に関係なく実行できるリーダーシップスキルだ（ただし、「不確実／曖昧な条件下で適切な意思決定ができる」は当てはまらないかもしれない）。コラボレーションする、人を鼓舞する、方向性を示す、権威に頼らず人を動かす、などはすべて、他人の許可を得る必要はない。

スザンヌ・マッケニー・クラールは、「恵まれない環境にいる若者の可能性を解き放ち、高校や大学への進学、社会人としての成功に駆り立てるために起業家精神を促進する」という活動に取り組む非営利団体「BUILD.org」の創設者だ。

彼女はこの団体をカリフォルニア州イーストパロアルトの小さな家の地下室から始め、全米各地に支部を持つ大組織へと成長させた。この団体のために数千万ドルもの資金調達に成功し、その過程で有力なコネを誇るベンチャーキャピタリストも顔負けの、錚々たる顔ぶれのシリコンバレーの人脈を築いた。

スザンヌはIT業界でも屈指の忙しさと影響力を誇るリーダーで、当時ツイッターとスクウェアの最高経営責任者だったジャック・ドーシーをBUILD.orgの理事に迎え入れている。

どうやって説得したのか私が尋ねると、彼女はその秘密をたった3語で教えてくれた――**「直接頼んだだけよ**（I asked him)」。

彼女はのちに、ドーシーになぜオファーを受けてくれたのか尋ねた。すると彼は、**「僕に非営利団体の理事になってほしいと頼んできたのは君が初めてだったからね」**と答えた。

他のリーダーたちは、ドーシーは多忙を極めていると思って遠慮して声をかけなかった。だがスザンヌはドーシーに打診することを自分自身に許可した。リスク指数を計算したところ、多くのプラス面があり、実質的にマイナス面はないこともわかった。「行動」を選んだことで、影響力のある人物を心強い味方として引き込むことに成功したのだ。

Column

悪いリーダーの特徴

「チェンジメーカーになる」の講義では、「チェンジメーカー・リーダーシップ」の項目に入ると、学生はグループに分かれ、これまでの人生で観察してきた悪いリーダーの特徴について自由に意見を述べ合う（2章で説明した「発散的思考」の実践)。

これまでに出会った悪いリーダー（自分自身が悪いリーダーとして振る舞ってしまった例も含めて）に関する考えを話し合い、具体例を挙げていくのだ。

各自が悪いリーダーの特徴のリストを作成したら、先ほどとは違うグループの学生同士で2人1組のペアになり、それぞれが作成したリストを見せ合いながら議論する。悪いリーダーの特徴の多くが、驚くほど共通していることがわかる。

私は学生に、「リストに挙げた悪いリーダーの特徴が5個以下だった人は？」と尋ね、挙手してもらう。同じ要領で、10個以下、15個以下、20個以下と続けていく。最後の1人になるのは、25個程度挙げた学生のことが多い。

次に、この学生にリストを読み上げてもらう。他の学生には、自分が嫌いなリーダーの特徴を聞いたら指を鳴らしてもらうようにする。

教室内の光景は一転して、話し言葉で書かれた出来損ないの詩の、参加型の朗読セッションのようなものになる。

「傲慢」――パチン（指が鳴る音）。

「自分を特別視している」――パチン。

「人を見下す」――パチン。

風変わりかもしれないが、それでもクラス全体で、効果のないリーダーシップがどのようなものか、明確なイメージを描ける。

次に私は、人は直感的に悪いリーダーと良いリーダーがどんなものかを知っているにもかかわらず、今日の世界がリーダーシップの危機に直面している話をする。

２０２１年のギャラップ社の調査によれば、仕事に意欲的に取り組んでいると感じている人は全世界でわずか20％。アメリカとカナダでは約33％だが、それでも全体の３分の２が仕事に対して意欲的ではないのだ。良い場合でも会社にたいした貢献はしておらず、最悪の場合は会社全体の士気や生産性を積極的に低下させていることになる。

なぜ世界のリーダーシップはこのように惨めな状態にあるのか？

私は、それは人々があまりにも長いあいだ、リーダーシップを「肩書を持つ誰かに与えられるもの」と誤解してきたからだと考えている。

だがリーダーシップとは、私たちが誰であるかではなく、私たちが何をするかの問題なのだ。

「1人の力」は絶大に強大

21世紀型リーダーシップスキルの第2の要素は、「ネットワークの力」を活用することだ。

作家で活動家のマーガレット・ウィートリーとデボラ・フリーズは、「世界が一度に1人の人間の力で変わることはない」と述べている。

「〝私たちは、未来の可能性についてのビジョンを共有している〟――そう気づいた人たちがつながっていくにつれ、世界は変化していく」

様々な人やモノが結びつくネットワーク型の現代社会では、リーダーシップとは、1人で何かをコントロールし、影響を与えようとすることではない。共通の目標に向かって、他のコラボレーターと共に何をどのようにするかが重要なのだ。

様々な人を束ねながら目標の達成を目指すのは大変だと思うかもしれない。

だがペンシルベニア大学のデイモン・セントラらの研究は、ネットワークを効果的に主導するチェンジメーカーであることの意味を、力強く明らかにする。

彼らは『社会的慣習の転換点に関する実験的証拠』と題した論文で、SNSにおける仕込みの被験者の行動が、被験者全体の行動に及ぼす影響を調べた実験を紹介している。

ファースト・カンパニー誌に掲載された記事「社会的変化を起こすために必要な人数の〝マジックナンバー〟」に記されたこの実験の要約によれば、**「全体の25%が新しい社会規範を取り入れれば、グループ全員が従う分水嶺となる」**という。

つまり、ネットワークを通じて変革を導くのは私たちが考えるよりはるかに簡単で、一人ひとりの影響力も私たちが想像するよりはるかに大きいということだ。

50人動かせば「200人」が動く

私はこの研究から得られる知見を、メーカーの中間管理職を務めるセバスチャンが職場で実践するのを支援したことがある。

持続可能性に情熱を燃やす彼は、何か月にもわたって職場での生ゴミの堆肥化を推進していたが、誰も実践してくれなかった。

集団行動の転換点に関するこの研究の結果を知った彼は、職場の従業員200人全員を一度に堆肥化運動に関わらせるのは無理だと気づいた。私は、まず50人を参加させることを目指すべきだとアドバイスした。

オフィス周辺の従業員の目に留まりやすい場所に堆肥用容器を設置すると、少しずつ参加者が増え始めた。この参加者に同僚や知り合いを引き込むように積極的に促したことで、堆肥化の取り組みは軌道に乗る。一度に200人の従業員全員は動かせなかったが、参加者が最初の目標である50人に達すると、その参加者が友人や同僚に良い影響を与え始めた。

1か月も経たないうちに、セバスチャンの構想は実現した。ネットワークの力を活用したことで、堆肥化はオフィス全体の標準的行動になったのだ。

「史上最も影響力の高いリーダーたち」の4原則

スタンフォード・ソーシャル・イノベーション・レビュー誌に掲載された記事「史上最も影響力の高いリーダーたち」の中で、ジェーン・ウェイ＝スキラーン、デビッド・アーリックマン、デビッド・ソーヤーはネットワーク型のリーダーが従うべき4原則を紹介している。

ネットワーク型のリーダーになるための1つ目の原則は、**「コントロールよりも信頼」**。これは人間関係、とくに長期的な人間関係を築くうえで重要だ。

知り合って間もない人とパートナーを組むには、信頼の飛躍が必要になる。2章に登場した、「難民のデジタル格差解消を支援する」というビジョンを掲げてコネクシオ社を共同設立したジーン・グォは、将来の見通しがはっきりしないにもかかわらず、新たな地元のパートナーと共に同社を拡張させる戦略に踏み切った。これも信頼の飛躍だった。

2つ目の原則は、**「ブランドよりも謙虚さ」**。

意義ある大きな目的のために自分のエゴを捨て、名声ではなく協力を大切にし、コラボレーションに基づく健全なカルチャーをつくること。

3つ目は**「ハブよりもノード〔結び目。節の意〕」**。すべてを自分で背負い込もうとするのではなく、他者の貢献を尊重し、自分のリーダーシップで全体をどう支援し、補完できるかを理解すること。

3章で登場したトライブレスの前CEOグウェン・イ・ウォンが、CEOの座から身を引いて組織のために自分ができる最善策を探ったのも、まさにこのアプローチだ。

4つ目は**「組織よりもミッション」**。長期的な共同目標を受け入れ、大きなビジョンを共に描く一員になること。

2章に登場したムハマド・ユヌスもこのアプローチに従い、無数の人に感銘を与え、結果的に多くの都市や国でのマイクロファイナンスの取り組みを促した。

「目的」をはっきりと掲げる

21世紀型リーダーシップ第3の特性は、「目的を持って導くこと」だ。

目的はどれくらい重要なのだろう？

バーチャルコーチング会社のベターアップは、アメリカの26の産業で働く、様々な年齢層と賃金レベルのプロフェッショナル2285人を対象に、仕事の意味や目的に関する調査を行った。その結果は示唆に富むものだった。

「有意義な仕事をするためなら、将来の生涯賃金のうちどれくらいを諦められるか」という質問の答えは、平均してなんと「23％」だった。

つまり回答者は仕事にやりがいを覚えられるなら、将来稼げるはずの収入の5分の1を捨ててもいいと思っているのだ（この数字がどれくらい大きいか考えるために例を1つ挙げると、平均的なアメリカ人は収入の21％を住宅費に充てている）。

この調査結果から、現代人がいかに仕事に意味や目的を求めているかがわかる。

つまり、21世紀型のチェンジメーカーは、目的を持って導く方法を学べば、意味や目的を求めるこれらの人たちにとって相応しいリーダーになりやすいということだ。

私は、「目的を持って導く」ことを、ビジョン（Vision）、価値観（Value）、勝利（Victory）の3つの「V」のモデルに分けて考えている。

■「ビジョン」で導く

4章で、人が同僚とリーダーに求める特性についての研究を紹介した。この研究では、リーダーには「前向きである」特性への期待が著しく大きいことが明らかになった。

これはビジョンを描ける能力こそが、有能なリーダーであることを示唆しているといえる。

「ビジョンを持って導く」ことは、チームに目的意識を植える意味では圧倒的な効果を発揮する。これを説明するために、素晴らしい逸話を紹介しよう。

NASAの廊下を歩いていたあるジャーナリストが、近くにいた清掃員に「あなたはNASAでどんな仕事をしているのですか？」と尋ねた。すると清掃員は、「ロケットを宇宙に打ち上げるのを手伝っています」と答えた。

このエピソードは、NASAのミッションへの完全な賛同を示している。この清掃員（はっきりさせておこう――彼らは重要な仕事をしていながら、十分な感謝をされず、低賃金で働いていることが多い）は、NASAのミッションに大いに賛同しているので、自分の仕事をNASAの大きなビジョンと結びつけている。

チェンジメーカーは、チーム全体のために未来のビジョンを描き、それを各メンバーの日々の仕事と結びつける。

これが「目的を持って導く」第一歩だ。

■「価値観」を実践する

「価値観で導く」とは、チームに目指すべき方向性を示すことだ。

私はハースビジネススクールのエグゼクティブ・ディレクター職に応募したとき、自分のようなチェンジメーカーがこの学校でやっていけるか疑問を抱いていた。

当時の私は、「ビジネススクールは何よりも利益を優先させるところ」という紋切り型のイメージを抱いていた。

だが、同校の価値観である「最重要のリーダーシップ原則」を目にしたとたん、この学校の文化は自分の目的を達成する推進力になると気づいた。初めての面接で4原則のうちどれが好きで、その理由はなぜかと聞かれたとき（私は「自分を超える」だと答えた）、私はこの場所と学校の価値観とのあいだに信じられないほどのつながりを感じた。

とはいえ、単に価値観をどこかに書き留めておくだけでは十分ではない。リーダーは、大きな目的とつながる形で価値観を「実践」しなければならない。

ハースビジネススクールで働き始めた頃、当時学部長だったリッチ・ライオンズと、倫理的な問題について議論したことがあった。それは学校にとって待望の資金をもたらすかもしれないが、重大な倫理的懸念が伴うパートナーシップを受け入れるかどうかについてだった。

公教育に対する州の支援が減っているなか、この難しい決断をどう下すべきか？

私たちは自分たちの価値観に従った。

「この学校の価値観は、私たちが楽な決定を下すのを助けるためにあるのではありません」私はライオンズに言った。

「それは私たちが最も難しい決断を下すのを助けるためにあるのです。だからこそ、私たちは価値観を重んじるのであり、価値観に沿ってリーダーシップを発揮しなければなりません。今回、私たちは価値観に従って難しい決断を下すべきです」

結局ライオンズは、学校の価値観とは相容れないという理由で、パートナーシップの話を断った。それは私がこれまで目にした中でも、とりわけ印象的なリーダーの決断だ。金銭的に大きな損失を被るにもかかわらず、彼は学校の価値観を信じ、断固とした決断を下した。

■「小さな勝利」を祝う

「勝利で導く」とは、小さな勝利を祝い、進歩の感覚を生み出すことだ。

チェンジメーカーは変革に対して情熱的な場合が多く、とりわけ大きな変革に取り組むときには、途中で直面する様々な壁を乗り越えて、粘り強く前進しつづけられる。だが最初の興奮が薄れていくとき、チームメイト全員が同じように根気強く情熱を保ちつづけられるわけではない。

21世紀型のリーダーは、小さな勝利に目を向けるべきだ。そうすることで、目的意識とチームの士気を保ちやすくなる。

リーダーは長期的な視点で変革を追い求められるかもしれないが、チームメイトにとってはその取り組みが抽象的だったり、ときには不可能に感じられたりすることがある。

どれほど小さな一歩でも、躊躇せずにそれを祝福しよう。そうすれば、チームは進歩の感覚を直観的に味わえるようになる。

チームメイトは変革の追求に真剣に取り組むようになる。これは長期的に大きな違いをもたらすだろう。

「聴く力」で発見に導く

一昔前までは、その場で一番大きな声を出す人がリーダーになるべきだと見なされてきた。

だが、この発想はもはや時代遅れだ。むしろ、大声で話し、他人よりも前に出ることは、リーダーにとって強みではなく障害になっている。

代わりにリーダーにとって最高の資質と見なされるようになってきたのが、**「聴く力」**だ。相手の話を引き出すために効果的な質問をすることは、21世紀のリーダーにとって欠かせない4番目の必須スキルになっている。

研究者のスコット・D・ジョンソンとカート・ベクラーは、聴く力とリーダーシップの関係を調べた。初対面の被験者だけで構成される「リーダー不在」のグループを12週間にわたり調査した結果、被験者の聴く力の高さと優れたリーダーシップのあいだに強力な相関関係があることがわかった。

この研究結果は、私がこれまで間近で観察してきた優秀なチェンジメーカーにも当てはまる。彼らには、「質問が上手」という共通点があった。

人は自分のキャリアを、プログラミングや契約書の作成といった専門性を活かすことから始める場合が多い。だが昇進するにつれ、様々な専門性を持つメンバーを率いる立場になる。

たとえば、あなたがCOO（最高執行責任者）に昇進したとき、どのようなリーダーになるかには2つの選択肢がある。1つは人事ポリシーからITインフラに至る、「あらゆる領域のエキスパート」になること。もう1つは効果的で、問題を明確にし、物事を前に進めるような「質問の仕方」を学ぶことだ。

あらゆる領域で高い専門性を身につけるのは至難の業だが、好奇心を高める方法や、相手の長所を引き出し、チームや部門全体に新たな発見をもたらすような「質問をする方法」なら誰でも学べる。

ジャーナリストや人類学者になったつもりで振る舞ってみよう。

自分の考えの正しさを裏づける答えを求めるのではなく、好奇心に従い、「これはどういうことなのだろう？」という純粋な疑問を大切にするのだ。

ジャーナリストのケイト・マーフィーはこう述べている。**「あなたが正しい質問をする**

限り、どんな相手の話も面白くなる。もし相手の話が退屈で面白くないと感じるのなら、それはあなたの責任だ」

誘導尋問をせずに、好奇心を尊重し、「もし〜したらどうなる？」「私がまだ思いついていない可能性は何だろう？」といった質問から生まれる予期せぬ答えを受け入れよう。こうした質問は発散的思考を促す。

リーダーの新しい戦略書

次章では、今日の変革を主導する効果的で触発的なリーダーになるためにどうすればいいかを見ていく。

過去の世代の古いモデルのリーダーシップが、急速に変化する、相互に連結した世界のチェンジメーカーにはもはや通用しない理由も学んでいこう。

リーダーシップは肩書や権限がなくても誰もが日常的に発揮できるものであるとする、「マイクロリーダーシップ」の実践方法も説明する。

理想のリーダーになる方法や、包括的なリーダーシップでまわりの力を最大限に引き出す方法、自分らしいリーダーシップのスタイルを見つける方法も紹介する。今自分のいる場所でリーダーシップを発揮する機会を見つける方法も探っていく。

今、リーダーシップの戦略書は書き換えられようとしている。誰もが経験してきたような悪いリーダーシップの事例を、過去の遺物として葬り去るときが来た。

これらの新しいアプローチを取り入れることで、あなたは自分のリーダーシップを刷新し、変革を効果的に導けるようになる。

この章のまとめ

主なポイント

- リーダーになる許可を待つのはやめよう。非営利団体BUILD.orgの創設者スザンヌ・マッケニー・クラールのように、リーダーシップを発揮することを自らに許可しよう。
- 現代では、変革は1人の人間ではなくネットワークによってもたらされる。ネットワーク型のリーダーシップを受け入れ、レジリエントで持続可能な変革の動きを生み出そう。
- 価値観は、本当に難しい決断のためにある。厳しいときこそ、価値観に従おう。
- 「新しいリーダーの立場にうまく慣れない」「あらゆる問題の答えを求められている」といったときは、効果的な質問をすることに意識を向けよう。

演習

●これまでに経験した最悪のリーダーの例を挙げてみよう。イライラさせられたり、失望させられたりしたのはどんなときだったか？　リーダーのネガティブな特徴を反面教師にして、自分のリーダーシップを新たな視点でとらえ直してみよう。

7章 マイクロ視点

目の前にある「絶好機」

リーダーシップは、偉大なリーダーの印象的なエピソードと共に語られることが多い。ポーランドの造船所でフェンスを乗り越えてストライキに参加したレフ・ワレサ、世界人権宣言の制定を主導したエレノア・ルーズベルト、基調講演でポケットから誕生したばかりのｉＰｈｏｎｅを取り出したスティーブ・ジョブズなどだ。

これらの人物はたしかに印象的なリーダーで、チェンジメーカーだ。しかし、そのイメージはリーダーシップのハードルを高くしてしまう。結果、人々はリーダーシップを「自分には手の届かない遠くにあるもの」と感じてしまうかもしれない。

また、これらのリーダーを基準にすると、リーダーの「行動」とリーダーシップの「地位」が同一視されてしまいがちになる。

このような考え方をしていると、リーダーであることの真の意味が見えにくくなる。**実**

際には、リーダーの肩書を持つ人は少ないかもしれないが、リーダーシップは豊富にある。

つまり、リーダーシップとは肩書や地位に与えられるものではなく、**それを発揮できる機会を見つけ、行動に移す積み重ねによって培われるもの**なのだ。

リーダーシップは「すぐ」にできる

リーダーシップとは一度きりの行動ではなく、他者に奉仕しようとするマインドセットを持ちつづけることだ。

リーダーシップは、インターンであれCEOであれ、親であれ子であれ、請負業者であれクライアントであれ、私たち一人ひとりが自分の日々の行動を通して実践できる。ドリュー・ダドリーが『日常的なリーダーシップ』と題したTEDトークで述べるように、日常的に発揮されるリーダー的行動は、私たちの記憶に強く残りやすい。

私たち自身の頭の中にあるリーダーについての固定観念を除けば、日常生活のリーダーシップ行動には何の制約もない。

最も勇敢な行動は、リーダーになれると信じて立ち上がることだ。リーダーになる許可を誰かに与えてもらうのではなく、誰かのために何かをする機会は常に自力で探せる。

この章では、私が**「マイクロリーダーシップ」**と呼ぶ概念を紹介する。これは、自分をリーダーと見なし、日々、目の前にあるリーダーシップの瞬間をとらえるもので、誰でもすぐに実践できる。

マイクロリーダーシップは、小さなリーダーシップ行動を積み重ねていくことが、いかに簡単で達成可能なものかを改めて私たちに教えてくれる枠組みだ。

この章を通して、リーダーシップについての考えを、「誰かがしていること」から「自分がすること」へと変えていこう。

マイクロリーダーシップの4ポイント

マイクロリーダーシップを実践する鍵は4つある。単独ではごくシンプルに見えるが、それぞれが重ね合わさることで強力な効果を発揮する。

■①権限関係なく「自分はリーダー」と思う

マイクロリーダーシップの最初の鍵は、**自分はリーダーになれるし、すでにリーダーであると信じること**だ。そのためには、「世の中には生まれながらのリーダーとそうでない人がいる」という通説の誤りに気づかねばならない。

私は、会社での仕事の進め方に変革をもたらしたいと願いながら、組織内の力関係や、リーダーとそれ以外のスタッフを区別しようとする古い考えに縛られ、行動を起こすのを何年も阻まれていた、ある管理部門のアシスタントを支援したことがある。

彼女は、自分はリーダーでないし、将来的にもリーダーにはなれないと思い込んでいた。その結果、どうしても社内で伝えたいと思っていた様々なアイデアを放置し、何の行動も起こさず時間を無駄にしていた。

私たちはまずリーダーシップについての彼女の認識を変えることから取り組んだ。彼女は、「上司と同じような肩書や権限はなくても、毎日リーダーシップは実践できる」と気づいた。そして、自分をリーダーと見なすことから始めた（たとえ周囲からまだそう見られてはいなくても）。

それによって、積極的に提案し、影響力を行使するためのツール（本章後半で説明）を使い、自分の居場所でリーダーシップを発揮できるようになった。

彼女には上司と同じような権限はなかったが、小さく、一貫性のある方法で、意義ある貢献ができると理解したのだ。

■②腕まくりをして直接仕事する

マイクロリーダーは、許可を待つことなく、目の前の機会をつかむ。リーダーシップはよく、「強力な人物が部屋の真ん中に1人いて、まわりにいる全員に指示を出している」といったイメージでとらえられる。

しかし実際にリーダーに必要なのは、トップダウン式ではなく、ボトムアップ式のアプローチだ。**リーダーシップとは、腕まくりをして直接仕事に関わることだ。**準備のために早く来るようにとか、片付けのために遅くまでいるようにとか言われなくても、自ら進んでそうすることができる。

小さなリーダーシップ行動は、いつでも取ることができるのだ。

私がマイクロリーダーシップを受け入れるのを手助けしたあるチェンジメーカーは、最近、大手の多国籍企業に入社したが、この会社にＬＧＢＴＱ＋の従業員向けの従業員リソースグループ（ＥＲＧ）〔職場内で同じ立場の従業員同士がつくる互助的なグループ〕がないことに不満を持っていた。

私は、リーダーシップを発揮する瞬間をつかむように励まし、「君がそう感じるのなら、同じ思いを抱く従業員は他にもきっといるはず」と伝え、経営陣が動くのを待つのではなく、自らＥＲＧを発足するように促した。

マイクロリーダーシップの最初の鍵である「自分をリーダーと見なすこと」から始めたこの人物は、すぐに2番目の鍵に進んだ。最初の小さなネットワーキングイベントでＥＲＧを設立し、リーダーとしての活動を始めるのに必要な唯一の許可、つまり「自分自身への許可」を得たのだ。

■③他者に「奉仕」する

従来のリーダーシップモデルでは、指揮命令の能力が重視されることが多かった。だがマイクロリーダーシップはそうではない。マイクロリーダーシップとは、小さなリーダーシップの機会をとらえ、**他者への貢献を一貫して続ける**ことだ。

マイクロリーダーシップ3つ目の鍵「他者に奉仕する」を実践し始めると、小さな行動を起こすチャンスが、毎日何十回も自分のまわりにあると気づくだろう。小さな奉仕の機会を探し、行動することで、リーダーシップに対する考えを変えていくことができる。

その好例が、「ビー・マイ・アイズ」というアプリだ。

このアプリは、目の不自由な人や弱視の人と目の見えるボランティアを結びつけ、ビデオ通話によるオンデマンドの視覚支援を可能にする。食品の賞味期限の確認、色の識別、説明書の読み方などを支援するボランティアに必要なのは、他人に奉仕するという意識的な選択だけだ。

2015年以来、世界150か国以上の180言語を話す500万人以上のボランティアが、このアプリを通して30万人以上の視覚障害者と関わってきた。ビー・マイ・アイズは、マイクロリーダーシップの第3のポイントを具現化する。

わずかな自由時間と積極的に人を支援したいという意思を持つ個人とのつながりをつく

り、コミュニティに参加し、他者に有意義に奉仕するマイクロリーダーに変えるのだ。

■④「行動」を続ける

マイクロリーダーシップの4番目のポイントは、行動すること、そしてそれを続けることだ。**何度も繰り返し行動する。その積み重ねが大切だ。**

勇気を持って、目の前にあるリーダーシップの瞬間をとらえつづけよう。

CEOという肩書には重々しい響きがあるが、その実際の仕事は、1日中、小さなリーダーシップ行動を取りつづけることだ。

あなたが誰であれ、肩書が何であれ、この小さな瞬間は必ず訪れる。マイクロリーダーシップは、誰であれ行動を起こそうとする意思があれば、平等にリーダーシップを発揮できるようにするものなのだ。

このマイクロリーダーシップの4つの鍵を理解すれば、身の回りの世界を新たな視点でとらえられる。リーダーとしての行動を起こす機会が溢れていることが、よくわかるはずだ。

こうした小さなリーダーシップの行動の機会は、私たちが暮らす地域社会でも見つかる。自身もメンタルヘルスの問題を経験した18歳のペイジ・ハンターは、2018年に「希望のメモ」と名づけた手書きのメモを、イングランドのサンダーランドにある飛び降り自殺が多いことで知られるウェアマウス橋の欄干に貼りつけ始めた。彼女の考えや有益な情報が記されたそのメモは、何人もの命を救ったと評価されている。

小さなリーダーシップの機会は職場にもある。同僚に建設的な意見をしっかりと伝える。誰もが賛成しているときに反対意見を述べ、誰もが反対しているときに賛成意見を述べる。相手が怒りや恐れを露わにしているときに、落ち着いて対応することもできるだろう。

マイクロリーダーシップの実践に満ちた世界では、リーダーの肩書がなくても誰もがリーダーになれる。そこではリーダーは限られた数の特別な存在ではなく、**多数の特別な存在**だ。

毎日、目の前でリーダーの瞬間をつかみとる。マイクロリーダーシップの世界は、手を伸ばせばすぐ届くところにある。

小さな行動を何度も起こすことを、自分に許可しよう。

Column

「リーダーシップの瞬間」をとらえる

マイクロリーダーシップは、リーダーシップを「リーダーシップの瞬間」というシンプルかつ本質的な単位に分解する。

この小さな瞬間は、1日に数十回も私たちのまわりに現れる。それは一歩前に踏み出し、誰かに奉仕し、小さな違いを生み出すチャンスだ。ここでは、私の講義を受講する学生たちがつかんだリーダーシップの瞬間を紹介しよう。

ソフィア・バギンスキーは、ティーチングアシスタントを務めていたクラスで、学生たちがそれぞれ孤立していると感じていた。そこで、クラスの親睦を深めるために定期的にフラインクディスクを楽しむ会を主催した。新型コロナウイルスの感染が拡大すると、オンラインでクラスのメンバーが集まる場所をつくった。

ソフィアは、「マイクロリーダーシップを意識したことで、日常生活の中に変化を起こすチャンスがいかに溢れているか気づけるようになった。おかげで、私は活発なリーダーになれた」と振り返っている。

カリーナ・グラティは、マイクロリーダーシップのおかげで、チーム全員が「自分の仕事は認められている」と実感できるようになり、彼女自身が称賛されたときには、それをチームと分かち合うことを意識するようになったと語っている。

カリフォルニア大学バークレー校のラグビーチームに所属するシド・ホランドは、マイクロリーダーシップのおかげで、若手でありながら、フィールド内外で積極的に行動を起こせるようになったと言う。シドは、チームに新たな戦術を提案し、仲間を励ますことを自分に許可した。

ジェニファー・フィスターはマイクロリーダーシップによって、日々、身の回りに現れるリーダーシップの機会に気がつくようになった。現在では、誰かが目標を実現するのを支援するためのつながりをつくるなど、リーダーシップを発揮する瞬間を常に探すようになった。「困った人を見かけたら真っ先に救いの手を差し伸べられる人間」になることを心がけていると言う。

リーダーシップはハードルが高いと感じられるものだ。とくに若い人や、「リーダーとして振る舞うのは、将来自分がそういう立場になってから」という世間的な考えを鵜呑みにしている人にはそうだろう。しかし、マイクロリーダーシップは、誰もがリーダーになれると促してくれる。それは、身の回りにあるリーダーシップの瞬間をつかむことから始まる。

「小さなアクション」で大きく広げる

リーダーシップの瞬間は、彼女の目の前にあった。オレゴン大学のバスケットボール選手、セドナ・プリンスはそれをつかみ取れるだろうか？

「私は、『これならできる』と思った」と彼女は回想する。「それに母からはいつも、自分のために立ち上がり、最善を尽くすように教えられてきた」

プリンスはこのチャンスをつかみ、マイクロリーダーシップを実践した。「行動を起こす」というシンプルかつ強力な選択をしたことで、多くの変化が起きた。

2021年、大学2年生のとき、プリンスはNCAA（全米大学体育協会）が主催するバスケットボールの大会に出場した。男子と女子のトーナメントが同時に開催されていたが、新型コロナウイルスのせいで、開催地は、男子はインディアナポリス、女子はサンアントニオと、それぞれ1つの都市内に限定されていた。ただし、舞台裏での男女の扱いは違っていた。

大会期間中、参加全64チームが使用する女子選手用のウエイトトレーニング室に入ったプリンスは、その違いに気づいた。室内にはヨガマットや少しのダンベルラックしかない。広々として設備も整っていた男子選手用のウエイトトレーニング室とは対照的だ。

他にも、この大会では食事の内容や、新型コロナウイルスの検査の有無など、男女の扱いに違いがあることを見聞きしていた。プリンスは、行動を起こすチャンスだと思った。一歩前に出て、リーダーシップを発揮すべきだ、と。

彼女はマイクロリーダーシップの4つの鍵をすべて実践し、一見すると小さなたった1つの行動で、スポーツ界の枠を超える大きな変化の波を引き起こした。

第1に、「自分には何かをする力がある」と信じていた。他の女子選手もこの不公平な扱いに気づいていたかもしれない。だが、プリンスは自力で何かができると決断した。

第2に、自分の判断で行動した。コーチやNCAA、チームメイトにさえ判断を任せなかった。自ら、変化を起こすことを決意し、選んだのだ。

第3に、そのマイクロリーダーシップは、他者に奉仕することにしっかりと根差していた——仲間の女性アスリートや、将来彼女の後に続く女性たちのために立ち上がった。名声や注目を得るためではなく、まわりの人たちのために状況を改善しようとした。

第4に、行動を起こした。**男女のウエイトトレーニング室の違いを示した38秒の動画を作成してTikTokとツイッターに投稿したのだ。**これは彼女が世の中に影響を与えることを期待した小さな行為であり、マイクロリーダーシップの典型例といえる。

行動は小さなものだったかもしれないが、反響はとてつもなく大きかった。

翌朝目を覚ますと、動画は10万回以上もリツイートされ、ABCの『グッドモーニング・アメリカ』をはじめとする全国的なテレビ番組から出演依頼が何件も舞い込んでいた。

1本の短い動画が、全国的な論争を引き起こしていた。本書の執筆時点で、この動画の再生回数はツイッターで1800万回、TikTokで1200万回を超えている。

しかし、プリンスが個人として注目を集めたことより重要なのは、この動画によってN

ＣＡＡやスポーツ界が抱える男女の扱いの違いという問題に世間の目が向けられたことだ。

ＮＢＡのスター選手ステフィン・カリーを含むスポーツ界の男女もこの議論に加わった。結局、ＮＣＡＡは男女のウエイトトレーニング室の設備を平等にすることを決定した。

マイクロリーダーシップは私たちの身近にあるからこそ、1つの行動を多くの行動に広げていきやすい。

プリンスの場合もそうだ。彼女は最初の行動で築いたものを土台にして、他者を支援するための行動を続けている。現在フォロワー数が約３００万人いるTikTokを活用し、仲間のアスリートの待遇を改善するため、ＮＣＡＡにさらなる改革を訴えている。

彼女のチームのコーチを務めるケリー・グレイブスは、こう述べている。「プリンスが立ち上がったことを嬉しく思う。彼女がもたらした変革は、とてつもなく強力だ」

「権威」をともなわないリーダーシップ

マイクロリーダーシップの機会と同じく、人に影響を与える機会も誰にでも平等に巡ってくる。実際、チェンジメーカーは、人に細かく指示を出す能力よりも、人を説得する能力が大切になることのほうが多い。

変革を起こすには、様々な経歴を持つ多様なメンバーを束ね、部門や部署を越えて協力し、先に登場したNASAの清掃員のような立場の人から、決定権を握る経営陣まで、幅広い立場の人とうまくつき合いながら物事を進めなければならない。

肩書や権限に関係なく人に影響を与える力は、よく**「水平型リーダーシップ」**と呼ばれる。

ハーバード大学教授のロナルド・A・ハイフェッツは、著書『リーダーシップとは何か！』（産能大学出版部）の中で、リーダーシップと権威の違いを説明している。ハイフェッツは権威を「サービスを実行するために与えられた権限」と定義している。本章では権威を伴わないリーダーシップに焦点を当てるが、その前に、場合によっては、権威を伴うリーダーシップが必要になることも明確にしておこう。

たとえば、スタジアムから3万人の観客を緊急避難させなければならないケースを想像してみよう。この場合、最善の避難方法について一人ひとりに発言権を与えようとする平等主義的アプローチを取るのは非現実的だし、極めて危険だ。

緊急時や困難時には、権威が極めて有用になる。権威がもたらす方向性が必要になるからだ。

とはいえ、私たちは頻繁に緊急事態に遭遇する状況で生きているわけではない。その代わりに、変化を生み出すためにどう「水平型リーダーシップ」を活用できるか、これから見ていこう。

「最初のフォロワー」は偉大

私がこれまで見てきたユーチューブ動画で一番のお気に入りは、『Leadership Lessons from Dancing Guy（ダンシング・ガイのリーダーシップ・レッスン）』というタイトルの、画質の粗い動画だ。ミュージシャンで起業家のデレク・シヴァーズが見事な解説を加えるこの動画には、彼が言うところの **「最初のフォロワー」** の力が具体的に示されている。

動画は、屋外の音楽フェスティバルの会場の芝生で、客の男がたった1人で夢中になってでたらめな動きで踊っているところから始まる。他の客は彼を遠巻きに見ているか、完全に無視している。彼が20秒ほど1人で踊ったところで、見知らぬ男が加わり、一緒に馬鹿げたダンスを踊り始める。

2人は宙に向かって手を振り上げ、足で宙を蹴って踊りつづける。後で踊りに加わった男――最初のフォロワー――が、他の客を手招きする。

すぐに別の客が踊りに加わる。もう1人、さらにもう1人、さらに何人もまとめて踊る客が増えていく。最後にはピクニックシートに寝そべっていた大勢の客までもが一斉に立ち上がり、ダンスパーティーの様相の踊りの輪に加わる。**たった3分のあいだに、ムーブメントが生まれた**。たった1人が始めた踊りが、その場にいたほぼ全員を巻き込んだ。ダンスはマイナーな活動から、メジャーな活動へと変わったのだ。

私がこの動画を大好きなのは、変革を起こすために誰もが果たすことのできるリーダーシップの役割が、直感的に示されているからだ。

私たちは、最初に自由奔放な踊りを始めた男、変革へのビジョンを持った最初の人になることもできる。また、誰かのビジョンに可能性を見出し、それが実現するのを助ける、最初のフォロワーになることもできる。

あるいは、変革がある程度の勢いを得たのを見てからさらに発展するのを助けたいと考える、「アーリーアダプター」と呼ばれる人にもなれる（そうすることで、リスクを回避しようとする人たちも安心して参加できるようになる）。そして、変革のビジョンがより明確になるのを待ってから輪に加わろうとする「レイトアダプター」と呼ばれる人にもなれる。

シヴァーズが動画の最後で締めくくるように、称賛を集めるのは最初に踊り始めた男かもしれない。しかし実際には、功績の大半は、最初のフォロワー、つまり**他の人が安心し**

てムーブメントに加われるようにするために自分の評判を危険にさらした人に向けられるべきだ。

従来の考えに従えば、最初のフォロワーは自分をリーダーとは見なさないかもしれない。だが彼のリーダーシップは、他の誰にも負けないくらい重要だ。

この動画は、タイミングやタスクの内容、置かれている状況に応じて、誰もがリーダーシップを発揮でき、誰もがそれに続くことができると思い出させてくれる。

あなたが変革を導く際に担う役割は、目的によって変化する。

あなたは新たなテクノロジーの採用においては最初のフォロワーとなり、ダンスフロアに入るときにはレイトアダプターになるかもしれない。

ただしどんな役割を担っていても、私たちは皆、変革に向けた取り組みの中でリーダーシップを発揮できるのだ。

リーダーシップを「水平」に発揮する

フェスティバルであれオフィスであれ、変化を起こすために水平型リーダーシップをどう活用すればいいのだろうか？

私は、水平型リーダーシップでは、3つのリーダーシップ・ツールが必要だと考える。

それは**「相手の最良の部分に目を向ける」「同盟関係を築く」「相手にアドバイスを求める」**だ。

■「最良の部分」に目を向ける

相手の最良の部分に目を向けるには、『メンバーの才能を開花させる技法』(海と月社)の著者リズ・ワイズマンの洞察が役立つ。

彼女によれば、何倍もの成果を出す「増幅型」のリーダーは、人を採用するときに「この人には能力があるだろうか?」ではなく、**「どうすればこの人の能力を引き出せるだろうか?」**と考えるという。

同書の共著者グレッグ・マキューンは関連記事で、このタイプのリーダーの仕事は「適任者を集め、最高の思考を解き放つ環境に置く——後は、一歩引いて邪魔をしない」ことだと書いている。

水平型リーダーシップを実践するリーダーは、肩書や地位にこだわらずに相手の最良の部分に目を向け、彼らに能力を発揮させることで、効果的に変革を導くのだ。

■「同盟」を築く

このアプローチは、人事の専門家ローレン・ケラー・ジョンソンによる「同盟関係を築くことは、水平型リーダーシップにおいて重要な役割を果たす。なぜなら協力して働けば、1人で働くよりも大きな影響力を発揮できるからだ」（ハーバード・ビジネスレビュー誌）という指摘と関連する。

ジョンソンは、ロンドン・ビジネススクールのジェイ・コンガーの「同盟関係を築くことによって、影響力のある人を集めて『1つの権威ある集団』を形成できる」という主張を紹介し、「強力な同盟関係をつくるには、まず自分が取り組もうとしている変革によって一番大きな影響を受けるのは誰かを考えることから始めるべき」と提案している。

世界中の影響力のある気候変動問題の活動家も、同盟関係を築いている。グレタ・トゥーンベリ（スウェーデン）、オータム・ペルティエ（カナダ、ウィクウェミコン先住民族）、バン＝エッサ・ナカテ（ウガンダ）、シュテッツカト・マルティネス（メキシコ）らの若いリーダーは、協力して変革に取り組んでいる好例だ。

このリーダーたちは、気候変動の影響を肌で感じているからこそ、地理的、文化的な違いを乗り越えて結束し、自らのコミュニティを率いて大きな変革の一端を担おうとしている。

こうした水平型リーダーシップが、大きく強力で、多様な同盟関係を実現させている。

■「アドバイス」を求める――人の「助けたくなる心理」を刺激する

人に意見を尋ねると、予想外のひらめきが得られることがある。

私が勤めるカリフォルニア大学バークレー校には、10人のノーベル賞受賞者をはじめ、極めて優秀な教授が大勢いる。

私がノーベル賞候補者に名を連ねることは決してないだろう。だが、バークレー校の教授陣が講義でこれまで絶対にしたことがないと思われることをしている。

それは、ラッパーの〝ミスター・ワールドワイド〟ことピットブルの言葉を引用することだ。そう、カリホルニウムやベルケリウムなどの多数の化学元素を発見したことで知られるこの名門大学で、私はピットブルの15秒間のクリップを教室で流している。

彼の主張は、私たちが水平型リーダーシップを学ぶために活かせる、とても効果的なものだ。

「金をもらえ、アドバイスももらえ」とピットブルは歌う。**「アドバイスをもらえば、金の価値は倍になる」**

このピットブルの主張が水平型リーダーシップに当てはまることは、ベンチャーキャピタリストからの投資を引き出そうとする起業家のテクニックによっても裏づけられる。

抜け目のない起業家は、いきなりお金の話を切り出したりしない。まずは、自分たちのスタートアップやプレゼン方法など、思いつく限りのことについてベンチャーキャピタリストにアドバイスを求めるのだ。

人は、ある取り組みの発展に自分が何らかの形で寄与していると感じると、それをさら

に支援したくなる。水平型リーダーシップを発揮するには、具体的な助けを求める代わりに（あるいは少なくともそれに加えて）、意見やアドバイスを求める機会を見つけるべきなのだ。

影響は「与え方」で効果が全然変わる

おかしな話に聞こえるかもしれないが、影響力に関する最も優れた研究の1つは、ホテルのトイレで行われている。

この研究では、ホテルの部屋に環境保護を促す様々な掲示を設置して、それが宿泊客の行動にどう影響するのかを調べた。ある掲示では、「当ホテルのお客様の大多数がタオルを再利用してくださっています」など、他の宿泊客も環境に優しい行動をしていることを強調する。他の掲示では、一般的な文言を用いて環境保護行動を呼びかけた。

その結果、前者のように**「他の宿泊客も同じ行動をしている」と集団的な規範に従うよう訴えることが、宿泊客の行動に最も影響を与えるとわかった。**

「近さ」も重要だった。前述の「当ホテルの」を「この部屋に宿泊した」に入れ替え、**「この部屋に宿泊したお客様の大多数がタオルを再利用してくださっています」と掲示したところ、宿泊客の環境保護行動がさらに強化された**のだ。

この例の根底には、**「人間の行動は、ほんの小さな働きかけに大きく影響される」**という強力なコンセプトがある。

変化を起こすのに必要なのは、正しい戦略だけではない。この場合は、「みんな、タオルを再利用していますよ」と呼びかけたことが大きな効果を発揮した。

どのように働きかけるかが変革の取り組みを最終的に受け入れられるかどうかを左右するのだ。

互恵主義の力
チップは「チョコ」で増やせる

互恵主義は人間の行動に大きな影響を与える。

誰でも良いことをされれば、相手にお礼がしたくなる。この直感的なコンセプトを鮮やかに裏づけるのが、お菓子を使ってレストランのチップを増やせるか調べた研究だ。

この研究では、レストランでウェイターがチェック時に客にチョコレートを渡した場合と渡さなかった場合を比べてチップの額が変化するか調べた。

客にチョコレートを1個渡した場合、チップは平均3％増えた。大きな差ではないが、統計的には有意だ。

チョコレートを2個渡すと、なんとチップは14％も増えた。

では、ウェイターがまず客に1個チョコレートを渡し、いったんテーブルを離れた後で立ち止まって振り返り、「みなさんは素晴らしい方々でしたので、もう1つおまけします」と2個目のチョコレートを渡した場合は？　**チップは実に21％も増えたのだ。**

これらの実験が示す知見は興味深いが、私は少々不誠実な印象を受けずにはいられない。チョコレートを渡したりタオルの再利用を求めたりするのは無害な例だが、この影響力は人を操るために用いるもので、実際に社会の中で頻繁に使われている。

だから、私は影響力のテクニックを取引的、策略的な方法で用いるのは好きではない。たとえば、レストランで客に「みなさんは素晴らしい方々でしたので」と言ってチョコレートを追加する方法は、最初はうまくいくかもしれないが、同じことを2回、3回と繰り返せば効果が薄れるだろうし、相手に意図を見破られて逆効果になる可能性も十分ある。もっと誠実かつ持続的な方法で人に影響を与える方法はないだろうか？

「影響力のスーパーパワー」を働かせる

自覚しているかどうかは別として、影響力は私たちのまわりに存在し、誰もが日常的に他人に使っている。

たとえその人に二度と会うことはないと思っていても、評判はついて回る。だから、人を操作するためではなく、良いことのために影響力を使おうとするのは、実利的にも意味がある。

講義で学生に影響力について教えるとき、私は**「影響力のスーパーパワー」**と呼ぶものを紹介する。これは目先の利益ではなく、息の長い目標に向けたつながりを重視する影響力の側面を表している。

ここでは5つの影響力のスーパーパワーと、それをリーダーシップに活用する方法を見ていこう。

■①関係性に「投資」しておく

ホテルでの宿泊やレストランでの食事など、一回限りの取引の場における影響力とは対照的なのが、影響力のスーパーパワーの1つ目である「関係性」だ。

これは、**相手に頼み事をするために、事前に良好な関係を築いておくこと**を意味する。

「〝私たちは、未来の可能性についてのビジョンを共有している〟――そう気づいた人たちがつながっていくにつれ、世界は変化していく」というウィートリーとフリーズの言葉（6章）からも学んだように、変革は人間関係のネットワークを基盤にして起こる。

事前に人間関係に投資するほど、頼み事がしやすくなる。信頼感や仲間意識が高まるし、親しくなるほどに、相手をその気にさせる方法についての感触が得られやすくなるからだ。

それに、人はその目的に強い意義を覚えたからではなく、**人間関係のために変革に加わることもある。**

私の友人は、家族を苦しめる難病治療に関する研究費を集めるためにチャリティ・マラソンを走ることにした。私も、もちろんこの病気の治療法が編み出されることを心から願っているが、それは個人的に情熱を注ぐ数多くのテーマには含まれていない。それでも、この友人に支援を求められたとき、私は熱心に応援することにした。それはチャリティの目的というより、彼との関係性に依るものだった。

彼は他の様々な大義のために、私に支援を求めてくるかもしれない。どの場合も、私は協力するだろう。

彼にとって大切なことは、私にとっても大切だ。彼は私たちの関係性に基づいて頼み事をしてくるし、私もそれに応えることに大きな喜びを感じるのだ。

■②「ビジョン」で引き寄せる

2つ目の影響力のスーパーパワーは「ビジョン」。つまり、人を引き寄せる未来を描くこと。

人々に感銘を与え、参加せずにはいられないと思わせる、刺激的な未来のイメージを描く方法とは？　大切なのは、明確で説得力のある将来のイメージを示して、**相手に「自分もそれを実現する力になれる」と確信させること**だ。ビジョンを使って幅広い人を結びつけ、共に新たな未来を想像しよう。

2章に登場したジーン・グォは、ビジョンを活用してまわりに効果的に影響を与えた。グォが率いるコネクシオ社のビジョンは「ITスキル不足が理由で誰も疎外されない、包括的な社会を創造する」だ。私も彼女がこのビジョンのもと、優秀な人材を同社にスカウトし、パートナーや投資家を引き寄せるのを見てきた。

同社のビジョンは人々に光をもたらした。グォはこのビジョンを用いて大勢に感銘を与え、実現のための行動に向かわせたのだ。

■③「共感」を働かせる

誰かに影響を与えようとするとき、それが相手にとってどんな意味を持ち、どんなメリットがあるかを積極的に理解するには「共感」が大切になる。

チェンジメーカーは、自らのアイデアに夢中になるあまり視野が狭くなりがちだ。共感を持つことで、相手の立場で物事をとらえられるようになる。

「相手は、アイデアは気に入っているが参加には躊躇している。あるいは参加したいと思っているが、我々が求めるレベルの協力は得られそうにない」といった細かな違いが見えてくる。

影響力のスーパーパワーの3つ目である「共感」を活用すれば、画一的に押しつけるのではなく、相手の事情に細やかに合わせた形で協力を求め、影響力を与えられるようになる。

5章で紹介した労働組合のリーダー、ドロレス・ウエルタも、チェンジメーカーとしてのキャリアを通して共感を利用し、幅広く影響を与えてきた。

力強く多様性に富んだ同盟関係を築けたのは、政治家や農業従事者、非営利団体のリーダーなど、相手に応じて感情に訴えかけるメッセージを変えられたからだ。彼女は相手の視点を想像し、共感を活かすことで、実に効果的な形でまわりに影響を与えた。その結果、彼女を支援しようとする大きなうねりが生まれたのだ。

■④情熱と積極性――「心からの熱意」が人を動かす

リーダーが将来の可能性に対する心からの熱意を持っていると、まわりは感銘を受けずにはいられない。

4つ目の影響力のスーパーパワーである「情熱と積極性」は、ごまかしがきかない。私は教えることが大好きだが、もしハースビジネススクールで会計学を教えなければならなくなったら、学生はすぐに私に本物の情熱がないことを見破るだろう。

私は学生たちがチェンジメーカーになる支援には情熱を注げるが、誰かを優れた会計士にさせることに同じ情熱は注げない。

6章で職場での堆肥化プログラムを推進したセバスチャンは、情熱と積極性によってオフィス全体に新しい行動を促した。

彼の心からの情熱は従業員を取り組みに加わるよう駆り立て、さらには連鎖反応も引き起こした。セバスチャンの情熱に惹かれて集まった人たちは、その情熱をまわりに伝播することで取り組みの輪を広げたのだ。

■⑤謙虚に振る舞い「安心感」を与える

リスクの取り方は人によって様々だ。

あなたは変革の道のりで、行動を起こすのを恐れる人に数多く出会うだろう。では、相手に安心して取り組みに加わってもらうにはどうすればいいのか？

5つ目の影響力のスーパーパワー「安心感」は、私が所属するカリフォルニア大学バークレー校のような巨大な官僚組織でポジティブな変革を導くうえでとても大切になる。

たとえば私が、まず「共感」を用いて、私が提案した変革の取り組みのビジョンを同僚が高く評価しているが、成功しなかった場合に何が起こるか恐れていると気づくとする。

そのときに役立つのが、3章で紹介したジム・コリンズの、成功は分かち合い、失敗の責任は自分が進んで受け止めようとする「鏡と窓」の比喩だ。私はこの考えに従い、同僚に、彼らがこの変革に参加することにリスクがあるのはわかっていると伝える。そして、もしこの取り組みが失敗したら私が責任を負い、彼らが私を信頼したことに対してデメリットが生じないようにすると約束する。

また、もし取り組みが成功したら、彼らが称賛を得るようにするとも話す。私は謙虚に振る舞うことで、相手が安心して取り組みに参加できるようにするのだ。

影響力のスーパーパワーは、1つを選べば他が使えなくなるものではない。それぞれが特定の状況で役に立つし、組み合わせて使うこともできる。

状況に応じて、5つのスーパーパワーを巧みに使い分けよう。おそらくあなたは、自分に合っていそうなものと苦手そうなものがそれぞれ1つか2つあると感じるだろう。

5つのうちどれがすでに影響力のスーパーパワーと呼べるレベルになっていて、もう少し訓練が必要なものはどれか考えてみよう。

「超大物」に自分の影響力を効かせる

映画監督のジョン・チュウは、映画『クレイジー・リッチ！』を締めくくるラストシーンに流す曲を探しつづけていた。この映画は、ハリウッドの大手映画制作会社が25年ぶりに主要キャストをアジア人俳優のみで制作する作品として話題を呼んでいた。

リアーナやシーアなどの大物ミュージシャンの曲も試してみたが、しっくりこない。最終的に、イギリスのロックバンド、コールドプレイの『イエロー』が、この映画の最後のトーンに相応しいと思うようになった。

だが1つ問題があった。コールドプレイのレコードレーベルから、この曲を『クレイジー・リッチ！』に使うことを断られたのだ。この曲のタイトルである「イエロー」という言葉はアジア人に対する蔑称でもある。アジア系の俳優が主演する映画に使われることで、バンドに悪影響が生じるかもしれない懸念があったのだろう。

しかしチュウはだからこそ、この曲を使わなければならないと感じた。「私たちはイエローという言葉を自分たちのものにすべきだ」とチュウはハリウッド・リポーター誌に語っている。

「私たちがイエローと呼ばれるのなら、それを好印象を与える言葉に変えればいい」

■無名がコールドプレイを動かした！

チュウには、自分の映画のラストをこの曲で締めくくる理由やその方法についてのビジョンがあったが、業界の厳しい権力構造に直面した。無名の映画制作者が、世界屈指の人気ロックバンドを、ヒットするかどうかがまったくわからない映画に曲を使わせてほしいと説得しなければならない。

権威がないチュウにとって、できるのは影響力を使うことだけだった。チュウはコールドプレイを味方につけるために、あらゆる影響力のスーパーパワーを駆使した。

まず、コールドプレイのメンバーに直接手紙を書いた。その時点では何のつながりもなかったが、関係を築くことに着手したのだ。

チュウは手紙の冒頭で、親密に語りかけ、面識のない相手とのあいだにある溝を埋め、お互いの共通点に触れた。

学校時代に軽蔑的な意味で「イエロー」と呼ばれたこと。コールドプレイのミュージックビデオを見るまでこの言葉に対して複雑な感情を抱いていたこと。「この曲はそれまで耳にした中で最も美しく、魔法のような方法でこの色を描写していました。星の色、彼女の肌、愛――。この曲が描くイエローのイメージは、魅力に溢れ、憧れを抱かせる素晴らしいもので、私は、それまで描いていた自己像を覆されました」

この親密さを土台にして、今度は方向転換してコールドプレイのために絵を描いた。『イエロー』を挿入するシーンのビジョンを示し、それが「人々に力を与え、感情を掻き立てる」ものであり、『イエロー』がこの映画に完璧にフィットしていて、いかに物語を引き立たせるか、説明したのだ。

そこから再び共感に方向転換し、バンド側の立場になってこう続けた。「私も1人のアーティストとして、自分の作品が誰かの作品の一部に使われるのを許可するのが難しいことを知っています――たいていの場合、答えがノーになることも」

コールドプレイが感じるであろう不安に目を向け、彼らの視点で、自分がもし同じ立場ならそれを嫌だと思う可能性は十分にあると伝えたのだ。

次に、世界的に有名なバンドが経験の浅い映画制作者を信頼するのはリスクがあるのを認識して、コールドプレイを安心させるために、今回の映画制作チームが過去にいくつか称賛を得ていること、この映画にはベストセラーとなった原作があることなどを説明した。
この制作プロジェクトがすでにまわりからそれなりの評価を得ていることは示せた。

手紙を締めくくるにあたり、チュウは彼にとって一番強力な影響力のスーパーパワーである、情熱と積極性を活用した。

このバンドの曲が現代のアジア系アメリカ人に与える影響について、こう書いたのだ。「彼ら全員に、自分たちに誇りを持てるような賛歌を届けたいのです。あなたたちの歌詞やメロディが、私が最も必要としているときにそう感じさせてくれたように」

手紙を送ってから24時間も経たないうちに、コールドプレイはこの打診を快諾した。チュウは喉から手が出るほど欲しかった曲を使い、映画の最後を感動的なシーンにすることができた。同時に、「イエロー」という言葉に新しくポジティブな意味を与えることも実現できた。

権力も権威もないチュウにも、影響力は使えた。『イエロー』の歌詞を引用すれば、彼はその影響力を「美しいもの」に変えたのだ。

この章のまとめ

主なポイント

- マイクロリーダーシップは、リーダーシップを「リーダーシップの瞬間」

というシンプルかつ本質的な単位に分解する。その瞬間が目の前に現れたとき、あなたはいつでもそれをつかみ取れる。マイクロリーダーシップの実践に、誰かの許可は不要だ。

●肩書がなくても、「権威に頼らず人を動かす力」で変革を導ける。TikTokへの動画投稿でスポーツ界の男女格差を訴えたセドナ・プリンスは、マイクロリーダーシップをフル活用してリーダーシップの瞬間をつかんだ。ジョン・チュウはいくつもの影響力のスーパーパワーを利用して、変革の取り組みに参加するよう世界トップのロックバンドを説得した。

●影響力を使うことに、相手を操ろうとする不誠実さを覚えるケースもあるかもしれない。しかし、「関係性」「共感」「安心感」などの影響力のスーパーパワーを働かせることで、誠実かつ透明性の高い方法で効果的に影響力を行使できる。

演習

●これから1週間、目の前に現れるリーダーシップの瞬間に注目してみる。1日に1回以上、その瞬間に実際にマイクロリーダーシップを実践することを目標にしよう。

8章

「包み込む」ように導く

「こんなリーダーがいたらいいのに」を地で行く

カリフォルニア大学バークレー校の学生であれ、私がプノンペンで指導した水道水アクセスの改善に取り組むチェンジメーカーであれ、私がアドバイスをしたアメリカ中西部のテクノロジー分野のチェンジメーカーであれ、彼らが変革を起こすときに鍵を握っていた共通のスキルがある。それは、「共感を応用する力」だ。つまり、他人の立場で物事を見るだけでなく、その視点から積極的に行動を取ることだ。

私は、その道のりを歩み始めたばかりの多くのチェンジメーカーと知り合える、素晴らしい機会に恵まれている。彼らは変革への純粋なエネルギーと興奮に満ちているが、それをどこに向けるべきかまだよくわかっていないことが多い。

私はそんなチェンジメーカーたちに、シンプルな原則に従うようアドバイスする。それは、**「『こんな〇〇がいたらいいのに』と思える〇〇を目指す」**というものだ。

上司やメンター、親、教師、友達――どんな立場であれ、過去に自分が出会いたかった理想の人物になることを目指す。

これは、共感を実践するシンプルな方法だ。理想の人物に近づこうとすれば、自分に何が足りないか見えてくる。だから、その欠けている部分を意識的に補おうとすることができる。

「こんなリーダーに恵まれたかった」人に自分がなる

これは、私たちが独自のリーダーシップ・スタイルを確立し、定義しようとするときにとくに当てはまる。

過去に「あのとき、リーダーにこうしてほしかった」と思ったことはないだろうか？もしあるなら、それは自分が率いている人たちに同じ思いをさせないようにする絶好の機会になる。

競争の激しい高校に通っていた私は、「心理的安全性」（本章後半で詳述）が不足しているとよく感じていた。だからバークレー校で初めて講義をするとき、教育分野のチェンジメーカーとして、すべての学生を安心させることを自分のリーダーとしての信条にすると決めた――それは何年も前、私が学生の立場だったときに感じたかったことだ。

この章では、あなたが「こんなリーダーに恵まれたかった」と思うような理想のリーダーになる方法を見ていく。他者やチームの能力を最大限に引き出すのに欠かせない、インクルーシブ・リーダーシップと心理的安全性についても説明する。

「インクルーシブ・リーダーシップ」で包み込む

「インクルーシブ（包括的）・リーダーシップ」〔リーダーがメンバーの多様性を重んじ、それぞれの個性を活かしてチームをまとめていくこと〕という言葉を見聞きしたとき、私の頭の中に浮かぶ鮮烈なイメージがある。

それは2019年3月に撮影された、ニュージーランドのジャシンダ・アーダーン首相と、クライストチャーチ在住のイスラム教徒たちの写真だ。

このときイスラム教徒たちは、地元のモスクで発生した銃乱射事件で外国人嫌悪の殺人犯によって50人以上の仲間を殺害されてからまだ丸1日も経過していない状態で、ひどく動揺していた。

非イスラム教徒でありながらイスラム教徒に敬意を示すために黒のヒジャーブを被り、両手の指を重ね合わせて祈る写真の中のアーダーン。その姿勢やまなざしは、彼女のリーダーシップ・スタイルを明確に物語っている。

ドナルド・トランプ米大統領から電話があり、「この悲劇の中でアメリカはニュージーランドのために何ができるか」と尋ねられたとき、アーダーンの答えは明確だった。「すべてのイスラム社会に同情と愛を示してほしい」

一国のリーダーとしてアーダーンが重視したのは、自国内の最も弱い立場の人たちを安心させることだった。自分のことよりも、これらの人々に目を向け、ケアすることを優先させたのだ。

これがインクルーシブ・リーダーシップだ。

もちろん、アーダーンにはリーダーとしての最高の権力と権威が与えられている。だがあらゆるタイプのチェンジメーカーも、自分が関わる小さな集団やチーム、組織で、包括的なリーダーシップを実践できる。

「受け入れる力」で目標達成率が上がる

経営コンサルティング会社のコーン・フェリー社は、包括性（インクルージョン）を**「オープンで、信頼でき、多様性のある職場で、豊富な知識、知見、視点を活用すること」**と定義する。

とても優れた定義だが、私はこれにリーダーシップの視点を与えるため、修正を2つ加えたい。1つは、インクルーシブ・リーダーシップは職場だけにとどまらず、どんなチームやパートナーシップ、集団においても重要で、影響力があるということ。

もう1つは、インクルーシブ・リーダーシップは、人に自分らしく生きる力を与えるということだ。

インクルーシブ・リーダーシップの実践方法を学ぶ前に、まず、それがなぜ重要かを見てみよう。

世界的なコンサルティング会社のデロイトは2017年、インクルーシブ・リーダーシップの影響を測定するために、幅広い業界で働く数千人の従業員を調査した。結果は驚くべきものだった。

主な発見の1つは、たった1人の包括的なリーダーが大きな違いをもたらすことだった。**チームに包括的なリーダーが1人いるだけで、「自分は職場に受け入れられている」と感じる従業員の数が最大70%も増加する。**

また、包括的なリーダーになるにはCEOである必要はない。調査結果は、階級の高くない管理職でも職場に大きな影響を与えることを示している。

包括的なリーダーがいることで生じる良い影響は広範囲に及ぶ。この調査によれば、包括的なリーダーがいるチームのメンバーは、「チームは質の高い決定を下せている」と答えた割合が20%高く、「良いコラボレーションができている」と答えた割合も29%高かった。

リーダーが包括的だと、チームは全体の意見をすり合わせたうえで優れた判断ができる。

さらに、この調査によれば、企業全体に包括的な文化があると、経済的な目標を達成する確率が2倍になり、イノベーションやアジャイル開発〔短期間の開発サイクルを繰り返しながら製品の改良を重ねていく開発手法〕に取り組む確率が6倍になることがわかっている。

つまりデータは、「メンバーが最高の力を出し、チームが成功するためには、インクルーシブ・リーダーシップが不可欠である」ことを明白に示しているのだ。

やってはいけないこと

ニューサウスウェールズ大学の非常勤教授であるジュリエット・バークと組織心理学者のアンドレア・タイタスは、包括的なリーダーになるための6つの鍵を特定する研究を行っている。

まずは、この研究が明らかにした「最も包括的ではないリーダー」の特性に目を向けることから始めよう。

バークとタイタスは、最も包括的なリーダーとの比較によって、包括的ではないリーダーに共通する3つの特性を特定した。

■①「威圧的」である

これは、古いタイプのリーダーによく見られる特徴だ。

長いあいだ、優れたリーダーとは自分の考えを他人に受け入れさせるものと信じられてきた。しかし実際には、リーダーが自分の考えを押しつけようとして威圧的な態度を取ると、まわりは意欲を低下させ、能力を発揮できなくなる。

私は、世間的には成功者と呼ばれているが、部下からは「あの人が会議にいると落ち着かない」と言われる、ある企業の上級副社長にアドバイスしたことがある。デロイトの調査結果に基づけば、この部下たちは包括的なリーダーを欠いているために会議で良い議論ができていないことになる。

私は、彼が「リーダーはいつでも正解を知っていなければならない」と信じていて、そのために会議では常にチームに答えを示さなければならないプレッシャーを感じていることに気づいた。彼は自分の意見を述べる前に相手に質問して、部下が積極的に議論に加われるようにすることを学ぶ必要があった。

そこで、**「正解を知っていると思ったときでも、部下に質問をするように」**とアドバイスした。

もし部下が、彼が考えていたのと同じアイデアを口にしたら、その貢献を褒め、他の部下も安心して自分の意見を述べられるような雰囲気をつくるべきだ、と。

彼はそのアドバイスに従ってくれた。

■②「えこひいき」をする

人種や階級、年齢、性別、さらには共通の趣味や経歴があることなどによっても、えこひいきは簡単に起こる。

若いリーダーが、ベテランよりも同年代の従業員への評価を甘くすることもある。

月曜日の午前中の社内での雑談で、会社が催したゴルフやスキーなどの週末イベントの話で盛り上がり、参加しなかった人が除け者にされることもある。

誰でも、いつも自分以外の誰かが褒められたり、注目を浴びたりすることで、疎外感を味わった経験があるのではないだろうか。

だからこそ、私たちは自らの言動に偏見――とくに無意識的な偏見――がないかを折に触れて振り返り、人に疎外感を与えないようにしなければならない。

■③「聞く耳」を持たない

多様性があり、経験や視点の幅が広いチームは、良いパフォーマンスを発揮し、革新的になる。

しかし、単にチームに多様性があるだけでは不十分だ。**リーダーは日頃から、多様な視点を受け入れる姿勢を示す必要がある。**とくに、リーダーの考えや信念にチームが反対している場合はそうだ。

私が一緒に働いていたあるリーダーは、とてもクリエイティブで、発想も豊かで、自分のアイデアを売り込むのが並外れてうまかった。人よりも先に自分の意見を口にするタイプで、ブレインストーミングでは真っ先に発言し、すぐに自分のアイデアが最高だと全員を巧みに説得して、誰にも口をはさむ余裕を与えない。ときには反論されることもあったが、たいていは誰かに邪魔されることなく、自分の意見を押し通した。

彼が、**「なぜチームに自分しかクリエイティブな人間がいないか不思議に思う」**と言うので、私は**「自分のアイデアをすぐに押しつけるから、他の人はアイデアを提案しづらくなっているだけでは？」**と話し、彼が自分の意見を通したいという衝動を抑えて、他の人たちにアイデアを提案させる余裕をつくるよう働きかけた。

その結果、チームのメンバーは自由にアイデアを出すようになった。彼はメンバーの意見を受け入れる包括的なリーダーになり、多様な視点が歓迎される効果的なブレインストーミングを導くようになった。

「包容力のある人」になる6ステップ

包括的ではないリーダーの特性を特定したところで、次はバークとタイタスが特定したインクルーシブ・リーダーの6つの特性に注目し、これらがすでに学んだチェンジメーカー・マインドセットの側面とどう関連しているか探ってみよう。

■①「目に見える形」で姿勢を示す

リーダーは、インクルージョンを個人としての最優先事項とし、それをチーム内に明示する必要がある。

ここでは、「自分を超える」リーダーであることが重要になる。あなたはリーダーとして、自分が率いたい包括的なチームのビジョンを明確に示せるだろうか？

この決意を実現するために、サーバントリーダーシップを実践できるだろうか？

■②「自分の間違い」を認める

バークとタイタスの言葉を借りれば、これはリーダーが**「自分の間違いを認め、他者が貢献できる場をつくる」**ことだ。

リーダーは「あらゆる問題の答えを知っている必要はないと自覚し、チームに良い影響をもたらすメンバーの貢献を尊重する（かつ、それを行動で意識的に示す）こと」が重要だ。

3章で紹介したエイミー・ウーらによるCEOの謙虚さに関する研究が示すように、これは組織の運営方法や意思決定方法、メンバーに「チームに居場所がある」と感じさせることなどの向上に結びつく。

■③「好奇心」「驚き」を隠さない

リーダーは、チームメイトの立場で物事を考えるために、まず相手の声に耳を傾け、共感を働かせなければならない。

ここで他者（とくに自分とは視点や発想が異なる人）とつながる方法として効果を発揮するのが、5章で触れたスティーブ・ザッカロの「感情の柔軟性」だ。好奇心や驚きを大切にしながら質問することは、包括的なリーダーになるのにも役立つ。

■④「異文化への理解」を持つ

リーダーは、相手の文化を尊重し、必要に応じてそれに合わせていくべきだ。

私はストックホルムで働き始めたばかりの頃、これまで出会った中でもとりわけ包括的なリーダーと呼べるパー・ヴィクトールソンと出会い、これを身をもって体験した。

そのときの私は、オフィスで唯一の外国人（ほとんどスウェーデン語を話せない者）として、初体験する文化の中で戸惑いながら生きていた。

パーは外国人である私を歓迎し、重要な書類を英語に翻訳したり、アメリカの休日（7月4日の独立記念日など）には休暇を取ってもいいと言ってくれたりと、私を職場に馴染ませるために努力してくれた。パーのそうした配慮が心から嬉しかった。

そして、パーの異文化理解が私にとってどれだけ心強かったかを振り返り、社会的に弱い立場にある人々がそうした配慮をされることの大きな価値について改めて考えた。スウェーデンでの体験は、異文化理解を深めるうえでも役立った。1つの文化に慣れていた私は、変革を導くリーダーになるには相手の文化を知る努力が欠かせないと理解した。

パーのような高い文化的知性を持つリーダーがいたおかげで、私は職場で仲間として受け入れられている感覚を味わえた。

■⑤「コラボレーション」で人の特徴を活かす

単なるリップサービスではなく、チーム全員が安心して自分の意見を述べることができ、多様な発想——とくに現状を疑うアイデア——が歓迎される環境をつくること。

3章で見たように、コラボレーションはチェンジメーカーにとって極めて重要だ。変革を導くのに役立つだけでなく、メンバーの特徴を活かす鍵にもなる。

■⑥「自分の偏見」を認識する

人には誰でも死角がある。偏見がなく、実績が正当に評価される環境をつくりたいと思っていても、あなた自身の中にそれを妨げる偏見があるかもしれない。

偏見には、人種や性別、階級、能力など様々な形がある。また、一見無害に見えるが、リーダーの包括性の邪魔をする偏見も存在する。私にもこうした死角はある。それは、起業家と関わる機会が多いことで生じている。

私は起業家の1人として、自分で会社を立ち上げるという、ある意味で無謀な挑戦をする人たちに親近感を覚えている。その結果、StartSomeGoodで初めて従業員を募集したときも、起業経験者ばかりを採用してしまった。

たしかに、起業家タイプには長所もある。だが、運用やロジスティクスなどの実務面を軽視しがちなど、短所も少なくない。

私は自分にとって居心地の良い、起業家タイプばかりがいるチームをつくった。だがそれは、スキルやパーソナリティ（あるいは表計算のワークシートを作成する能力）の面からいえば、包括的なチームではなかった。

誰でも、自分の偏見は認めたくないと思うものだ。なぜなら——現実を直視しよう——それは居心地が悪いからだ。

それでも、バークとタイタスの研究は、**「リーダーが自らの偏見を認識し、同時に謙虚さを持っていると、従業員が職場に受け入れられていると感じる割合は平均25%向上する」**という結果を示している。

この教訓は大きな意味を持っている。人には誰でも偏見がある。だが謙虚にそれを認識し、目を背けることなく、成長型のマインドセットで改善に取り組めば、より包括的な人間に近づけるのだ。

ビジネスに「安全性」を持ち込む

世界中から優秀な人材を集め、野心的な目標を掲げて高成長を遂げるグーグルは、「従業員の心理的安全性が確保されている職場」と聞いて真っ先に思い浮かべる企業ではないかもしれない。

だが実際、同社の心理的安全性は極めて高い。そしてこのような二面性があるからこそ、「従業員やチームが心理的に安全な環境で働ける場所をつくる」というテーマで議論するとき、グーグルは優れたケーススタディになる。

グーグルが何よりも得意なのはデータを扱うことだ。同社がチーム・パフォーマンスを上げるための最大要因を探ろうとしたとき、10万人以上に及ぶ自社の従業員を対象に、DNA解析のような厳密なデータ分析を実施した。

「チームを最も効果的にしている要因は何か?」と尋ねられたとき、とくにその対象がグーグルのような企業である場合、「高度な専門知識があること」「優秀で十分な訓練を受けたエンジニアやビジネスパーソンがいること」などと推測するかもしれない。「アリストテレス」(アリストテレスの有名な命題「全体は部分の総和に勝る」にちなんだもの)というコード名がつけられたこのグーグルの研究プロジェクトの結果を読み始めたとき、私もそう予測していた。

グーグルの研究者たちは、チームの有効性を「4つの視点」に基づいて分析した。

1. 経営幹部による評価
2. チームリーダーによる評価
3. チームメンバーによる評価
4. 四半期のノルマと比較したチームの営業実績

結果は驚くべきものだった。グーグルは、**「本当に重要なのは、誰がチームにいるかではなく、チームがどう協力していたか」**であることを発見した。

とくに、信頼性や目的意識などのチーム特性が重要なことがわかった。**なかでも際立っていた特性が「心理的安全性」だった。**

現状を疑い、イノベーションを起こすことを誇りにするグーグルでさえ、パフォーマンスを高めるために最も重要なのは個人の能力ではなく、「チームの文化」だった。そして、チームの行動において最も重要な側面（統計的にも文化的にも）が、心理的安全性だった。

心理的安全性とは何で、なぜ重要で、どうすればそれをチームにもたらせるのだろう？

「心理的安全性」はたしかに効果がある

この概念を特定し、現代の経営科学に持ち込んだ功績は、ハーバード大学教授エイミー・エドモンドソンにあるといえる。「チームによる目標達成プロセス」の専門家であるエドモンドソンは、グーグルが実施したのと類似したテーマの研究を行っている。

エドモンドソンは心理的安全性を、

・人間関係上のリスクを取っても、チームでは安全が確保されているという、メンバー全員で共有されている信念
・意見を述べても、チームによって恥ずかしい思いをさせられたり、拒絶されたり、罰を与えられたりすることはないという確信
・メンバーが自分らしく振る舞える、個人間の信頼と相互尊重によって特徴づけられるチーム風土

と定義する。

グーグルは、心理的安全性があると、「ミスを認めたり、質問したり、新しいアイデア

を提案したりしても、誰も恥をかかされたり、罰を与えられたりしないとチームメンバーが確信できる」と定義している。

つまり、それは**チーム全員が自分らしさを発揮でき、自分の評判や心身の健康を危険にさらすことなく、意見や主張を述べられる安心感のこと**だ。

心理的安全性を欠く環境で息苦しさを感じてきた人にとっては、自らの能力を十分に発揮して創造的な変化を追求できることは、新鮮な空気を吸い込むように心地よく感じられる。

安心感は「イノベーション」につながる

この概念には多方面から注目が集まっている。

ワシントン大学セントルイス校オーリン・ビジネススクール教授のマーカス・ベアーも心理的安全性を様々な角度から研究しており、とくにイノベーションとの関わりに造詣が深い。

心理的安全性が及ぼすポジティブな影響への理解を深めるために、ベアーやエドモンドソンをはじめとする世界各地の研究に目を向けてみよう。

これらの研究結果は、心理的安全性についての次のことを明らかにする。

・イノベーションが成功する確率を上げ、チームレベルでの全般的なイノベーションも向上する
・従業員が失敗から学ぶ量を増やす
・従業員のエンゲージメントと定着率を高める
・従業員がチームの多様なアイデアを取り入れ、活用するようになる

あなたが正式なリーダーかどうかにかかわらず、チーム内で心理的安全性を確立し、強化するにはどうすればよいだろう？　エドモンドソンの研究に基づくいくつかの提案と、私のチームで成功したアプローチを紹介しよう。

最初の提案は、**チームが取り組む課題を、「実行」でなく「学習」の問題と見なすこと。**課題が学習の問題として提示されると、チームはそこに不確実性（これはどんな変革を求める取り組みをする場合でも、必ず存在する！）があると認識し、互いに協力して解決に取り組もうとするようになる。

課題が単なる実行の問題と提示されると、チームは様々な解決策を探ろうとする発散的思考ではなく、とにかくその課題を終わらせるため、収束的思考に意識を向ける。

このアプローチは効率的ではあるが、課題の解決を学習の機会ととらえた場合と異なり、その過程で得られる様々な意見や視点、アプローチ、アイデア、結びつきを逃してしまう。

2つ目の提案は、**リーダーとして自分もミスをする1人の人間だと認めること**。メンバーのミスを受け入れるために、まずは自分自身のミスを受け入れることから始める。そうすることで、まわりも「自分もミスをしても安全だ」と感じるようになる。

3つ目の提案は、**好奇心の模範を示すこと**。

「リーダーは常に正しい答えを知っているべき」という考えを捨て、「自分には知らないことがたくさんある」を前提とし、好奇心を持って質問していく。そうすることで、まわりも安心して自分のアイデアを推せるようになる。

リーダーが好奇心を示せば、まわりも同じアプローチを取ろうとするようになる。

安心感のつくり方

次に、チーム全員が心理的に安全だと感じられるようにするために、チェンジメーカーが使える戦術を4つ紹介する。

これらはすべて、私が自分の仕事で経験したことに基づいている。

■①アイデア提案の「機会」を与える

リーダーは、最初に出てきたアイデアがとくに問題ないように思え、反論も出てこないようであれば、それをそのまま採用しがちだ。

しかし、これは3章で紹介したＴＫＩモデルに当てはめれば、「コラボレーション」ではなく「妥協」に甘んじるものだ。最も抵抗の少ない方法だが、得られるものも少ない。全員が意見を述べる機会がなければ、誰も安心して提案できず、せっかく良いアイデアがあっても埋もれかねない。

リーダーが「全員が安心して意見を述べられる環境」をつくるには、会議中に1人ずつ意見を尋ねる、会議の前後にアンケートを実施する、ＩＴを活用して誰もが意見を述べられる仕組みをつくる、など様々なものがある。

チームに「全員が自分の意見を安心して口にできる文化」を築くには時間がかかるかもしれない。だが、声の大きな人の意見が優先されるのではなく、全員が積極的に意見できることを、慣習として定着させよう。

リーダーは、全員が「自分はチームの一員として認められている」と感じ、安心して意見を主張できるようにしなければならない。

■②「真逆の意見」を歓迎する

これは相反する2つのシナリオを同時に検討する能力だ。

私たちは、プレッシャーや認知バイアスによって、最初に直観的に浮かんだアイデアを優先したくなる。

とはいえ、たとえ最終的にこのアイデアが選ばれることになったとしても、様々な（とくに、自分とは正反対の）意見を考慮できるリーダーのもとでは、メンバーは反対意見を述べたり、少数意見に同調したりすることに安心感を覚えられるようになる。

■③「前向きな失敗」を求める

スウェーデンで社会起業家向けのインキュベーター「リーチ・フォー・チェンジ」を率いていたとき、私のチームの重要な価値観の1つは、**「誇りを持ち、意識的に、前向きに失敗する」**だった。

週次のチームミーティングは、次の2つの質問に全員が答えることから始めた。「先週の成果は何か？」（チームを目標に近づけるために何ができたか）と、「先週の**『前向きな失敗』**は何か？」だ。

ここで「前向きな失敗」という表現を用いることには意味があった。単に失敗（「重要なメールに返信するのを忘れた」など）してもかまわないという雰囲気をつくるのではなく、失敗がもたらす学びに目を向けられるからだ。

結果、私たちは2つの目標を達成できた。1つは毎週、メンバーが「このチームでは失敗を恐れずに新しい何かに挑戦できる」と実感でき、自分や仲間の失敗から学びつづけられたこと。もう1つは、インターンから経営幹部まで、チーム全員に望ましい心理的安全性を確保できたことだ。

「誰でも失敗するし、ここでは失敗から学び合うことが奨励されている」という価値観が共有されたことで、役割にかかわらず、誰でも安心して自分のミスを認められるようになった。

■④「チーム全体の合意」を得る（とくに、リーダー自身が提案したアイデアの場合）

リーダーであるあなたが、素晴らしいアイデアを思いつくこともあるだろう。

それは素晴らしいことだ。だが、自信満々に自分のアイデアを推そうとすれば、まわりは抵抗を感じるはずだ。

そうならないように、**メンバーにあえて反対の立場からアイデアの欠点を指摘してもらおう**（たとえその人があなたのアイデアに同意していても）。実際に問題点が見つかったら、それはアイデアを改善する良いチャンスになる。

「このリーダーは、容易な答えではなく、最善の答えを求めている」というメッセージをまわりに伝えることで、メンバーはリスクを取り、新しいアイデアを提案するようになる。

困難を「またとない機会」と見る

本書の一番根底にあるメッセージは、「誰もがチェンジメーカーになれる」だ。私は本書が、あらゆるタイプのチェンジメーカーが、自らに忠実な形で変革を導くための、徹底して包括的な戦略書になることを願っている。

とはいえ、チェンジメーカーとしてのアイデンティティを育て、アイデアを現実に変えるスキルを身につけるプロセスは、人それぞれだ。チェンジメーカーとしてのアイデンティティの土台になるのは、私たち個人のアイデンティティだ。

このアイデンティティは、私たちがポジティブな変革を導く様々な能力と関連する――あるものは驚くほど役立つものとして、あるものは私たちの行く手を阻む壁として。

私は本書ができる限り誰に対しても開かれたものになるよう努力するが、自分に死角があるのを知っているし、本書の内容には、読者個人が置かれる状況にはあまり役立たない部分があるかもしれないとも認識している。

ただし、チェンジメーカーは、才能は誰にでも平等に与えられているが、機会は平等に与えられていないと認識している。

ダイバーシティや公平性などの面で、私たちの前には重要な仕事が山積みだ。私たちはチェンジメーカーとして、この現実に積極的に向き合うべきだ――乗り越えられない挑戦としてではなく、他のチェンジメーカーの道をも切り開く、またとない機会として。

「多様性」はパワーになる

まずは、意識的に多様なチームをつくり、貢献することから始めよう。

多様性のあるチームづくりに投資する動機を探すのに、データを見る必要はないはずだ。私は「費用対効果の面からもチームの多様性を高めるべきだ」というよくある意見を耳にするたび、釈然としない気持ちになる。

多様性を高めるための真の動機は、「負の遺産である偏見や抑圧を取り除き、人として正しいことをする」で十分だと思う。

とはいえ、私たちの変革の取り組みにおいては、**データが「多様性はチームのイノベーションやパフォーマンスを向上させる」という明確な結果を示している。**

メリーランド大学のクリスチャン・デズソとコロンビア大学のデビッド・ロスが「S&Pコンポジット1500」の上位企業のジェンダーの多様性とパフォーマンスの関係を調べたところ、**「女性が経営陣にいると企業価値は4200万ドル増加する」**こと、**「イノベーション・インテンシティ」（総資産に占める研究開発費の割合）もジェンダーの多様化に伴い上昇する**ことが明らかになった。

イノベーションと人種的多様性のあいだにも同様の関係が見られる。マサチューセッツ大学アマースト校イーゼンバーグ経営大学院のオーランド・リチャードらは、アメリカの177の銀行で幹部と経営状態の関係を調べ、人種的多様性と革新性に正の相関があることを発見している。

視点の多様性も重要だ。研究者のデニス・ルウィン・ロイド、シンシア・S・ワン、キャサリン・W・フィリップス、ロバート・B・ラウント・ジュニアは、極めて創造的な実験を行っている。

まず、被験者163人に殺人ミステリーを読ませ、犯人当てをさせる。被験者には、民主党と共和党のどちらを支持しているかも尋ねる。

次に、自分の推理が正しいことを別の被験者に納得させるために、自らの推理の正しさを論証するエッセイを書くよう求め、「その相手とは〝誰が犯人か〟についての見解が異なるが、話し合いの後に必ず意見を一致させなければならない」と説明する。被験者の半数には相手の支持政党は自分と同じと伝え、残りの被験者には相手の支持政党は自分と異なることを伝える。

結果は驚くべきものだった。**民主党支持者の被験者は、共和党の支持者と議論すると伝えられた場合に、はるかに熱心に準備をしていた**。同じパターンが、民主党支持者と議論すると伝えられた共和党支持者の被験者にも当てはまった。

件の研究者らは、次のように述べる。

「異なる立場の人とのあいだに意見の相違が生じると、人はより熱心に働くよう促される。つまり人は、自分と考えが違う相手に対して、より真剣に説得しようとするのだ」

リーダーシップには「スタイル」がいくつもある

「自分が出会いたかったリーダーになる」というテーマの本章を締めくくるにあたり、私の講義を受講する学生たちが、最初にこぞって頭を悩ませる問題に取り組みたい。

それは、学期の初めに提出を求める、「自分のリーダーシップ・スタイルを描写せよ」というレポート課題だ。

学生たちは、誰もが目指すべき唯一にして最高のリーダーシップ・スタイルがあると信じている。

本書で説明してきたように、私は優れたリーダーとチェンジメーカーが備えるべき、共感やレジリエンス、勇気、親切さなどのマインドセットや特性があると信じている。だが、リーダーシップのスタイルに唯一絶対的なものがあるとは考えていない。

世間では長いあいだ、「外向的」「社交的」「先見性がある」「自信に溢れている」などといったタイプを典型的リーダーと見なしてきた。

しかしそれは、この極めて狭いリーダー像に当てはまらない多くの人にとって有害だし、社会が紋切り型のタイプの存在しか認めようとしなくなる。

このリーダー像に当てはまらない人は自分のリーダーとしての能力に疑念を抱きやすくなり（残念ながら講義の受講者、とくに女性や有色人種にこの傾向が見受けられる）、結果として持てる力を発揮できなくなってしまう。

はっきりさせておこう。**リーダーシップを実践する方法は1つではなく、チェンジメーカーになる方法も1つではない。**

スタイルを切り替える

StartSomeGoodを率い始めたばかりの頃、私はメンターから心理学者ダニエル・ゴールマンの名著『Leadership That Gets Results（結果を出すリーダーシップ）』（未邦訳）を渡された。

ゴールマンは経営者が用いるリーダーシップ・スタイルを6つに分類し、それぞれの長所と短所を指摘する。

この本に軽く目を通した後でランニングに出かけた私は、走りながら、ひらめきを得た。

「私は長いあいだ、自分のリーダーシップ・スタイルを他人の望みに合わせようとして、**四角いブロックを無理やり丸い穴に押し込むようなことをしてきたのかもしれない**。たとえば、それまでは良好な人間関係の構築を重視していたのに、リーダーの肩書を得たとたん、最終目標を達成することだけに意識を向けなければならないと勘違いしていた。ほかにも、指導やサポートによって時間をかけて部下の能力を伸ばすのではなく、効率を優先し、今すぐすべきことを指示してばかりだったのでは？」

そして私は、大切なのはたった1つのリーダーシップ・スタイルを身につけることではないと学んだ。

大切なのは、チェンジメーカー・マインドセットを適宜当てはめながら、状況に合わせて複数のリーダーシップ・スタイルを使い分けることだ。

私は矢も楯もたまらず、ゴールマンの本をきちんと読むためにランニングを途中で切り上げ自宅に戻り、本を熟読した。

それ以来、状況に応じて6つのリーダーシップ・スタイルを使い分けるようになった。

私にとって、この6つの中には実践しやすいものとそうでないものがあるが、いずれにしてもゴールマンの枠組みが優れていると思うのは、生まれつきの性格や過去のリーダー経験に関係なく、誰もがこの6つのリーダーシップ・スタイルを身につけられる点だ。

■①強制型——「私の言う通りにしろ」

即時に指示に従うことを要求するアプローチで、災害時や大きな方向転換、扱いが難しい部下に対処するときなどに適している。

火災時に避難を指示するときなど、このアプローチが不可欠になることもある。ただし、柔軟性を欠いたり、相手のモチベーションを低下させやすくなったりするなどのデメリットもある。

■②ビジョン型——「私について来てほしい」

人々をビジョンに向かわせるアプローチで、チームが方向性を欠いているときに適している。リーダーは大きな目標を掲げるが、それを達成する最善策を見つける柔軟性と自由はメンバーに委ねる。

ただし、経験が浅く、適切な力量や資格を持っていないメンバーには難しい場合もある。

■③関係重視型——「人が先」

調和を生み出し、感情的な絆を築くアプローチで、チームの士気を高め、メンバー同士の関係を良好にするのに適している。一方で、成績が振るわなくても問題点を指摘せずに放置しがちであるというマイナス面もある。

このタイプのリーダーはあまり助言をしないので、部下は直接的な意見が聞きたくてイライラすることがある。

■④民主型――「君はどう思う？」

メンバーに参加を促して合意形成していくアプローチ。柔軟性や責任感を高め、斬新なアイデアを取り入れるのに適している。

ただし、会議の進行がもたついたり、リーダーが強い方向性を打ち出すことを望んでいるメンバーが戸惑ったりするなどのマイナス面もある。

■⑤ペースセッター型――「私と同じように」

リーダー自身が行動を示すことで、高いパフォーマンス基準を設定するアプローチ。

モチベーションの高いチームではよく機能するが、こうしたスパルタ式についていけなくなったり、リーダーが場を仕切ることに抵抗を覚えたりするメンバーもいる。

■⑥コーチ型――「これを試してみよう」

将来の人材育成や、メンバーの長期的なパフォーマンス向上やスキル開発に適している。意欲のあるメンバーには効果的だが、もともとの向上心が足りないメンバーには効果が薄い。

この6つのリーダーシップ・スタイルのうち、日常的に実践するものとして自分にぴったり合ったものが1つか2つあると感じた人は多いはずだ。

また、これは苦手だ、こんなリーダーにはなれない、と思ったものもあるのではないだろうか。私の学生たちも、たいてい同じような反応をする。

ゴールマンのアプローチは、チェンジメーカーを大きく解放する。なぜならこれは、自分のパーソナリティをたった1つのリーダーシップ・スタイルに合わせる必要はないと示すからだ。

私たちは、状況に合わせて被る帽子を変えるように、チームが直面する状況やニーズに応じてリーダーシップのアプローチを変えられる。

「自分はビジョン型のリーダーだ」といった決めつけをせず、何かを成し遂げるときだけこのタイプのリーダーシップを発揮してみよう。チームから手本を求められているときには、ペースセッター型のリーダーとして振る舞い、その目的を達したら、別のスタイルに切り替えればいい。

チェンジメーキングと同じく、リーダーシップのスタイルにも万能なものはない。誰もが自分らしい方法でリーダーシップを発揮できる。

私たちが「こんなリーダーがいたらいいのに」と思うようなリーダーになることで、まわりの人の力を最大限引き出せるようになるのだ。

この章のまとめ

主なポイント

●心理的安全性は、グーグルが自社従業員を対象にした調査で発見した最重要の成功要因だ。特徴は、メンバー間に信頼と尊敬があり、リスクを取ることが受け入れられ、誰かが発言しても恥ずかしい思いをしたり、発言を拒否されたりしないのが明確であることだ。

●包括的なリーダーになる最善策は、自分の偏見を認識し、改善する謙虚さを持つこと。

●チェンジメーカーへの取り組みにDEI（ダイバーシティ＝多様性、エクイティ＝公平性、インクルージョン＝包括性）の視点を持ち込むのは正しいことだ。多くの人に役立つイノベーションやソリューションを実現する機会をも増やす。

演習

●本章の最後で紹介した6つのリーダーシップ・スタイルのうち、自分が最も得意としているものと、最も苦手としているものは何か、考えよう。これから1週間以内に少なくとも1回、それぞれを実践してみよう。異なるスタイルを試して、どのような違いがあると感じただろうか?

第3部

チェンジメーカー・アクション

現実に、望む結果を実現する

9章 変化を発火させる

アイデアから行動へ

「起業家精神」が十分に発揮されるとき、それは単なる市場参入戦略や事業計画をはるかに超えるものになる。それは自分の価値観や視点、経験を現実世界で形に変える、極めて個人的な試みになるのだ。

これは、私が上海の路地裏で家族のルーツを辿りながら学んだ教訓だ。

第2次世界大戦時、ベルリンやウィーンで暮らしていた私のユダヤ人の親族は、ナチスの台頭で深刻な危機に晒された。

彼らは故郷を離れる決断をする。最初はアメリカへの亡命を企てたがビザが下りなかった。やがて、自分たちを受け入れてくれる場所を見つけ出す。中国の上海だ。

上海は開港地で、書類も必要なかった。私の親族はイタリアのトリエステを出航した定期船での24日間の航海を経て、この異国の地に向かった。

無国籍難民のための制限区域とされたこの場所には約2万人の難民が暮らし、そのほとんどは1945年の終戦までここに滞在した。私の親族は街の中心部から離れたユダヤ人ゲットー（リトル・ウィーンとも呼ばれた）に住むことになった。

約80年後、仕事で上海を訪れた私は、この都市での自分の親族の歴史を調べようとした。

頼りにしたのは、父がくれた、1940年代に上海にいたユダヤ人全員の住所が載っている本だった。この住所を英語に翻訳し、グーグルマップとグーグル翻訳を使って現在の中国の通りの名前に当てはめながら目的地を探した。

何とか目的の住所を突き止めた。そこには、私の祖母の家族が住んでいた建物がまだ残っていた。祖父の家族が住んでいた家の正確な住所はわからなかったが、彼が毎日歩いていたであろう家の近くのさびれた路地裏をしばらく歩き回ることはできた。

彼らが暮らしていた虹口区の中心部にある上海ユダヤ人難民博物館にも足を運んだ。

そこでの経験は起業家精神に対する考え方も変えてくれた。

人を「突き動かすもの」の正体

私の親族が、この移住地で故郷の暮らしを少しでも再現するために、ユダヤ人ゲットーの中心でウィーン風のカフェを始めたという話はよく聞かされていた。

博物館に掲示されていた、「上海のユダヤ人難民の日常にとって大きな意味を持っていた」というキャプションつきのこのカフェの何枚もの写真を目にして、私は自分の親族がどんな思いでこのカフェを営んでいたのか、初めてわかった気がした。

ディスプレイのボタンを押すと、当時のウィーン風カフェの様子が鮮やかに蘇ってきた。ツアーガイドは、郷愁を抱え、慣れない土地での暮らしに苦労していた当時のゲットーの住民にとって、このカフェは人々を結びつけ、大きな喜びをもたらしてくれる場所だったと説明してくれた。

この居住区の住民が、絶望と隣り合わせで生きていたのは間違いない。

しかし、私の親族は行動を起こし、カフェで人々の暮らしに命を吹き込んだ。そこは、コーヒーや軽食を取る以上の場所になった。

私はこのカフェを営んでいた親族に、**情熱や志に支えられた、真の起業家精神を見た。**人の価値観や信念、仕事が、その枠を超えてもっと大きな存在になり得ることを強く実感した。

ミュージシャンのジョーン・バエズは、**「行動は絶望の解毒剤だ」**と言った。車が行き交い、喧騒に包まれた上海の街角に立ち、私は親族のことを思い出した。彼らのこの居住区での暮らしがどんなものだったか想像し、親族がここで行動を起こしたことが、私にとってどれだけ大きな意味があるか、あらためて認識した。

チェンジメーカー・インパクト方程式

ジョーン・バエズの言葉に基づいて、この章はあなたへの挑戦から始めよう。

本書ではここまで、チェンジメーカー・マインドセットを育み、チェンジメーカー・リーダーシップのスキルを高める方法を見てきた。

ここで、「チェンジメーカー・インパクト方程式」と私が呼ぶ式を紹介する。

（チェンジメーカー・マインドセット＋チェンジメーカー・リーダーシップ）×（行動）
＝インパクト

チェンジメーカーが生み出すインパクト（影響、効果）は、マインドセットとリーダーシップに行動を掛けたものである。

言い換えれば、チェンジメーカーとしてあなたが世の中に与えるインパクトは、あなたが変革の取り組みで用いるマインドセットとリーダーシップに、行動を掛け合わせたもので測れるということだ。

授業では、この方程式を示した後、数学や物理を専攻する学生に声をかけ、ある重要な数学の質問に答えてほしいと頼む。彼らは、おそらく聞いたこともないような定理を私が引用しようとしていると期待して目を輝かせる。

だが私は、「ある数にゼロを掛けるとどうなる?」とわざと難しそうな顔をして尋ねる。

「ゼロです」彼らはわけもなく答える。

「では、ものすごく巨大な数字にゼロを掛けたら?」と私はもう一度尋ねる。

「それでもゼロです」

つまり、**たとえどれだけ優れたチェンジメーカー・マインドセットとリーダーシップスキルがあっても、何の行動も起こさなければチェンジメーカーとしてのインパクトはまったく生じない**のだ。

私が知る最も才能あるチェンジメーカーでさえ、新しいアイデアやプロジェクトの第一歩を踏み出すのに苦労している。

だからこの章では、アイデアを実現するために役立つ重要な最初のステップに焦点を当てよう。医学や芸術、スポーツ、ビジネスなど、様々な分野のチェンジメーカーたちがどのように最初の一歩を踏み出したのか、見ていこう。

また、私たち自身が起業家になることはないにしても、起業という広い分野から何を学べるのか探っていく。

■「第一歩」を踏み出す方法

私が共同設立した、世界中のチェンジメーカーを支援するためのウェブサイト「StartSomeGood.com」は、これまでに何千人ものチェンジメーカーが変革の道のりの第一歩を踏み出すのを支援してきた。

私はこのウェブサイトでの活動を通じて、不安を抱えたチェンジメーカーが何もないところから一歩踏み出すには何が必要かについて知見が得られる、素晴らしい機会に恵まれた。

意欲的なチェンジメーカー・プロジェクトで学生たちを支援することとあわせて、私はチェンジメーカーが変革の第一歩を踏み出すのに何が大切かについて、一貫したパターンがあるのを見てきた。

私はこれらの知見を5つの教訓にまとめた。

まずは、主体的に変化に関わる方法に注目しよう――これはフラストレーションや絶望を感じながら、それでも自分には何かができると信じて創意工夫する能力のことだ。

次に、最初に銃弾を、次に砲弾を発射する方法——最初に小さな行動をたくさん取って自信をつけ、後で大きく大胆な行動を取る方法——について説明する。

さらに、自分のアイデアを検証する方法、小さく始めて素早くサイクルを繰り返す方法にも目を向ける。

最後に、思い切って飛躍するタイミングを見極める方法を学ぶ。

手始めに、主体性を育む方法に注目しよう。変化を起こす行動への不安が大きく減り、身近なものとして感じられるようになるはずだ。

「問題解決」としてのアイデア

誰であれ、何に情熱を注いでいるのであれ、私たちは、自分が想像しているよりはるかに主体的に変革に関われる。

ここでは、2組の芸術家が地元で取り組んだチェンジメーキングと、ある国が団結して共同で取った行動を見てみよう。

■「オブジェ」でゴミ問題に、国境に変化を与えた

2018年、インド、カルナータカ州ウドゥピ近郊にあるビマルペビーチには、無数のペットボトルが散乱していた。アラビア海に面したこの美しい海岸線の光景は台無しにな

り、何より環境に大きな被害を与えていた。

地元の彫刻家ジャナルダン・ハバンジェは、問題の解決策を探っていた。

彼は鉄の棒でつくった枠組みに網を張り巡らせてつくった巨大な魚の彫刻、「ヨシ・ザ・フィッシュ」を制作した。このオブジェの脇には、「ヨシはプラスチックが大好き。餌をあげてね」という文言を添えた。

果たしてその結果は？　**魚の形をしたオブジェの中は、人々が拾って投げ入れたペットボトルでいっぱいになった**。ビーチからはゴミが一掃された。このコンセプトは世界中のビーチで模倣されるようになった。

以前のハバンジェは、歯がゆい思いをしていた。自分1人の力では、ビーチのゴミを全部拾うことはできない。だが、それでも彼は変化の媒介となる道を探し、地域社会にポジティブな変化をもたらした。


次に、テキサス州エルパソとメキシコのシウダードファレスにある、アメリカとメキシコの国境で起きた変革を見てみよう。

共に大学教授でアーティストでもあるヴァージニア・サン・フラテーロとロナルド・ラエルは、10年ほど前から国境に設置する屋外アートの構想を抱いていた。そして2019年、強制送還や家族の離別の象徴とも呼べるこの場所に、壁の両側にいる子どもたちが一緒に遊べるように、フェンスを挟む形で明るいピンク色のシーソーを設置した。

この作品は人々を結びつける瞬間を生み出すと同時に、哲学的なメッセージを力強く示した——壁の片側で行動を起こせば、シーソーのように、壁の反対側にいる人に影響を与える。

ラエルはガーディアン紙に、このシーソーが両国にとって「てこの支点」になり、「国境を隔てる壁に喜びや興奮、一体感」をもたらすことを望んでいると説明した。

このアート作品それ自体が、政策や法律を変えるわけではない。

それでも、絶望の中で行動を起こすことで生まれたこの作品は、メディアの注目を集め、国境の壁とその関連政策をとらえ直す新しい視点を人々にもたらした。

■1日で「3億5300万本」の木を植えたエチオピア市民

これらのアーティストが見出した、主体的に変化を起こそうとする感覚は、集団にも当てはまる。

ときには、その規模が巨大になることもある。国レベルでの集団行動がどのように形成されるか、見てみよう。

2019年、エチオピア市民は森林破壊や気候変動に立ち向かうため、一致団結して植林活動に取り組んだ。その結果、とてつもない数の木が植えられた。**たった1日で、2300万人以上のエチオピア人が3億5300万本の木を植えたのだ。**学校は休校になり、公務員にも有給休暇が与えられ、国民はこぞって植林活動に参加した。

気候変動は、誰にとっても手に負えない問題のように感じられることがある。しかし私たち一人ひとりが行動を起こすことを選択すれば、巨大な問題に取り組むための集団的な主体性が生まれる。

行動を起こすことを選択するのは、とくにチェンジメーカーになると決意したばかりの人にとって簡単ではない。何もしないほうが安全で、楽だと感じられることもあるだろう。

そんなときは、「行動しないことも1つの行動である」というファシリテーター兼コーチのブランディ・ニコル・ジョンソンの言葉を思い出そう。

だから、行動することを選択しよう。

「銃弾」の後、「砲弾」を放つ

StartSomeGoodを設立して間もない頃、私は自分が毎日何時間も銀行の担当者に電話したり、決済代行サービス会社に頼み事をしたりすることになるとは想像していなかった。

世界中のチェンジメーカー支援を目標にしていた私たちは、最初からこのウェブサイトをグローバルなプラットフォームにすることに全力を尽くした。刺激的な試みだったが、私の忍耐力と、一日中カスタマーサービスと電話する能力も試された。

私たちは、「タイのベンチャーにメキシコから出資する」といった取引をウェブサイトを通じて支援する難しさを十分に理解しておらず、為替市場についても嫌というほど学ばなければならなかった。

私たちは、世界を変革しようという理想に燃えていた。だがスタッフやスキルが限られているのに、いきなり複雑なことに取り組んでしまった。そのため、私はウェブサイトやコミュニティを構築するというよりも、世界各地の10人以上のコールセンターの担当者（ファーストネームで呼び合う仲になった）に一日中助けを求めなければならなかった。

着実に一歩ずつ前に進もうとせず、いきなりグローバルになろうとするミスを犯したのだ。大きな変化を早急に求めようとするのは、チェンジメーカーにありがちな過ちだ。

■「小さなテスト」を繰り返す

大学の私のオフィスに、サマルという学部生が相談に来た。優れた水泳選手で、水泳コーチのアルバイトに情熱を燃やす彼は、独創的な水泳テクニックを子どもたちに伝授したがっていた。

だが、水泳クラブのマネージャーは、従来のカリキュラム以外のことを教えるのを許可してくれないと言う。

サマルは変革を起こしたがっていた。チャンスさえあれば、若い水泳選手の可能性を引き出せると確信していた。

だがマネージャーは絶対的な力を持っているし、新しいテクニックに対する反応も否定的だ。どうしても現状にノーを突きつけたかったが、目の前には大きな壁が立ちはだかっていた。

私は、本書で触れたモーテン・ハンセンやジム・コリンズのアドバイスを思い出した――それは**「まず銃弾を、次に砲弾を発射する」**というものだ。

ハンセンとコリンズは大企業の戦略を分析し、傍目には大きな賭けのように見える大企業の戦略も、**実際は小さなテストを積み重ね、それによって自信を得たうえで実行されているケースが多い**と指摘する。

アップルにとってiPhoneは大きな賭けだった。だが突然この製品を誕生させたのではない。同社はまず2001年にiPodを試し、2003年にはiTunesミュージックストアをオープンさせている。

いわばこれは銃弾だった――標的に弾を命中させられるか確かめるための、小規模なテストだった。ターゲットがどこにあり、どうすればそこに弾を到達させられるかの感覚を得た後で、アップルは2007年、iPhoneという砲弾を発射した。

基調講演でポケットからiPhoneを取り出したスティーブ・ジョブズを見て、聴衆は唐突に大胆な行動を取ったと思った。

しかしジョブズはそれ以前に「銃弾」によってデータを得ていた。だから、確信を持ってｉＰｈｏｎｅを発表できたのだ。

■効果があったら広げていく

変革の取り組みは、一度しかチャンスがなく、成功するか失敗するかはその瞬間にかかっていると見なされがちだ。

サマルも、新しいテクニックを教えるという提案をするチャンスは一度しかなく、それはお互いの意見を激しく戦わせるようなものになると考えていた。全体を新しいものに書き換えたカリキュラムをマネージャーに受け入れてもらえなければ、アルバイトを辞めることも覚悟していた。

だが私は、新しい提案を関係者全員にいきなり受け入れてもらうのはハードルが高すぎると思った。おそらくサマルの試みは失敗に終わるだろう。

その代わり、少しずつ提案を受け入れてもらい、フィードバックを得ながら自信を深めていったらどうかとアドバイスした。**大きな変革に挑むのは、機が熟してからでいい。**

このコンセプトを水泳を教える際にどう活かせるか尋ねると、サマルはすぐに優れた答えを返してくれた。

一部の子どもに新しいテクニックを教えて効果を確かめることもできるし、レベルが上の子どもたちの中から志願者を募り、別のコーチと一緒に新しいテクニックを1時間程度教えることもできる。まず自分で効果的な水泳技術の手本を示してもいい。

私のもとへ相談に訪れたとき、砲弾を発射する以外に変革を起こす手段を見つけていなかったサマルは、理想と現実のギャップを埋める手段としての小さな銃弾のアイデアをいくつも抱えて去っていった。

その後、水泳クラブのマネージャーを説得して、子ども1人に新しいテクニックを教える機会をもらった。その子どものタイムが伸びたことで、新しいテクニックを教えやすい環境が整った。

カリキュラム全体を見直したりはしなかったが（少なくともそれから数か月以内は）、テクニックを少しずつ教えていった。それはサマルにとっても水泳クラブにとっても好ましいことだった。

Column

「イノベーターのジレンマ」を乗り越える

イントレプレナーシップは「企業内イノベーション」の意味でとらえられることもあるが、私はもっと広い文脈でこの概念を考えたい。

ロンドン大学ユニバーシティ・カレッジ（UCL）教授のトマス・チャモロ・プレムジッ

チは、これを「大規模で従来型の組織の生態系の中で、起業家のように行動すること」と説明している。

イントレプレナーとは、旧態依然としたアナログ中心のビジネスをデジタルファーストの世界に適応させられる人のことであり、新たな製品やサービスを立ち上げるために社内の政治や障壁を巧みに切り抜けられる人たちだ。

イントレプレナーは、経済学者クレイトン・クリステンセンが「イノベーターのジレンマ」と呼ぶ、優れた企業は新しいテクノロジーに適応できない場合が多いという問題に対処できる人のことである。

クリステンセンは同名の書籍で、**企業を成功に導いたビジネス手法が踏襲されつづけると、イノベーションが生まれにくくなるため、最終的にその企業は衰退する**と指摘する。

イントレプレナーは、組織が成功を収めていても、イノベーションを継続させる変革を導ける稀な能力を持つ人たちのことなのだ。

しかしマイクロリーダーシップの概念が示すように、変革を導くのに起業家である必要も、社内起業家である必要もない。私たちはもっと小さく単純な方法で変化を生み出せる。チェンジメーキングは、アントレプレナーシップ（起業家精神）やイントレプレナーシップ（企業内起業家精神）よりもはるかに誰の手にも届きやすい。

重要なのは、チェンジメーカー・マインドセットとチェンジメーカー・リーダーシップスキルを組み合わせて行動を起こすこと。

とはいえ私の講義を受講する学生の多くは、イントレプレナーの事例から多くのインスピレーションを得る。なぜならそれは、働き始めてすぐに、自分の居場所で変革の機会を見つける視点を与えてくれるからだ。

とくに大組織や従来型の組織に勤める場合はそれが当てはまる。

「アイデア」を確かめる

次のセクションで学ぶように、「リーン・スタートアップ」と呼ばれるビジネス方法は、従来型の意味でのスタートアップの概念を超えてはるかに広い分野に適用でき、自分のアイデアにさらに追求する価値があるかどうかを確認する最適な方法といえる。

チェンジメーカーは、変革のアイデアが有効なものか自信がないために行動を起こせないケースがとても多い。

そこで、ここではよくある疑問を先取りし、チェンジメーカーが、アイデアが行動に移すに値するか検証するための、効果的で実行しやすい2つの手法、**「データに基づいた考察」**と**「実世界での経験」**について説明したい。

■「データ」に動かされたハリス

ナディーン・バーク・ハリスは医大を卒業したのち、2005年にサンフランシスコで医師として働き始めた。

開業して3年ほど経った頃、ある医学論文を読んだ。それがきっかけで、自らのキャリアを大きく変えるアイデアが浮かんだ。

この論文はヴィンセント・フェリッティが書いた「小児期の有害な経験と成人期の健康との関係：金が鉛に変わる」というタイトルのもので、サンディエゴで行われた調査に基づき、離婚やアルコール依存症の親などのネガティブな小児期体験（ACE）があると、将来的にがんや心臓病など様々な健康上の悪影響につながりやすいことを明らかにした研究が紹介されていた。

この厳密な医学研究に裏づけられたアイデアが、ハリスの変革への取り組みの礎となった。

彼女はTEDで講演をしてこの問題の認知度を高め、医師が子どものACEを検査し支援するための新しい臨床モデルをつくるパートナーシップを設立した。

その後はカリフォルニア州初の公衆衛生局長官となり、公共交通機関から公共教育、公衆衛生に至る、州全体を対象とした有害ストレスの認知度向上と対策を指揮した。

ハリスのチェンジメーカーとしての仕事は、たった1つのアイデアから生まれた。そのアイデアはデータと研究に基づくものだった。

■ナイキの格言に動かされたマクラッケン

ネイティブ・アメリカンのフォートペック・スー族、アシニボイン族の血を引くサム・マクラッケンは、1997年にオレゴン州ウィルソンビルにあるナイキ社の倉庫で働き始めた。

3年後、彼は生まれ育った地域社会と職場での経験すべてに根差したアイデアを思いつく。それはナイキのブランドとリソースを活用し、先住民族の人たちのスポーツ参加を促す、先住民族に触発された商品を開発するというものだった。

マクラッケンは、なぜこれが価値あるアイデアと判断できたのか？「自分のコミュニティにニーズがあると聞き、耳を傾けた」と彼は言う。

マクラッケンは、「N7」〔「7世代後のことを考えて決断する」というネイティブ・アメリカンの部族に伝わる哲学を表している〕シリーズと銘打ったシューズや衣料品を開発し、これらの製品の売上を資金とする「N7ファンド」を立ち上げた。

このアイデアは、「革新することが我々の本質である」「正しいことをする」といったナイキの格言に支えられていると言う。「私はインスピレーションを得るために、ナイキブランドを活用した。ナイキにはこうした格言が11あり、私はそれらすべてからヒントを得た」

同ファンドは現在までに800万ドル近くを集め、50万人以上の子どもを支援している。

変革のアイデアのヒントは、ハリスのように研究結果から得られる場合も、マクラッケンのように個人的、職業的な体験から得られる場合もあり、どちらも効果的だ。

「このアイデアは追求する価値がある」という自信がついたら、それを実現するうえでの障壁や不安を取り除くために、これから説明するリーン・スタートアップの手法を活用してみよう。

「リーン・スタートアップ」で素早く判断する

リーン・スタートアップは、エリック・リースの著書『リーン・スタートアップ』(日経BP)によって普及したビジネスモデルで、アイデアに追求する価値があるかどうかを素早く判断できる。

「スタートアップ」という言葉が含まれているものの、このアプローチは従来のスタートアップの枠組みをはるかに超えた幅広い変革の取り組みに役立つ。

実際、私は多くのチェンジメーカー、とくにスタートアップやビジネスの環境とはかけ離れた場所にいる人たちが、このコンセプトを活用して様々な変革に取り組むのを手助けした。

芸術や科学、地域社会など、変革の対象がどのようなものであれ、リーン・スタートアップはアイデアを形にし、行動を起こすのにとても効果的な手法だ。

リーン・スタートアップの逆は何か？　長い開発サイクル、高い初期費用、遅いフィードバック、そして多くの無駄な時間やエネルギー、資金を費やして製品をつくることだ。

■「プロトタイプ」で確かめる

リーン・スタートアップは「構築—計測—学習」ループと呼ばれるサイクルで構成される。

まずは対象となるアイデアから始まる。それは起業のアイデアでもいいし、製品の新機能や、新しいテクノロジーに関するアイデアでもいい。サマルの効率的な水泳のテクニックもこれに当てはまる。

次に、このアイデアを基にして**「実用最小限のプロダクト」（MVP）**を構築する。これは、アイデアが有効かどうかの判断材料となるユーザーからのフィードバックを得るために最小限の労力で作成する、最もシンプルな試作品だ。

MVPには様々な形態がある。

・ドロップボックスの共同創業者ドリュー・ヒューストンには、ファイル同期アプリのビ

ジョンがあったが、開発するには莫大な費用がかかるのを知っていた。そこで、このアプリでどんなことが可能かを示す模型の動画を撮影し、掲示板型ソーシャルニュースサイトの「Reddit」（レディット）に投稿した。好意的な反応が多かったため、このアプリには大金を投じて開発する価値があると自信を深められた。

・Pebble（ペブル）はアップルウォッチのはるか以前に登場した初期のスマートウォッチだ。開発企業はスマートウォッチに需要があることに確信が持てなかったので、まずMVPで実験した。この製品のコンセプトをクラウドファンディングサイトのKickstarter（キックスターター）に発表し、数か月後に製品を提供する条件で出資者を募ったのだ。この方式は奏功し、Pebbleは製造コストを事前に調達でき、この製品への需要も確認できた。これは、Kickstarter史上最も成功したキャンペーンになった。

MVPを構築したら、データを収集してユーザーの反応を測定する。これらのデータによって、アイデアについての最初の仮説が正しいかどうかを判断できる。

これは科学的手法と強い結びつきがある。リーン・スタートアップは、アイデアをテストに変換し、そこから学びを得るのに役立つ手法なのだ。

■リーン・スタートアップは「失敗」しない

MVPは、必ずしもドロップボックスやPebbleのように成功するとは限らない。それでも、テストをすることに大きな価値がある。

私たちにとって最も貴重な、取り返しのつかないリソースは「時間」だ。「うまくいかなかったMVP」は、多くの時間を無駄にする前にアイデアに価値がないことを伝えてくれる、私たちにとって価値ある贈り物になる。

リーン・スタートアップに「失敗」はない。あるのは「検証された学習結果」だけだ。たとえば、中学生向けの放課後家庭教師プログラムを開始しようとしたが、MVPでテストした結果、利用者が誰も現れなかったとしても、それは失敗ではない。

これは「このアイデアは有効ではない」という価値ある情報なのだ。「中学生向けの放課後家庭教師プログラムは、採用すべきアプローチではない」と検証できたということだ。

次に、この検証された学習結果に基づき、新たなアイデアを検証するためにサイクルの最初に戻る。

今度は、高校生向けの放課後家庭教師プログラムを試してみてもいいかもしれない。あるいは、金脈が眠るのは中学生向けの週末家庭教師プログラムかもしれない。

リーン・スタートアップでは、新しいアイデアを考案し、MVPを構築し、テストによって測定し、データから学習するという「構築—計測—学習」のループを何度も繰り返す。

変革のための、まったく修正を必要としない完璧なアイデアを、誰かがいきなり思いつくことはまずない。**どんなに優れたアイデアも、リーン・スタートアップと同様、軌道修正しながら、そのアイデアの有効性に対して少しずつ確信を深めていくことになる。**

リーン・スタートアップは、アイデアをさらに追求すべきかどうかを憶測でなく検証を通して判断できるツールだ。

思い切ってジャンプする

アイデアを羽ばたかせるとき

変革には恐れがつきものだ。とくに、先頭に立ってそれを率いる場合はなおさらだ。私は講義で学生たちに「アイデアを世に出すことには必ずといっていいほど不安が伴う」事実を伝えるために、これから紹介する話をよく用いる。

誰でも、変化を起こそうとするときには恐怖を感じるものだ。ただしこの感覚は、アイデアを自分の頭から解き放ち、「世界に向けて羽ばたかせるときが来た」というサインの場合が多い。

恐怖と正面から向き合うために、友人と私は生まれて初めてのスカイダイビングに挑むことにした。しかも、チケットはあえて共同クーポン購入サイトのグルーポンを利用して格安のものを買った。世の中には割引クーポンを使うべきではない対象がある。スカイダイビングはその筆頭だ。

幸い、私は命を失うことなくこうしてそのときの体験談を人に伝えている。

飛行機に乗る前から、気になる兆候があった。

まず、私は空港から飛行機が離陸するものと思っていたが、そうではなかった。私たちが集合したのは、地面の土があちこち見える、雑草だらけの空き地のような場所だった。ジャンプの方法について、事前にあらゆる事態への対処を想定した訓練を受けると思っていたが、あったのは10分間の説明だけ。最大の収穫は、立ったまま着地しようとしてはいけないという基本を教わったことだ。

安全対策を完璧に身につけたプロが自分と一緒にジャンプしてくれると思っていたが、私と一緒にジャンプするチャックという男は、実はプロのインストラクターではなく、プロが病欠したときの代理をする臨時のボランティアだった――ということを、私は飛行機に乗って初めて知った。

軍用機のようなしっかりした飛行機が使われると思っていたが、それも違った。私たちが乗り込んだのは、第2次世界大戦の時代から使われつづけているようなポンコツで、パイロットもパラシュートをつけていた（それを見た私の不安はさらに増した）。

私はスカイダイビングに挑戦したこの日に、フルタイムの仕事を辞めて、StartSomeGoodの仕事に集中しようと決意を固めた。昼間の仕事は好きだったが、毎日

9時から5時まで働いた後で、急成長していた社会起業家支援サイトを運営しようとすると、午前3時まで起きていなければならない。人間らしい生活ではなかったし、どちらの仕事も中途半端になり、まわりに迷惑をかけていた。

飛行機が上空約3キロの高さに達した。チャックに紐で縛りつけられた私は、足を機外にぶら下げている。そろそろジャンプすべきときだ——。

オンボロの飛行機の扉から、下界を見渡した。頬に激しくぶつかる強風に、いっそう恐怖を煽られる。それはあたかも、岐路に立ち、アイデアを世に出すことを決意しようとするときに感じる恐ろしさに似ていた。しかし、いつかはパラシュートを確認して、ジャンプするときが来る。

前述した研究者でベストセラー作家でもあるブレネー・ブラウンは、脆弱性の反対側にあるのは勇気だと説いている。そして、おそらく私たちが最も脆弱さを覚えるのは、自分自身や自分のアイデアを世の中に出すときだ。

スカイダイビングには身体的な危険が伴うが、変革のアイデアを世に出すときには、心理的に同じような危険を感じる。

私はその日、2つの大きく恐ろしい飛躍をした。飛行機から飛び降りることと、どうしても追求したかった変革に飛び込むことだ。

飛行機から飛び降りるのは完全に論理的なことではないかもしれない。

自分のアイデアを世に出さないほうがいいと思わせる理由もいくらでもある。安全で、楽な道を歩めばいいじゃないかと、様々な声が私たちに語りかけてくる。

しかし、本書を手に取ったあなたには、チェンジメーカーとして世の中に変化を起こすアイデアがあるはずだ。

勇気を出し、恐怖を感じながら、脆弱性を受け入れ、それでも行動を起こしてほしい。飛躍してみてほしい。

この章のまとめ

主なポイント

- チェンジメーカーにとっての行動とは、チェンジメーカー・マインドセットとチェンジメーカー・リーダーシップを実践して、インパクト（影響力）を生じさせることだ。
- アイデアの裏づけがデータであれ実体験であれ、リーン・スタートアップの「構築―計測―学習」のモデルを用いれば、早い段階でその有効性をテストできる。

演習

- リーン・スタートアップはスタートアップだけでなく、あらゆる種類の変革に適用できる。実現したい変化は何かを考え、MVPを考案して小さな一歩を踏み出そう。

10章

変革が難しいとき

「みんな」をつかう

「あのときは、『どうしよう。なんとか気持ちを落ち着かせなきゃ』とものすごく緊張していました」

キャロリン・デイビスはアーカンソー大学の会場を埋める2万5000人の大観衆の前で3分間の演説をする直前の心境を振り返った。彼女の直前に舞台に立った講演者に、客席からブーイングが浴びせられるのを耳にしたばかりだった。

「次は私の番だと思うと、心臓が止まりそうでした」

一見すると、デイビスはスーパーマーケット・チェーン最大手ウォルマートの経営陣や数万人の株主に向かって発言をする立場の人物ではなさそうに思える。

彼女はノースカロライナ州アウターバンクスにある同スーパーの従業員だ。彼女が暮らす町べイボロの人口は1210人。2017年6月の当日、会場にいた聴衆の5％に満たない。

自ら進んでスポットライトを浴びようとしたことは一度もなかった。ましてや、職場で問題点を指摘すればリスクが生じるのはわかっていた。

だが後に本人がポッドキャスト「WorkLife」で回想するように、「従業員を助けたいという思いのほうが、自分が解雇されるかもしれないという不安に勝っていた」。

「数の力」をつかう

デイビスは子ども2人を育て上げた母親で、孫も1人いる。その体験が、職場で目にしたある問題をきっかけにチェンジメーカーとして立ち上がる決断につながった。

妊娠中の同僚が、不安を覚えていた。出産と育児のために仕事から離れているあいだ、どうやって生活費を確保するかという問題に悩まされていたのだ。

デイビスは、会社の幹部が給料全額保証の育児休暇を10週間取れるのに、従業員の場合は最長でも6〜8週間しか取れず、支給額も給料の半分であるのを知っていた。

状況を変えるために、自分に何ができるか?

デイビスはまず、職場で様々な人の意見を聞くことから始めた。

その結果、多くの従業員が同じ問題で苦労していたことがわかった。デイビスは次に、SNSを使ってさらに幅広い従業員と問題を共有しようとした。

その後、従業員が本当に求めていることを明らかにするための調査を実施し、ウォルマートの経営陣に同社の方針を変えることを求める嘆願書を作成した。数百人程度の署名が集まることを期待していたが、デイビスはすでに全米規模の従業員の心を動かしていた。なんと10万人以上の従業員の署名が集まった。

「大きな集団に支えてもらうとき、大きな違いが生じる。まさに数の力を実感したわ」

不利な戦いであることは重々承知していた――一従業員という立場だったし、会社の方針が簡単に変えられないのも知っていた。

それでも、従業員の声を会社の上役に届けたいという思いと、大勢の仲間がついているという心強さ（匿名であることを選んだ従業員も、署名の代わりにメールで励ましの言葉を送ってくれた）があった。この取り組みに大きな意義を覚え、前に進みつづけようという意欲を保てた。

デイビスは仲間の従業員とともに、署名用紙を入れた箱をウォルマートの最高経営責任者のオフィスに届けた。

それからほどなくして、人前でのスピーチが苦手なデイビスは、大観衆のいる会場でマイクの前に立った。２万５０００人の視線が、舞台に立つ彼女に注がれた。

「１３００号店のキャロリン・デイビスです。ノースカロライナ州アウターバンクスにあるウォルマートの従業員として、日々、誇りを持って顧客にサービスを提供しています」

彼女は話し始めた。

デイビスは次に、変革の必要性をはっきりと訴えた。

「この店で働く人たちを、大切にしてほしいのです。ウォルマートの従業員に、生まれたばかりの子どもと親子の絆を深める時間をもっと与えてください。女性の幹部は、10週間の有給育児休暇を取得できます。時間給で働く従業員にも、同じ権利を与えてほしいのです」

彼女は残りの3分間、全従業員が公平に扱われるべきであり、出産後もお金の心配をせずに赤ちゃんと一緒に時間を過ごしたいという同僚の希望は叶えられるべきだと主張した。

■「他の人の声」を代弁する

デイビスは大勢の仲間の支持を集め、他の従業員の声を代弁することで、大きな山を動かした。ブーイングを浴びた直前の講演者とは違い、大喝采の拍手と「その通りだ！」というかけ声が会場に響き渡った。

デイビスはもともと、声の大きなタイプではなかった。だが、小さなステップを積み重ねることで、何万人もの後押しを受けながらマイクの前で情熱的なスピーチができた。

数か月後、ウォルマートは育児休暇の内容を変更すると発表した。今後は時間給の従業員を含む全従業員が10週間の有給育児休暇を取得できる。

デイビスは、これが実現したことがまだ信じられないと言う。

「報復を恐れて匿名を望んでいた従業員からも、祝福や感謝の言葉を伝えるメールが次々に届きました」

変革の取り組みを始めたとき、デイビスは不利な立場にいた。だが本章でこれから学ぶように、彼女は変革を推し進めることが困難なときに取るべき、「幅広い関係者を独創的な方法で巻き込む」「現状維持バイアスを乗り越える」といった効果的なアプローチを採用していた。

変革の取り組みを推進しつづけるための戦術を見ていこう。これらを活用することで、デイビスと同じように、道のりの途中で恐怖や不安に直面しても、変革を導くために一歩前に出る機が熟したと判断できるようになる。

変革の道のりで出会う人たち

ノーブル・コレクティブ（NOBL Collective）は、変革を導く個人やチームを支援することを目的とした、組織心理学者とチェンジマネジメントの専門家から成る集団だ。彼らは「変革を導く際によく出会う3つのタイプの人たち」を特定している。

これは、変化を起こすのが難しい場合の対策を考える際に大いに役立つ知識になる。この3タイプは**「擁護者」「皮肉屋」「傍観者」**と呼ばれている。

■擁護者

擁護者とは、私たちが伝える変革の可能性に熱心に賛同してくれる人のことだ。

ノーブル・コレクティブは、

- **プロジェクトや意思決定を任せる**
- **(可能であれば)提案を受け入れる**
- **熱意に感謝する**

などによって「擁護者を巻き込む」ことを推奨している。

StartSomeGoodにとっての最初の擁護者は、おそらくクレム・アウヨンだ。彼が突然メールを送ってきたとき、驚いた私は目を疑いながら何度も文面を確認しなければならなかった。私たちのビジョンに大きな感銘を受け、インターンとして働かせてほしいのだと言う。

組織図や名刺すらなかったStartSomeGoodに、インターンシップ・プログラムなどなかった。それでも、私たちが目指すことがクレムの心に響いたらしいことはよくわかった。私たちは、彼をインターンとして採用することをその場で決めた。

そのときの私にはクレムにどんな能力があるのかまったくわからなかったし、そもそも彼にどんな仕事を頼めばいいのか見当もつかなかった。それでも、メールの文面から彼が私たちのミッションの擁護者だということはわかったし、ぜひ一緒に何かがしたいと直感した。

クレムはその後2年間、様々な能力を発揮してStartSomeGoodに貢献し、徐々に責任範囲も大きくなっていった。彼は私たちの組織とチームに忘れられない足跡を残した。

クレムは最初から擁護者だった。彼がビジョンに情熱を注いでくれたことは、私たちにとって本当に幸運だった。擁護者は、変革のムーブメントを推進してくれる。

■皮肉屋

皮肉屋とは、変化に積極的に反対する人たちのことだ。

ノーブル・コレクティブは、「皮肉屋のネガティブな態度は、煩わしく感じられることもある」と指摘する。実際、変革を推し進めるうえで皮肉屋と関わり、彼らを説得しようとすると、膨大な時間を無駄にすることもある。

しかし、ここにはからくりがある。それは、「皮肉屋は失望した理想主義者に過ぎない」とも見なせるということだ。つまり、彼らは変化に期待していたが、求めていたものが得られずに不満を抱いているだけかもしれないのだ。

傍観者と異なり、皮肉屋は少なくとも変革の取り組みに積極的に関わろうとしている。だからこそ、皮肉屋には「重要なこと」を示すべきだ。

行動は、言葉よりもはるかに大きなことを伝えられる。もしそれに成功すれば、最もたちの悪い皮肉屋が、最も熱心な支持者になってくれるかもしれない。

私もStartSomeGoodの初期に、次のような経験をしたことがある。

私たちのウェブサイトは当初、新しいテクノロジーを採用する際につきもののバグに悩まされていた。失望したユーザーから、ありとあらゆる苦情のメールが届いた。

誕生したばかりのスタートアップがこれほど大きなユーザーの怒りを生み出すことが、私にはうまく理解できなかった。それでも、私は彼らに反論したり、私たちのプラットフォームに対する彼らの不満が正当なものではないと主張したりはしなかった。彼らの不満に耳を傾け、何とかしようとした。

たとえば、ある機能がウェブサイトにないことに不満を述べた人がいたら、意見を述べてくれたことへの感謝を伝えた。そしてその機能を実装したときにはすぐにその人に連絡し、試しに使ってみてほしいと依頼した。

私たちがユーザーの要望に応じられる組織であると証明したことで、怒りに満ちたメールを送ってきた皮肉屋は、私たちの最も頼もしく、熱心な支持者になってくれた。

ポジティブな行動を示せば、手厳しい皮肉屋も態度を変えてくれるのだ。

■傍観者

傍観者とは、変革においてどう行動すればいいのかわからない人たちのことだ。

ノーブル・コレクティブは、「小さな一歩を積み重ねた後で、擁護者や心変わりした皮肉屋に傍観者の面倒を見てもらうべき」とアドバイスしている。「ダンシング・ガイのリーダーシップ・レッスン」の動画でも見たように、いったん取り組みに勢いがつくと、頑固な傍観者も動き出すことが多い。

私も、StartSomeGoodで展開していた資金調達キャンペーンでそれを目の当たりにした。このキャンペーンでは、チェンジメーカーは資金調達目標（範囲は数百ドルから数十万ドルまで幅広かった）と、目標到達までの期間（24時間から60日間）を設定する。資金を受け取れるのは、期限内に資金調達目標を達成した場合のみ。達成できなければ資金は一切得られない。

運用開始から2年が経過した頃にデータを分析したところ、驚くべきパターンが見つかった。その時点までに実施した数百件の資金調達キャンペーンの中で、**目標の42％に達した案件はすべて最終的な資金調達目標に達していた。**

つまり目標の42％に到達できれば、実質的に100％の確率で資金を手に入れられるというわけだ。

傍観者の存在を考慮すると、その理由が見えてきた。

キャンペーンの初期段階で出資するのは、擁護者である可能性が高い。一方の傍観者は、キャンペーンに応募している会社の事業内容が興味深いと思っても、提案されている変革の実現能力については懐疑的かもしれない。しかし、擁護者たちが熱心に支援をし、キャンペーンが盛り上がりを見せると、傍観者はこの流れに乗りやすくなる。

逆に初期の擁護者による支援が盛り上がりに欠ける場合（目標の42％に到達できない場合）、傍観者はそのまま動かない可能性が高い。

つまり**傍観者を引き込むには、擁護者の力を借りて早い段階から勢いをつけることが大切だ**。そうすることで、変革の取り組みをさらなる高みに引き上げやすくなる。

「支持の高まり」を示す

ウォルマートで有給育児休暇の改善運動を推進したキャロリン・デイビスのケースは、変革への取り組みで出会う3タイプの人にそれぞれどのように対処すればいいのかをよく示している。

彼女はまず、擁護者を増やすことから始めた。彼らは率先して嘆願書に署名し、デイビスの住むノースカロライナとは別の地域にある店舗で仲間の従業員にこの問題の呼びかけをした。

従業員の多くは、デイビスの主張に賛成していたが自ら声を上げるのを恐れていた傍観者だった。しかし、取り組みの序盤で擁護者が増えていくと、その流れに加わるようになった。小さな集団から始まったキャンペーンは大きなうねりとなり、その数は10万人規模にまで膨れ上がった。

デイビスは、この規模の変革を実現することを疑問視する多くの皮肉屋にも直面した。彼女は彼らの意見を歓迎し、説得力のあるスピーチと支持の高まりを示すことで、相手の考えを変えていった。

「ベスト」で投薬ミスが88％減った

サンフランシスコのＵＣＳＦヘルスは、医療に関する研究やイノベーションの最前線に位置する組織だ。

あるとき、「統合ナース・リーダーシップ・プログラム」の責任者ジュリー・クライガーは、驚きの傾向に気づいた――投薬ミスだ。

薬の種類や量を間違えて処方すれば、命にかかわる問題になる。にもかかわらず、投薬ミスは、同病院における医療ミスの最大の割合を占めていた。

彼女は事態の深刻さを理解したうえで、「私たちは、どうすれば投薬ミスを減らせるだろう？」という視点で、謙虚さをもって問題に取り組んだ。看護師を非難すれば解決できる問題ではないと思ったからだ。

クライガーは問題の解決に飛びつこうとはせず、ベイエリアにある複数の病院の看護師の仕事ぶりを観察することから取り組みを始め、意外な事実を突き止める。それは、看護師の作業が頻繁に医師によって中断されていたことだった。

医師だけでなく、仲間の看護師さえも、背中を向けて立っている看護師を見て調剤中だと気づかず、頻繁に質問や頼み事をしていた。

当時カイザー・パーマネント・フリーモント&ヘイワード病院の最高看護責任者だったジョアン・メットによれば、看護師が1件の調剤の作業中に5〜10回も中断されることは珍しくなかった。

このように作業に集中できない環境では、投薬ミスが多いのも無理はない。


クライガーはこうした数字を見て、どう問題に対処しようとしたか?

医師を叱責する? 作業中は声をかけられても無視するよう看護師に指導する? だがそのような方法では、変革を定着させ、広く普及させることはできない。

採用されたのは、もっとシンプルで効果的なアプローチだった。

それは、UCSFヘルスに「新しい規範」をつくることだった。**調剤中の看護師は、背中に「邪魔をしないでください」という文字がプリントされた明るいネオンイエローのベストを着ることをルールとして定めた**のだ。看護師が重要な作業に集中していることを院内で働く全員に視覚的に示すためだ。

もちろん反発もあった。ベストを着用したくないと言う看護師もいたし、「コミュニケーションに遅れが生じる」と言う医師もいた。

しかし、データははっきりと効果を示していた。**新ルール導入後の3年間で、ベイエリアの9つの病院で投薬ミスは88%も減少した。**

新しい製品や組織をつくらなくても、変革は起こせる。クライガーのチェンジメーカーとしての取り組みは、幅広く、持続可能で、明確な数字で測定できる変化をもたらした。

セオリー・オブ・チェンジ

野心を「論理的なステップ」に落とし込む

チェンジメーカーは不確かな状況で前進しなければならない。この先の読めなさこそが、変革の取り組みを導く本質といっていい。

ゆえに、チェンジメーカーが手持ちの駒を戦略的に駆使し、自信を持って道を切り開くには、確実な何かを見つけていくことが重要になる。

この不確実性の問題をチェンジメーカーが事前に視覚化し、克服するのに役立つ強力なツールが、「セオリー・オブ・チェンジ」モデルだ。

不確実性は完全には排除できないが、このツールはこれまで無数のチェンジメーカーが予測できない状況下で取り組みを進める助けをしてきた。

「セオリー・オブ・チェンジ」は、次の3つの問いへの答えによって導かれる。

①生み出したい「インパクト」や「変化」は？
②そのインパクトや変化を生み出すのに必要な「仕組み」や「行動」は？
③目指す変化を達成したことを「確認する方法」は？

このツールは非営利団体でよく使われるが、分野や規模を問わず、あらゆる種類の変化を視覚化・戦略化するのに役立つ。

「セオリー・オブ・チェンジ」の本質は、自分が今取り組んでいることと、達成したい成果とのあいだに論理的なつながりを創り出すことだ。セオリー・オブ・チェンジモデルには様々なバージョンがある。代表的なものを紹介しよう。

戦略を「実行の問題」にする

「セオリー・オブ・チェンジ」モデルを作成することで、変革の取り組みは戦略の問題から実行の問題へと移行する。

現在地と目的地が結びつき、目的地に到達するために何が必要かを理解できるようになる。何を、いつ、どう実行すべきかが明確になり、日々、変革のビジョンと戦略に沿って行動している自信が得られる。

最初のステップは、**長期的な目標を明確にする**ことだ。たとえば20年後、自分の取り組みによって世界をどう変えたいか？

ここでは、「地球規模での使い捨てプラスチックの削減」を目標に掲げてみよう。

次に、目的地から逆算して、この目標を達成するために必要な前提条件を明らかにする。

求める成果を実現するには何が必要か？　この例では、消費者のプラスチックに対する需要と、企業のプラスチック生産量を減らす必要があるといえる。

世界のプラスチック消費量を減らすには、この2つの条件を満たさなければならない。

そこから、追求している変革の前提条件を明らかにする。

プラスチックの需要と生産量を減らすために不可欠なものは何か？　まず、プラスチックの代替となる素材が必要になる。また、一般の人が「プラスチックの使用量を減らすのは価値ある目標だ」と考えるようになる必要もあるはずだ。

この2つの前提条件が満たされなければ、世界のプラスチック使用量が減るとは考えにくい。

その次は、取り組みにおける介入について考える。すなわち、求める変革を実現するための行動を明確にする。

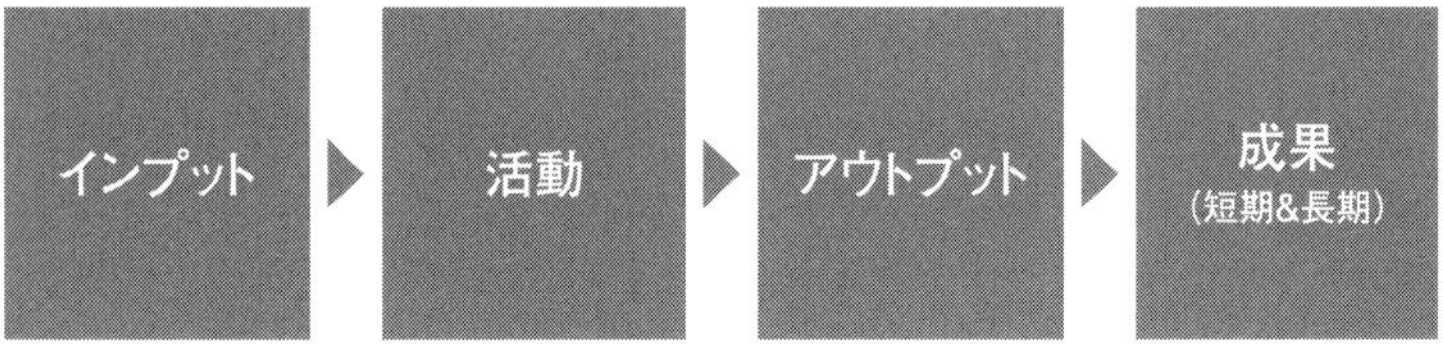

毎日、毎週、毎月の単位で具体的に取るべき行動は何か？　プラスチックの使用量を減らすには、「消費者向けにプラスチックの消費削減を呼びかける」「SNSキャンペーンを立ち上げる」「地元のコーヒーショップを訪問してプラスチック製ストローの廃止を依頼する」「プラスチック関連の政策変更を議会に働きかけるロビー活動をする」などが考えられる。

最後のステップは、変革の取り組みのパフォーマンスを評価する指標の設定だ。

取り組みが正しい方向に進んでいることを確認するには、何を測定すればいいか？　この場合なら、対象の消費者グループでプラスチック使用量が削減された割合かもしれないし、ストロー使用を廃止したコーヒーショップの数かもしれない。

これは取り組みが短期的に望ましい影響を生じさせているだけでなく、それが長期的な成果につながる可能性が高いことを示す指標だ。

これを視覚的に理解したい場合は、次の手順に従って上のような図を作成してみよう。

・この図は、未来から現在に遡りながら作成する。まずは、短期的（2～3年）、長期的（20年）な目標を設定する
・次に、測定可能なアウトプットを特定する――たとえば「取り組みの結果として○人に行動を変容させる」など
・次に、具体的な行動を決定する。対象者への働きかけ、教育、新規プログラムの立ち上げなど、成果を得るために実施する介入やテクニック
・最後に、インプット（このモデルに投入するリソース）の一覧を作成する。人、資金、コミュニティなど、この取り組みを実施するために利用するあらゆるリソースを含める

変革を導くとき、明確なビジョンを持ち、まわりの人にもそのイメージをはっきり伝えられる場合もある。しかし、たとえどうすれば目標に到達できるかを頭で理解していたとしても、そのことで不確実性がなくなるわけではない。

事前に時間を取り、「セオリー・オブ・チェンジ」モデルを構築しておくことで、大きく野心的な変革の取り組みを分解して、目標に到達する論理的なステップに変えられる。そうすることで、恐怖や混乱のために収拾がつかなくなる事態に陥ることなく、行動に集中しやすくなるのだ。

反対意見への対処術

「てこでも動かない相手」を動かす

ここまで、変革を導くのが困難なときの対処策としてのツールやアプローチを紹介してきた。だが、これらを用いてもうまくいかない場合もある。

変革の取り組みに激しく反対されたらどうすればいいだろう？　厳しい非難の言葉を吐いてくる相手を説得して味方になってもらうには？

ここでは、ノーベル賞受賞者や洗濯用洗剤の消費者、頑固な大学教授など、幅広い人から得られる教訓を活かして、一見すると「てこでも動かないように思える相手」にさえ、変革の取り組みに価値があることを納得してもらう方法を紹介しよう。

「損失」は利益より大きく感じる

経済学者のウィリアム・サミュエルソンとリチャード・ゼックハウザーは、人々が日常生活の中で直感的に感じていたことを初めて実証的に裏づけた――「現状維持バイアス」だ。

2人は1988年に発表した論文「意思決定における現状維持バイアス」で、心理学や経済学、意思決定理論を応用し、**人間にはたとえ他の選択肢のほうが明らかに優れている場合でも、現状維持を選択する傾向があることを明らかにした**。

たとえば企業で新しい医療保険プランを導入する場合、新入社員はそれを選ぶ傾向がある一方、以前のプランに加入していた従業員はそれをそのまま使おうとする（内容的には新しいプランのほうが良くても）。

サミュエルソンらは、既存の従業員は新たに得られる可能性を検討するよりも一時的な損失を最小限に抑えることに目を向けると述べている。

この研究は、ダニエル・カーネマン（2002年のノーベル賞受賞者）とエイモス・トベルスキーによる、**「人は利益よりも損失を大きく感じる」**という言葉を生み出した、プロスペクト理論に関する研究とも深く結びついている。

2人は「喪失回避バイアス」を詳述する中で、人間には何かを得るよりも何かを失わないことを重視する場合が多いと明らかにした。

■「現状維持」の克服法

これらのバイアスは、変革をとくに難しくする。

実際、世間一般では、地球温暖化や人種的不公平、時代遅れのテクノロジーなどの望ましくない現象が現状として受け入れられることもある。

しかしだからといって、人々の考えを変えるのが不可能なわけではない。

「人間には現状を維持したいという根本的な欲求がある」と理解することは重要な出発点になる。

7章で紹介した、ジョン・チュウがコールドプレイに書いた手紙を振り返ってみよう。

チュウは、音楽業界には楽曲を保護し、二次利用を限定しようとする現状維持の傾向があるのを理解していた。

チュウはこの現状維持バイアスを理解したうえで、コールドプレイに自分の取り組みに共感してもらおうとしたことで、真正面からメッセージを伝えられた。

「私も1人のアーティストとして、自分の作品が誰かの作品の一部に使われるのを許可するのが難しいことを知っています――たいていの場合、答えがノーになることも。それでも私は、このプロジェクトは特別なものだと考えています」

その理由を詳しく説明した後で、チュウは「アジア系アメリカ人をはじめ、すべての人たちに、自分たちに誇りを持てるような賛歌を届けたいのです。あなたたちの歌詞やメロディが、私が最も必要としているときにそう感じさせてくれたように」と締めくくった。

自分が直面するかもしれない現状維持バイアスを積極的に表現し、それを克服するための方法と理由を見事に説明したのだ。

「選択」してもらう

「自分で出した答え」は魅力的

次に、チェンジメーカーが覚えておくべき大切な事実に目を向けよう。それは、**「人は他人の指図を嫌う」**ということだ。

ペンシルベニア大学ウォートン校教授のジョナ・バーガーは、毒性のある化学物質を食べることを巡る、人間の逆説的な行動について説明する。

2018年、ティーンエイジャーのあいだで、洗濯用洗剤のカプセルを食べることに挑戦するユーチューブ動画が流行した。もちろん、このカプセルのパッケージには、これは洗濯用のもので、絶対に口にしてはいけないと明記されていた。

製造元のメーカーは、問題に対処するため、アメリカンフットボールのスター選手を起用した動画を制作した。楽しい雰囲気が感じられるこの動画の中で、この選手は、「洗剤は食べてもいいの?」という質問に対し、人差し指を左右に振りながら「ダメ!」と答える。「ダメ!　ダメ!　ダメ　ダメ!　絶対にダメだ!」

同社の経営陣は、動画のメッセージは明確で、子どもたちは洗剤カプセルを食べなくなるだろうと考えた。

では、その結果は?

動画が公開されると、インターネットでの件の洗剤カプセルの検索数が急増し、中毒事故管理センターへの訪問者数も増加した。

バーガーはこれを、人間が生まれつき持つ「誰かに言われた通りのことはしたくないという感覚」のせいだとしている。

つまり、人は何をすべきか指示されると、自分で決断を下す自由が侵害されたと感じるのだ。だから、子どもたちは指示されたのとあえて逆のことをしようとした。

バーガーはこの本能的な感覚を回避する手段として、相手に何をすべきか指示するのではなく、**選択肢を提示すること**を提案している。そうすることで、たとえ選択肢が2つしかなくても、自分で決断できるという感覚を相手に与えられる。

これは変革の取り組みにも応用できる。選択肢を提示すると、変革に抵抗することに意識を向けていた相手は、自分の判断で何かを決めることに目を向けるようになる。

人は、指示されると皮肉屋的な態度を取りがちになるが、選択肢を示されると、積極的に答えを探そうとする。覚えておこう——人は、自分の答えを好む傾向がある。なぜなら、それは自分で導いた答えだからだ。

「少しだけ」頼む
ハードルを下げて応じやすくする

変革を推進するのが難しいときは、**まずは少しだけ協力を求める**方法もある。

ハースビジネススクールの元学部長リッチ・ライオンズが同校の価値観を重視する取り組みを主導していたとき、「価値観は測定するのが難しい」「そもそも価値観など重要ではない」といった意見を持つ教員から多くの反発を受けた。

全教員から積極的な賛同を得るのは無理だと悟ったライオンズは、アプローチを変える。変化を好まない教員に対して、考えを押しつけようとせず、講義で同校の価値観を学生に教えることなども強制しないと伝えた。ただし、「どんな考えを持つのも自由だが、学生たちの前でハースの価値観をけなさないことだけは約束してほしい」と頼んだ。

ライオンズが頑固な教員に求めたのは、ただそれだけだった。**ハードルを下げたことで、全教員がこのリクエストに応じた。**誰もこの取り組みを批判したりしなかった。

変革を導くのが難しいときの最後のアドバイスは、長期にわたって取り組みを続ける元気を保つために、セルフケアをすることだ。

価値ある変革は一夜にして起こらない。変革は短距離走ではなくマラソンだ。

チェンジマネジメントの第一人者であるジョン・コッターは、「危機感を持ちながらも現実的な目標を持って日々行動すること」と主張している。この精神に従って行動しよう。

変革には、その性質上、実現に時間がかかるものもある。反発されても、取り組みの方法が間違っているとは限らない。むしろ、**何らかの抵抗があることは、正しい道を進んでいる印である可能性が高い**。

この章のまとめ

主なポイント

- 変革の取り組みでは、早い段階から積極的に参加してくれる「擁護者」を引き込むことが肝心だ。そのためには、彼らに仕事を任せることが重要になる。変革の取り組みに懐疑的な「皮肉屋」を引き込むには、意見に耳を傾ける、小さく頼む、といった方法が効果的だ。
- 規範をつくる起業家精神を用いることで、肩書や状況を問わず、公式な方法でも非公式な方法でもカルチャーの変革を導ける。
- チェンジメーカーは、現状維持バイアスの壁に直面する。様々な対処策を講じよう。

11章 チェンジメーカー・キャンバス

「やること」を明確にする実行の章

「スコット、腕から血が出てるよ！　大丈夫？」

これは私が、今では親友となったスコット・シゲオカに初めて口にした言葉だ。スコットは、幅広い領域で変化を起こしてきた素晴らしいチェンジメーカーだ。

スコットはすぐに握手をしていた手を引っ込め、席を外した。当惑した私は、目の前のアイスコーヒーを見つめながら、いったい何が起こったのだろうと考えていた。

数分後、腕に包帯を巻いたスコットがトイレから戻ってきた。トレードマークである満面の笑みを浮かべている。

スコットが事情を説明してくれた。私との約束の時間に間に合わせるために急いで自転車を走らせていたら、ワシントンDCの通りで転倒してしまった。だが、かまわずすぐにペダルをこぎ始めたのだという。

転んでもすぐに立ち上がり、走りつづける――それはまさにスコットの人生と、スコットが変革を導く方法のメタファーだ。

「レール」は外れてまったく問題なし

スコットは物語作家、芸術家、デザイナー、そして（比喩的な意味での）橋の建設者だ。

知り合ってからわずか8年のあいだに、私はスコットがIDEO社でのソーシャル・インパクト・デザインの仕事から、ワシントンポスト紙などのメディアへの寄稿など、従来型の役割においても変革を導いてきたのを見てきた。

しかしスコットはまた、「ハワイ生まれのクィアで、クリエイティブな日系4世」という自らのアイデンティティをフル活用し、従来型の変革のカテゴリーに当てはまらない型破りなプロジェクトを創造し、構想してきた。

アイスランドに一度も足を踏み入れたことがないにもかかわらず、同国の田舎で芸術と音楽のフェスティバルを開催したこともある。

アメリカをはじめ世界各国で社会的分断が進む中、スコットは今、様々な格差や断絶の溝を埋めるための国の取り組みの支援に注力している。

昨年には、私のクラスにゲストスピーカーとして訪れ、それまでの体験から学んだ教訓を学生たちに話してくれた。とくに印象に残ったのは、**「世間が敷いたレールから外れた道を歩んでも、まったく問題ない」**という言葉だった。

実際、スコットのキャリアパスは、MBAのキャリアカウンセリングのパンフレットに書いてあることにはほとんど当てはまらない。

スコットが多様な分野で独創的な変革を導くことに成功してきた理由は、チェンジメーカーとしての道具を持っていたからだ。

たしかに、音楽祭を開催するために必要な能力は、政治的・社会的な分断を乗り越える「懸け橋になるのに必要な能力」とは別物だ。だが、ポジティブな変革を導く根本的な考え方は、驚くほど似ている。

医師には医師の道具があり、芸術家には芸術家の道具があるように、チェンジメーカーにも道具がある。

この章では、変革を導く新しいモデルとして、「チェンジメーカー・キャンバス」を紹介する。とてつもなく複雑で、困難で、威圧されるように思える変革の取り組みを、明快で、実行と達成が可能なものに変える方法を見ていこう。

「仲間」で進む

「3！　2！　1！」——私たちは声を限りに叫びながら、トルコのマルマラ海に飛び込んだ。

私は、世界中の若手社会起業家のために催されたフェローシップに参加していた。このフェローシップでは企業を成長させることの複雑さについて多くを学んだが、他の参加者と一緒に10日間過ごす中で、それよりもはるかに大きなことを学んだ。

人間同士の絆だ。

地中海の水平線の上に夕日が浮かんでいる。私はまわりを泳いでいる仲間たちとのあいだに、とてつもなく強い結びつきを感じた。それぞれの経歴や出身地はこれ以上ないくらい異なっていたが、お互いが抱く希望や悩みなどを知るにつれ、深いつながりを覚えるようになった。

チェンジメーカーは十人十色で、独自のアイデンティティや経験、関心に基づいて変化を起こそうとする。だが、そこにはお互いを分断させるもの以上に、結びつけるものがある。

たとえば、このフェローシップで新しく友人になった、ウガンダのカンパラ最大のスラム「ブワーズ」で地域社会の支援に精力的に活動しているムハンマド・キシリサと、メキシコの病院で子どもたちに十分な治療を与える支援活動をしているアグスティン・ロドリゲス・エイクには、チェンジメーカーとしての共通点が多い。変革に対するビジョンや支援しているコミュニティ、活動する地域は大きく異なる。だが、どちらも同じツールを用いて変革に取り組んでいる点に変わりはない。

夕日が水平線に沈んでいく中、私たちは海から上がった。それぞれ経歴や経験、変革へのビジョンという点では違っていたが、このフェローシップを通じて、全員が深い絆で結ばれた。私は、チェンジメーカーのコミュニティを見つけたのだ。

あなたにとってのチェンジメーカー・コミュニティのメンバーは誰だろう？　どのようにして彼らとつながり、関係を育むことができるだろうか？

チェンジメーキングはチームスポーツだ。自分と同じような変革を導こうとしている同志がまわりにいることからは、大きな恩恵が得られる。

チェンジメーカー・キャンバス

「チェンジメーカー・キャンバス」は、難しい変革に挑むための心強い味方になる。

チェンジメーカー・キャンバスは、ビジネスモデル・キャンバス（従来型のビジネスプランを1ページの戦略に変換する）などのツールにヒントを得て、同様のことをチェンジメーキングの文脈で行うツールだ。

変革 望ましい変化とその実現方法。1文で描写する

問題の根本原因 中心問題の根底にある問題（社会、法律、歴史、文化、環境などの要因）

持続可能性（Sustainability） プロジェクトを長期的に持続させる方法

システムの変革（Systems Change） 問題の根本原因（法律、政策、マインドセット、ルールなど）にどう対処して、変革を生み出すか

レジリエンスの計画 想定される障壁と、それを積極的に乗り越える方法

コミュニティ この変革によって恩恵を受ける人。これらの人たちにとってこれがポジティブな変化になることの判断基準

同盟 この変革に関心を持つ人。これらの人たちをどう変革の取り組みに引き込むか

チェンジメーカー・リーダーシップ この変革を生み出すために必要になる、チェンジメーカー・リーダーシップの重要な側面

ビジョン	**Why（理由）** このポジティブな変化を起こすことに関心がある理由は?	**ビジョン** 実現したい変革についての、明快で説得力あるイメージ
機会	**中心問題** 変革の対象となる、問題の核となる部分を1文で簡潔に表現する	**問題がもたらす悪影響** 中心問題が解決されない場合に短期的・長期的に生じる影響は?
変化の4S	**実質的な影響（Substantive Impact）** 変革のプロジェクトが意図する影響と、測定対象とする重要な指標（1～3 個）	**拡張性（Scalability）** プロジェクトを、必要最小限の規模を超えてどう拡張するか
行動	**実用最小限のプロジェクト** そのプロジェクトをさらに展開する価値があるかどうか判断するために、今すぐ実行できる最も簡単なテストとしてのプロジェクト	
コミュニティ	**実行者** この変革を導く主なチェンジメーカーとそのコアスキル	**エバンジェリスト** 変革を推進するために支援や承認が欠かせない、最重要のインフルエンサーや賛同者
アプローチ	**チェンジメーカー・マインドセット** この変革を生み出すために必要になる、チェンジメーカー・マインドセットの重要な側面	

変革の取り組みを小さく扱いやすいブロックに分割し、現実世界にインパクトを与えるための具体的な手順や行動に落とし込む。

チェンジメーカー・キャンバスは、変化を生じさせたい世界の全体像と、そこに至る小さな変化のステップのバランスを取るのに非常に優れている。

このツールを使うことで、全体として何をすべきか明確になり、変革を実現できる自信が深まり、適切な判断のもと、最初の一歩を踏み出せるようになる。

このキャンバスの各セクションでは、質問に対する答えを最大でも1段落で書き込まなければならず、できれば1文に収めるのが理想だ。

キャンバスは、「ビジョン」「機会」「変化の4S」「行動」「コミュニティ」「アプローチ」の6つのセクションに分かれている。

この章ではこれから、あなたが私の講義を受講する学生たちと同じように独自のチェンジメーカー・ツールキットを開発し、実行できるように、チェンジメーカー・キャンバスの手順と具体例を説明していく。

これからキャンバスの各ブロックを1つずつ説明しながら、このツールを最大限に活用する方法を探っていこう。

キャンバスの使い方への理解を深めるために、サンプルケースも紹介する。アメリカ各地に支社のある物流会社で働きながら、会社に従業員のメンタルヘルス向上のプログラムを導入させることに情熱を燃やす24歳の経験の浅いチェンジメーカーの例だ。

■ビジョン——（チェンジメーカー・キャンバスの1行目）

チェンジメーカー・キャンバスは、変革を起こすべき「理由」から始まる。最初に、**なぜ変化を起こす必要があるか**を明確にし、それが実現したときにどうなるかについて大きな絵を描いておくことが重要だ。

野球界の偉人ヨギ・ベラも、「どこに向かっているのかわからないときは十分な注意が必要だ。おそらくそのままではどこにもたどり着けない」と述べている。

出発前に時間をかけて進路を計画することで、キャンバスの後半をたしかな足取りで進め、目的地に正しくたどり着ける確信を抱ける。

▼Why（理由）

サンプルケースの場合　心の健康を保つことは、私や家族、同僚にとってとても大切な問題だ。会社がこの問題に対するサポートを提供すれば誰もが恩恵を受けられるし、私たちにはそのサポートを受ける権利がある

コンサルタントのサイモン・シネックがＴＥＤｘの有名なトークで説明しているよう

に、優れたリーダーは「Ｗｈｙ」から始める。

彼は、消費者は企業が何をしたかではなく、なぜそれをしたのかを見て製品を買うと言い、「Ｗｈｙ」（理由）から「Ｈｏｗ」（どのように）、「Ｗｈａｔ」（何）から成る「ゴールデンサークル」と呼ぶ概念を用いて、アップルの製品が人気なのは単に同社の「何」が好まれているからではないと指摘する。消費者は、アップルの「Ｗｈｙ」を買っている。

シネックは、アップルが「Ｗｈｙ」を次のように考えていると説明する。

「私たちがすることはすべて、現状への挑戦です。今までとは違う発想をすることを信条とします。美しいデザインの、使いやすく、ユーザーフレンドリーな製品で現状に挑みます。その結果として生まれたのがこの素晴らしいコンピューターです。購入してみませんか？」

つまりアップルは「どう製品をつくるか」よりも、「なぜ製品をつくるのか」を何より重視しているのだ。

価値ある変革はすべて、「Ｗｈｙ」から始まる。だからこそ、チェンジメーカー・キャンバスでは最初にそれを明確にする。

まず、変革の取り組みを導きたい理由をよく考えよう。**変革の理由を言語化する「Ｗｈｙステートメント」は、説得力があり、真実味があり、個人的なものにしなければならない。**導こうとしている変革に対するあなたのワクワクした気持ちが、読む人に伝わるものにしよう。変革を導こうとしている本人に情熱がなければ、誰もついてこない。また、本当のことを書かなければならない。偽りの言葉を使うべきでない。この言葉は、変革を導くのが困難になったときの拠り所になるからだ。

このステートメントには、あなた自身の考えや人間性も反映されなければならない。自分らしさや、独自の視点を大切にしよう。チェンジメーカーの取り組みは、1人の人間としてのあなた自身の延長線上にある。そのことを忘れないようにしよう。

理由（Why）を明確にして変革の取り組みを導くのは、リーダーが人を巻き込み、当事者意識を持ってもらう効果的なテクニックだ。

私は授業で学生に課題を出すときにも、必ずその理由を明確にする――なぜ私がこの課題を選んだのか、この課題がコース全体の目標や目的とどう結びついているかを説明する。

教育現場では、指示通りのことをさせるのが当たり前になっていて、なぜそれをするのか理解する文脈を与えないことが多い。だが、私はそうならないようにしている。

ビジョン

サンプルケースの場合

この会社で、心の健康が身体の健康と同じくらい重視されるよう

になること

2つ目のブロック「ビジョン」は、本書で見てきた多くのテーマにつながっている。

4章では、まわりの人を引き込むために変革のイメージを描く方法を学んだ。あなたのビジョンは、他者にぜひ参加したいと思わせるような、「明確」で「説得力ある」ものだろうか？　野心的で、好奇心や驚きに満ち、人をワクワクした気持ちにさせるものになっているだろうか？

長期的目標（「セオリー・オブ・チェンジ」モデルで特定する）と、変革の明確なビジョンを作成しよう。

自閉症の子どもたちが主体性を身につけるのを日々の計画やサポートを通じて支援するアプリ「DayCape」は、「自閉症をスーパーパワーに」というシンプルで力強いビジョンを掲げている。

自らも自閉症のチェンジメーカーたちが設立し、開発したこのツールは、自閉症に対する偏見に負けないように子どもたちを支え、神経多様性と呼ばれる特徴を持つ人の可能性を押し広げるものだ。

コンセプトそのものも素晴らしいが、このビジョンには人々の心をとらえ、もっとそのことについて知りたいと思わせる力がある。DayCapeがつくろうとしている世界を想像しやすく、人々にこの取り組みに関わりたいと思わせるものだ。

変革

サンプルケースの場合　会社およびチーム全体でメンタルヘルスに対する認識を高め、サポートする

あなたがこれから導こうとしている変革は何か？

1文で、明確かつ力強く定義しよう。**1文ではすべては説明しきれない。変革の本質に目を向け、他者に興味を持ってもらえるようなものにすること。**

学生が作成した例を紹介しよう。

- ゲーミフィケーション〔ゲームソフトの発想や原則などを他の分野に応用すること〕の仕組みを活用して、読書好きの子どもを増やす
- メキシコシティの学生に、チェンジメーカーになることを促し、そのための方法を教える
- 啓発キャンペーンを展開して、大学のキャンパスでの食品廃棄物を減らす

どの例の変革もシンプルで明確だ。

「ゲーミフィケーションをどう活用して子どもたちの読書を促そうとしているか」といった詳細は、この段階ではわからなくてもかまわない。今必要なのは、変革が何を目指そうとしているかだけだ。実現方法の詳細は、キャンバスの残りの部分で考えていく。

これで、6行から成るチェンジメーカー・キャンバスの1行目である「ビジョン」の3つのブロックに必要な情報を書き終え、変革が目指す新たな世界のイメージを描くことができた。これ以降は変革を実現させる詳細に目を向けていく。

■機会——(チェンジメーカー・キャンバスの2行目)

アルバート・アインシュタインの発言としてよく引用される、「ある問題を1時間で解決しなければならないとしたら、私は問題について考えることに55分、解決策を考えることに5分費やす」という言葉がある。

しかし、世間一般では、これとは正反対の「できる限り速く解決にたどり着く」ような問題解決の方法がもてはやされている。

チェンジメーカー・キャンバスを使えば、まず焦らずにじっくりと問題を深く理解して、次に「正しい問題を解決することに時間を費やしている」という自信を持って前に進めるようになる。

これを何のツールの助けも借りずに行うのはとても難しい。私の学生たちも、いきなり解決策を探そうとせず、我慢強く問題と向き合い、様々な視点からその本質を掘り下げようとするのは大変だとよく口にする。

適切なレベルで問題にアプローチするのは難しい。まずは、問題にどう対処するか時間をかけてじっくり考えよう。

問題の様々な側面に目を向けるべきか？　それとも特定の部分に焦点を当てるべきか？問題の結果として生じる影響に注目すべきか？　それとも根本原因に注目すべきか？

このキャンバスでは、問題——私はこれを変革の「機会」と呼びたい——を、**「中心問題」「問題がもたらす悪影響」「問題の根本原因」**の3つに分ける。

この3つは別個にはなっているが、変革の機会を見つけるうえで深く結びついている。

中心問題

サンプルケースの場合　従業員のメンタルヘルスへの支援が、方針と実践の面において全社的に不十分である

対象の問題を正確かつ簡潔に1文で記述しよう。私は、最初は変革の対象範囲を広げすぎず、**挑戦心を掻き立てられるが十分に達成可能だと考えられる、中心問題にターゲットを絞り込む**ことをお勧めする。

サンプルケースの場合、従業員のメンタルヘルスを改善することは、地域や州はもちろん、国や世界的なレベルでも取り組む意義ある重要な問題だ。

とはいえ、このように範囲を広くすると、最初の一歩を踏み出すことがとてつもなく大変に思えてしまう。中心問題に焦点を当てることで、地に足の着いた取り組みを始められる。サンプルケースの場合でも、まずは自社で変革を推進し始めることが理にかなっている。

まずは会社という狭い枠で問題を定義し、複数の要因を探る（全社的な方針、個々の現場での実践など）ことで、小さな取り組みから始めて大きな変革を目指せる。

問題がもたらす悪影響

サンプルケースの場合　社内の人間関係が希薄になり、差別や偏見が増える。従業員が孤立し、仕事への積極性やパフォーマンスが低下して、離職率が上がる。会社の機会損失が生じる

当該の問題に対処しない場合に生じると想定されるネガティブな結果。つまり、中心問題を解決しなければ結果として起こること。

チェンジメーカーは、問題がもたらす悪影響は特定できると思っていることが多い。

しかし未解決の問題から生じる悪影響は、想像している以上に様々な領域に及ぶ。そのためこれらの悪影響すべてに対処しようとすれば、それぞれが手薄になり、結局は何の変革も実現できなくなる。

問題から生じる悪影響を明確にしておくと、取り組みが成功したかどうかの判断基準も明確にできる。大きな問題を解決した後に、将来的に取り組むべき問題も特定しやすくなる（想定した悪影響が生じなければ、根本的な問題を解消できたと判断できる）。

問題がもたらす悪影響を、個人レベル（各人が必要とする適切なサポートを受けられなかった場合に起こること）と、組織レベル（会社が従業員を十分にサポートできなかった場合に起こること）の両方から考えるのは有益だ。サンプルケースでは6つの悪影響が挙げられているが、一度にすべて解決しようとすれば人手が足りなくなる。

しかし、中心問題にうまく対処すればこれらをすべて効果的に抑えられるはずだ。

問題の根本原因

サンプルケースの場合　従業員の基本的な健康状態が良くないこと。また、心的外傷やストレスを抱えていること。会社からの支援が不足していること。医療格差によって十分な医療が受けられないこと中心問題の根本的な原因が何かを探るのはとても重要だ。根本原因は、社会、法律、歴史、文化、環境、テクノロジーといった、大きなシステムが関わっている場合が多い。そして、こうした「システム的な視点」を持つことで、問題の根本原因を突き止めやすくなる。根本原因を特定すれば、変革すべきシステムが何で、何をすれば最大のレバレッジを効かせられるか考え始められる。

最初からこうしたシステムの変革に取り組む準備ができていることは稀で、たいていは中心問題への対処から着手することになるだろう。

だが変革すべきシステムが何かわかっていれば、大きな視点から最初の一歩を踏み出せる。

また、変革の取り組みが軌道に乗り始めたとき、広い視野から考察しやすくなる。

■変化の4S――(チェンジメーカー・キャンバスの3行目)

2012年、当時のガールフレンドだったレベッカが、スウェーデンのストックホルムの会社から就職のオファーを受けた。

世界の中でもとりわけ魅力的だとされる土地で、様々な発見をしながら新しい生活を体験するという考えに、私たちはとても惹かれた。

7月、レベッカと一緒にストックホルムを訪れた。ここで暮らしたいと思った。半年後、私たちはストックホルムに引っ越した。

それは真冬だった。

カリフォルニア出身で、それまで一度もこれほどの寒さを味わったことがなかった私は、冬のストックホルムで多くを学んだ。たとえば、スカーフは単なるファッションアイテムではない。それがあるかないかで、地下鉄の駅までまっすぐ歩けるか、体を温めるために途中で適当な店に立ち寄らなければならないかという違いが生じる。凍てつくような気候ではあったが、新たな文化と出会う喜びと、変革のための状況を探す興奮は、私を魅了しつづけた。

社会起業家向けインキュベーター「リーチ・フォー・チェンジ」が、スウェーデン語も話せない、この国に移り住んだばかりの人間を信じ、組織運営の役割を任せてくれたことに、私は未来永劫感謝しつづけるだろう。

この機会を与えられたことを光栄に思った私は、スカンジナビアの人たちを1人でもチェンジメーカーにするためにできる限りのことをすると心に誓った。

そして、シリコンバレーの流儀をまわりに押しつけたりせず、チームメイトや、誕生まもない社会イノベーションの動きと足並みを揃え、支え、協力するパートナーになろうとした。

リーチ・フォー・チェンジはスウェーデンでの社会起業家の育成における先駆者的な組織で、こうした形でポジティブな変革を導く機会を早くから認識していた。

メンタルヘルスや教育、社会的包摂などの分野で初期段階のプロジェクトに取り組む社会起業家を選び、3年間分の生活資金（他の仕事を辞めてフルタイムで活動に集中できるようにするため）と、コーチングやアドバイス、サポートを提供した。どの起業家を選ぶかはとてつもなく難しかった。年間5件の枠に対して、応募は500件以上。採択率は1％だ。

私たちは世界中の同僚と共に、これらの社会起業のアイデアを評価し、投資判断の基準となる4つの指標、「変化の4S」を開発した。

実質的な影響（Substantive Impact）

サンプルケースの場合　メンタルヘルス・サービスに新規に加入した従業員の数。十分なメンタルヘルスのサポートを得ていると答えた従業員の割合（介入の前後に測定）

ここには、取り組みによるインパクトを数値で表せる指標（1〜3個ほど）を設定する。この数値が、変革が正しい方向に進んでいるかどうかの判断基準になる。

重要なのは、導入のレベル（参加者の人数）と介入がもたらした違いを測定することだ。

サンプルケースでは、従業員がメンタルヘルスのサポートを十分に得ていると感じたかどうかという、自己報告に基づくデータが指標になっている。これは学術的な出版物に掲載するものとしては理想的なデータではないかもしれない。

だが、変革の初期段階のインパクトを測るものとしては、迅速かつ手軽にデータを得る優れた方法といえるだろう。

「モデル」を固める

ロサンゼルスのデザイン会社「ベリーナイス（verynice）」は、あらゆるタイプの取り組みで使える、社会に変革をもたらす方法（インパクト・モデル）を列挙した情報源「モデルズ・オブ・インパクト」を提供している。

これは何をしたいかはわかっていても、実現方法がよくわからないチェンジメーカーにとって便利だ。

たとえば、「難民のデジタル格差解消」に取り組むジーン・グォ（2章）のコネクシオが追求するような「従来、社会的弱者とされてきた人々を雇用した数」を指標とするモデルもあれば、そのキャリアを通じて様々な立場の人の声を代弁しつづけたドロレス・ウエルタ（5章）のような支援運動という形態を取るモデルもある。

さらには、イスラエルにあるフムス・バーのように、ある行動を取った人に条件付きの割引を提供するモデルもある。このレストランでは、来店したグループにユダヤ人とアラブ人の両方がいると、フムスを定価の半額で食べられる。店の利益よりも、異なる民族集団同士の親睦を優先しているのだ。

また、ベリーナイス社自身も、同社の変革の取り組みに「#givehalf」（ギブハーフ）と呼ばれる創造的なモデルを採用している。同社は業務の50％をグーグルやレッドブル、アップルといった大企業に対して行っている。そして業務の残りの50％は天然資源防護協議会、膵臓がんアクションネットワーク、パンド・ポプラ（南ロサンゼルスのコミュニティグループ）などの非営利団体や社会事業に無料または割引価格でサービスを提供することに費やしている。

大企業から大型案件を受注することで利益を確保し、それをインパクト重視の顧客にワールドクラスのデザインを提供する資金として活用しているのだ。

拡張性（Scalability）

サンプルケースの場合

アメリカの各支社に1人以上のメンバーがいる従業員リソースグループ〔ERG：同じ背景や事情を抱えた従業員が支え合う業務外のグループ〕を作成する

経営大学院では、成功したら必ず事業を拡大すべきだと教えられる。

「1台の車で始めたフードトラックのビジネスが成功したら、すぐに2台目をつくれ。2

台目も成功したら、5台、50台と増やして、フードトラックの一大ビジネスを築け」と。しかし私は、必ずしも数が多ければいいわけではないと考える。とくに、チェンジメーキングに関してはそうだ。

だからチェンジメーカーたちには、「あらゆる代償を払ってでも規模を拡大する」のではなく、**「賢く規模を広げていくこと」**と教えている。

変革の取り組みを、「実用最小限のプロダクト」を超えて広げるにはどうすればいい？最終的には拡張する必要がないと判明するかもしれないし、また今すぐ拡張する必要はない場合も多いだろうが、最初の段階からこの問題について考えておくと、必要に応じて拡張しやすいプロジェクトを設計できるようになる。

その際、拡張を自分が主導するのか、他人が引き継ぐことを前提としたモデルを作成するかなどを検討しておくのが重要だ。

サンプルケースの場合、規模を拡張する大きな課題は、この会社は全米各地に支社があり、各支社にそれぞれリーダーがいることだ。迅速かつ効果的に規模を拡大するには、各支社に取り組みの意義や存在を示して、各リーダーを巻き込まなければならない。

「範囲」を決める

5章で紹介した、「子どもたちに共感を教える」ことを目的とするアプリ「ペッピーパルズ」の開発会社の創設者ロージー・リンダーは、私がリーチ・フォー・チェンジでサポートしていた中でとりわけ光るものを感じさせる社会起業家だった。

リンダーは、リーチ・フォー・チェンジの支援対象者の選定で2度ファイナリストに残った。彼女は後に、どちらのケースでも選ばれる直前で落とされたことが悔しく、丸1日泣いた後、変革の取り組みを再開したと話してくれた。

リンダーがペッピーパルズをグローバル企業にできたのは、たった1つの、よく練られた決断があったからだ。これによって、同社は最初から賢明な拡張戦略が取れた。

子ども向けアプリには通常、書き言葉または話し言葉という形で言語が用いられる。だがリンダーはこの常識を疑った。スウェーデン語の話者は世界に900万人しかいない。このアプリをスウェーデン語版として発売したら、購買者が限られてしまう。

だが英語版として製品化したところで、他の言語の話者には届かない。だからといって他言語に翻訳するのは、手間や費用がかかるし、チームには翻訳をマネジメントできる専門性を持つメンバーもいなかった。

そこでリンダーは、**言語が一切使われていないアプリをつくる**という決断をした。ゲームは、可愛らしいアニメーションの動物や、視覚的な合図、キャラクターの細かな表情を読むことでプレイできる。

このたった1つの決断で、ペッピーパルズは最初からグローバルなアプリとして、スウェーデンだけでなく、アメリカやフランス、ドイツ、ブラジルなど20か国以上で同時に発売されたのだ。

持続可能性（Sustainability）

サンプルケースの場合　このプログラムの資金が、医療費と合わせて会社の長期予算に含まれるようにする

変革の取り組みは長期的に持続することが重要だ。だが実際には、（とくに企業の世界では）持続的な変革に至らなかった計画は山ほどある。このような事態に陥らないためには、資金面と人的資本面の両方から持続可能性を考えておく必要がある。

まずは資金面。組織内で変革を導く際、その取り組みが翌年の予算にも組み込まれるにはどうすればいいか？　地域に新しく組織を立ち上げる場合、安定して長く運営させるにはどう資金を供給すればいいか？

次に、人的資本面。そのプロジェクトは、最初は自分1人の力でスタートさせたものかもしれない（そのことはまったく問題ない）。

しかし、変革の取り組みは、「バケーション・テスト」（リーダーであるあなたが2週間、他のメンバーから連絡のつかない場所にいてもプロジェクトは回るか？）に耐えられるようにもしておくべきだ。転職や異動、休暇によってあなたが不在になったときに引き継いでくれる人を、早い段階から取り組みに関わらせることはできるだろうか？

システムの変革（Systems Change）

サンプルケースの場合

透明性を保ち、この取り組みで学んだことを他の企業と共有する。州や国レベルでの政策変更を提唱する

4つ目のSは、システムの変革だ。

ここでいう「システム」とは、連携しながら大きな物事を動かす様々な仕組みの総称だ。システム思考の第一人者ドネラ・メドウズは、システムは「企業、経済、生物、都市、生態系」などであり得ると述べている。

システムは、とても魅力的なものだ。

私は誰かの意見を耳にして、言葉を失うほど大きな感銘を受けることはめったにない。

だが、医師のポール・バタルデンによるシステムに対する考察は、まさにそれだった。

「システムからもたらされる結果はすべて、必然的に導かれたものである」

つまり、あるプロセスやネットワークから望ましくない結果が得られたなら、それはシステムの障害ではないということだ。

システムは出すべくしてその結果を出している。だから、その結果が嫌なら、システムそのものを変えなければならない。

このブロックには、前のセクションで特定した「問題の根本原因（法律、政策、マインドセット、ルールなど）」に対処するための、システムの変革の概要を記述する。

変革の取り組みに着手したとき、すぐにシステムを変えるのは難しい。

それでも、時間をかけて根本原因を特定したのだから、傷口に包帯を巻くだけでなく、そもそも傷ができないようにする方法を探るべきだ。

サンプルケースなら、短期的なメンタルヘルス・サービスの提供だけを考えるのではなく、それを補い、置き換えるために会社の方針そのものの変更も検討すべきだ。

自社だけでなく、この変革を他社にも広げられるか検討するのもいいだろう。

1つで全部が変わる「レバレッジ・ポイント」を探す

システムを変えるには、「マインドセットを改める」「政策を変える」「新しい枠組みをつくる」「偏った権力構造に挑戦する」など様々な方法がある。

前述のドネラ・メドウズは、**1か所を変えることでシステム全体に大きな変化をもたらせる「レバレッジ・ポイント」**を探すことを勧める。これはたとえば、システムのルール（インセンティブ、罰、制約）や目標を変えることだ。

具体例を見てみよう。

スウェーデンは他国と比べて人権が重視されている国で、とくに子どもの人権は大切にされている。

しかし、すべての子どもたちが自分の権利の詳細を知っているわけではない。近年の移民、とくに社会的な支援システムや法制度が異なる国からスウェーデンに亡命してきたばかりの、保護者のいない難民はまさにそうだ。

社会起業家のエリン・ウェルンクイストが設立したベンチャー企業「バルンラッツビラン（子どもの権利局）」は、弁護士チームと協力して、これらの若者や子どもが自分たちの権利を知り、政府当局から尊重されるようになることを目指している。

同組織は個々のケースの活動を通じて、システム全体に変革をもたらしている。弁護士たちは個別のケースを通じて、システムのどこに欠陥があり、子どもたちがどこで見落とされ、権利がどこで守られていないのか探る。そして、その分析に基づき、スウェーデン政府に政策の変更を提案するロビー活動を行う。

　弁護士たちは日々の案件を通じて、スウェーデンの福祉制度がどのような場合に望ましくない結果をもたらしているかを理解しようとし、将来の子どもたちが同じ経験をしないように、システムの変更が必要だと粘り強く提唱しているのだ。

　バルンラッツビランは単に権利について人に教えたり、子どもたちに正当な権利を与えようとしたりするだけでなく、公的な支援制度全体を変えることで子どもたちがもっと大切に扱われるよう革命を起こしている。これが、システムの変革だ。

■行動——（チェンジメーカー・キャンバスの4行目）

このセクションは、私たちが取り組もうとしているのは「チェンジシンキング」ではなく「チェンジメーキング」であることを思い出させてくれる。

ここでは、変化を起こすための最初のステップを戦略化し、その過程で避けられない障壁を乗り越える備えをする。

実用最小限のプロジェクト

サンプルケースの場合

まず1つの支社で、心の健康を保ちたいときに病欠と同じように有給休暇が取得できる「メンタルヘルスデー」制度をつくる。この制度を利用した人に社内で悪い評判が立つのを防ぐため、全従業員には3か月に1回以上、この制度の利用を奨励する

ドロップボックスのような企業のリーン・スタートアップの例で見たように、変革の第一歩はぎこちないものだ。

変革に多くの時間や労力を費やす前に、本当にこの取り組みの方向が正しく、価値があるか、見極める必要がある。そのためには、できるだけ早くアイデアを最小限の形に変えて、様々な前提条件の正しさを検証しなければならない。

サンプルケースの場合も、テストすべき前提条件がいくつもある。「まわりの目が気になって、メンタルヘルスサポートを受けにくい状況が発生するかどうか」「全従業員が安心して参加できるようにするには、変革の範囲や程度はどれくらいが適切か」「各支社はどのように行動を起こしていくか」などだ。

最初に1つの支社で一歩を踏み出すことで、何がうまくいき、障壁が社内のどこにある

か把握できるようになる。

レジリエンスの計画

サンプルケースの場合　経営層からの反発に直面する可能性があるので、説得するためのデータを準備しておく。たとえば、メンタルヘルス・アメリカの報告によると、アメリカでは雇用主がメンタルヘルスの安全な環境を提供していると感じる労働者は全体の5％に過ぎない。また80％は燃え尽き症候群に陥るリスクがある

「行動」セクションの2番目のブロックは「レジリエンスの計画」だ。ここでは、直面する可能性のある障壁と、それらを積極的に克服する方法を考える。

ソフトウェア開発の世界には**「プロジェクトは通常、当初の予想の2倍の時間とコストがかかる」**という言い習わしがある。

ゆえに日程や予算に変更の余地がない製品販売戦略を立てると壊滅的な結果になる可能性があるが、遅延やコスト増を最初から織り込んでおけば実際に嵐が来たときにそれを乗り切りやすくなる。

変革の取り組みでも、**問題が起きてから対応するのではなく、起こり得る問題とその対策を事前に想定しておく**べきだ。

ある会社の3人の共同創業者は、創業時、あらゆる最悪のシナリオについて話し合うことに時間を費やしていた。

たとえば、3人のうちの誰かが資金を横領したらどうするか？　あるいは、3人のうち2人が死んで1人だけ残された場合はどうする？

決して簡単な議論ではないが、彼らによれば、実際にそのような事態に陥り、混沌として冷静になるのが難しい状況で議論するよりも、落ち着いてじっくり考える時間がある今、こうした問題を話し合っておくほうが楽ということだった。

すぐに行動しようとするのではなく、途中で必ず直面する障害をどう乗り越えるかを事前に考えておくことで、長期的に変革の取り組みを続けられるようになる。

Column

アイデアを「最小限」で検証する

私の講義を受講する学生たちが、キャンパス内の図書館で夜遅くまで勉強した学生が1人で歩いて帰宅しなくてもすむ「セーフウォーク」システムをつくりたいと考えた。

図書館内にいる学生が目的地と退出予定時刻を入力すると、帰宅方面と退出予定時刻が同じ学生とマッチングされ、リンクトインとフェイスブックのデータを用いて信頼を担保したうえで、一緒に歩いて帰ることを可能にするアプリを開発するというものだった。

開発には時間と労力を要するが、アイデアが本当に良いものかどうか確信が持てなかった。

そこで学生たちは実用最小限のプロダクト（MVP）を用いてテストすることにした。夜遅くの図書館で、アップルのAirDrop機能を用いて館内にいる学生たちにセーフウォークの案内を送った。このコンセプトの意図を理解し、参加を希望した学生は、リンクをクリックしてフェイスブックのプライベートグループのページに移動する（ページにアクセスするには同校の学生であることを証明する、末尾が「berkeley.edu」のメールアドレスが必要）。

このページでは、同じ方面、時間帯に帰宅を希望する学生が館内にどれだけいるかや、これらの学生に自分と共通の友人がいるかがすぐにわかるようになっている（SNSに共通の友人がいても相手を完璧に信頼できるわけではないが、少なくともある程度は信頼できそうなことは確認できる）。

興味をそそられるコンセプトだったが、この実験の結果、SNSの情報だけで「一緒に歩いて帰宅してもいい」と相手の学生を信じるのはハードルが高すぎることがわかった。

また、大学は、公式なナイトウォーク・サービスも提供していた。学生たちからの評判は「遅い」「非効率」「使いづらい」といったものだった。にもかかわらず、このMVPを用いた迅速な学習によって、図書館の学生たちは新しいセーフウォークよりも、公式なナイトウォークのほうを好むことがわかった。

実験は、このコンセプトに価値がないことを裏づけた。だが、それは価値ある成果だった。当初のコンセプトを大きく方向転換し、既存の代替手段を推奨すべきと判断できたからだ。

たった2、3日、夜に図書館でちょっとした実験を行っただけで、効果の薄いアプリの開発に大量の資金と時間を投じることを回避できたのだ。

■コミュニティ――(チェンジメーカー・キャンバスの5行目)

チェンジメーキングはチームスポーツだ。変革のコンセプトを実現するには、様々な方法で他者と協力しなければならない。

これは、単に共同作業する人を探すといった簡単な話ではない。変革に人を引き込むには細やかな配慮やコミュニケーションが必要だ。

また、取り組みに関わる人たちには「実行者」「エバンジェリスト」「コミュニティ」「同盟」の4タイプがあり、それぞれに合った方法で参加を呼びかけなければならない。

▼実行者

サンプルケースの場合

ジョアンナ：ビジョンとチームマネジメント
イブラヒム：コミュニケーション
ダフネ：政策調査と予算編成

実行者はチームの中核にいて、変革を実現するために積極的に腕まくりしている人たちだ。だが、変革を導くには、様々な個性やアプローチ、経験、スキルを持つメンバーでチームを構成しなければならない。

CEOタイプや会計士タイプばかり集めても、良いチームにはならない。チェンジメーカーのチームを編成する際に優先させるべきことを見てみよう。

「厳選」する

取り組みに興味を示した人をただ受け入れてはいけない。チームに必要な役割と責任のバランスは何かを、最初に時間をかけて考えよう。

自分の「得意分野」を明確にし、「軸」にする

1人だけで変革に取り組みたい場合でも、**まずは自分の「一番得意な領域」を考える**ことから始めよう。自分のコアスキルは何か、どのような形なら最大の貢献ができるのか。得意なことだけでなく、自分が輝けるためには何が必要かも考えよう。自分が得意分野で力を発揮して最大限に貢献できるようなチームを構想しよう。

現時点で具体的なコラボレーターが決まっていなくても問題ない。変革の取り組みでは、最初は自分1人ですべてを担うのも珍しくない。それでも今のうちに、チームを組むとしたら他にどんな役割が必要になるか考えておこう。

ビジョンを描くのが得意な人には、COO（最高執行責任者）として業務面を担当してくれる人が頼りになる。財務が得意な人なら、マーケティングやPRに情熱とスキルを持った人と組むのが最適だろう。

変革の実現に何が必要か考え、チームにとって理想的な役割分担は何かを探ろう。

「分業」する

すでにメンバーがいる場合は、いきなり役割や責任範囲を割り当てようとせず、まずは全員と率直に話し合おう。それぞれの得意分野は何で、どれくらいの時間をチームの活動に捧げられるか確認しよう。話し合いを通じて、チーム内でリソースが足りているところと不足しているところが明らかになる。

私はStartSomeGoodを立ち上げた頃、これができずに失敗した。共同創設者のトムと私は、どちらもビジョンを描くことには長けていたが、実務面はあまり得意ではなかった。強いて言えばトムのほうがビジョンを描く能力が優れ、実務面は私のほうがマシだった。

だから、基本的には2人でどちらも担当しつつも、この線に沿って大まかに分業していた。あのときチェンジメーカー・キャンバスがあって、チームに必要な役割を事前に構想できていたら、トムと私は実務能力に長けたCOOをチームに加えることを最優先すべきだと気づいただろう。

「メンバーの仕事」がわかるようにする

共同作業の進め方をチームで話し合う。このとき、全員で協力して作業マニュアルを作成すると効果的だ。他のメンバーの仕事内容や進め方を理解すれば、共同作業が楽になる。

各メンバーに、自分の役割や仕事の内容、共同作業するうえでの要望を1ページにまとめて書いてもらおう(「子育て中なので午後5時以降はメールをチェックできませんが、朝5時に起きるので、朝一番にメールをチェックします！」「新しいアイデアに対しては最初に白黒はっきりした反応をしがちなので、そのアイデアに込められた細かな意図を理解するのに少し時間がかかるかもしれません」といった情報など)。

性格の特徴、苦手なこと、好みの職場環境、コミュニケーションのスタイルや意見が対立した場合の対処のスタイルなども書いておく。

エバンジェリスト

サンプルケースの場合　経営幹部（とくにCEOと人事部長）、各支社の支店長

変革の取り組みには、エバンジェリスト（伝道者）も引き込む必要がある。日常的な業務に手を貸してくれるわけではないが、プロジェクトの承認や暗黙のサポートといった面で重要な役割を果たしてくれる人たちだ。

このブロックでは、この変革の取り組みにとってのエバンジェリストは誰か、時間や労力の面での貢献は期待できなくても、プロジェクトの擁護者として貢献してもらうにはどうすればいいか検討しよう。

もし私がハースビジネススクールで変革の取り組みを導くとしたら、学部長やCOO（最高執行責任者）、そしておそらく最高財務責任者のサポートと承認が必要になる。

3者とも多忙で毎日山ほどのプロジェクトを管理しているので、当然、私のプロジェクトでの朝一番のスタンドアップ・ミーティングに出席してはもらえないだろう。

しかし、プロジェクトを実現させるには誰の承認が不可欠で、どうすればその人物を引き込むことができるかは、事前に明確にしておきたい。

エバンジェリストと協力すれば、プロジェクトが組織の目標に沿っているか確認しやすくなるし、ごく短い時間で変革のビジョンを描くための大きな貢献をしてもらえる。

取り組みの立ち上げに力を貸す、チームメンバーの力ではどうにもならない障壁を取り除くなどは、エバンジェリストにとっては時間がかからないが、チームには大きなインパクトがもたらされる。

さらに、ロバート・チャルディーニが『影響力の武器』（誠信書房）で提唱した「社会的証明」が得られるメリットもある。これは正しい行動が何かがわからない人が、その手がかりを他者に求める現象だ。

不確実な現代社会では、人は権威ある人物に目を向けやすい。**変革の取り組みに参加すべきかどうか迷っている人は、他に誰がこの取り組みを支持しているかに注目しようとする。**

良い印象を与えるエバンジェリストがいれば（正式な役職として、顧問として、あるいはとくに役割はないがプロジェクトにゴーサインを出した人物として）、それは重要な社会的証明になるため、プロジェクトに参加しようという気になるかもしれない。

サンプルケースの場合

▼コミュニティ──「エンドユーザー」に近づく

多様で包括的な従業員のメンバーで構成される諮問委員会を社内

に設置し、意見やフィードバックを提供してもらう

2章で紹介した、ありきたりの法律家としての道を進まず、「大量投獄、過剰刑罰、人種的不平等を失くす」を目的とするEJIを設立したブライアン・スティーブンソンのケースは、変革の対象となる人々の近くにいることの大きな力を思い起こさせてくれる。チェンジメーカーは、奉仕する人たちから離れるのでなく、近づかなければならない。「苦しんでいる人たちに近づけば、世界を変える力を見出せる」と彼は述べている。

変革の取り組みにコミュニティを関与させる際には、次の2つの重要な質問の答えを考えよう。「誰に奉仕するのか?」「これが良い変化だということをどう判断するのか?」だ。

大学やシンクタンク、コンサルティング会社のようなエリート集団には、部外者として問題を解決しようとする悪い習慣がある。

たとえば、社会起業家に関する大学の授業では、「ルワンダに優良な学校を建設するにはどうすればいいか?」といった問題を学生に尋ねる。だが、大多数の学生に教育者としての経験はないし、ルワンダを訪れたこともないだろう。

このモデルを逆さまにしたのが、ジョアンナ・シーとジェス・レミントンが「受益者と設計する」という論文で詳述するアプローチだ。シーらは、「エンドユーザーはイノベー

ションにおいて重要な役割を果たす」と主張する。そして、**こうした非専門家はいくつかの試作品から最適なものを選び、改善することで、新規性が高く、成功しやすい製品アイデアを生み出せる**という研究結果を示している。

この概念はあらゆる種類の変革に当てはまる。**だからこそチェンジメーカーは人々がどのような変化を必要としているか推測するのではなく、直接答えを尋ねてみるべきだ。**

あなたが変化の影響を直接受ける立場なら、チェンジメーカーとして理想的なスタート地点にいる——問題が抱える複雑な事情をよく知っているからだ。とはいえ、他者の意見も必要だ。

対象となる相手に近づき、3章で学んだ謙虚な姿勢を保ちながら、答えを示すよりも質問を投げかけることを重視しよう。相手が何を必要としているのか、どんな変化を期待しているのか、話に耳を傾けよう。

同盟

サンプルケースの場合

国立精神衛生研究所、マインド・シェア・パートナーズ、ブリング・チェンジ・トゥー・マインドなどこの分野の非営利団体と定期的に連携する変革を導くために引き込む4番目のグループは「同盟」だ。

ここでは、6章で学んだネットワーク型リーダーシップの教訓を実践に移し、同じ変革に関心があり、すでにそれを実現する取り組みを始めている（かもしれない）人たちを特定する。

それは、似たような方法で同じ変革に取り組む、遠く離れたチェンジメーカーかもしれない。あるいは、同じような変革を、別の方法で実現しようとしているチェンジメーカーかもしれない。

他のチェンジメーカーの方法を、同じことを一から繰り返さないように、うまく活用するにはどうすればいいだろう？

すべてを1人で抱え込まず、各自が得意分野を活かせる、賢い分業をするには？

シリコンバレーの同盟関係

2013年のある日の夜、トリスタン・ハリスはプレゼンのファイルを勤務先のグーグルのデザイナー仲間の小さなコミュニティ宛に送信し、すぐにベッドに寝そべった。目を覚ましたとき、そのプレゼンは社内で急速に広まっていた。朝の通勤時、グーグルのバスに乗っていると、ノートパソコンの画面には、自分の言葉が次々と表示されていた。

「注意散漫を最小限に抑え、ユーザーの注意を尊重しよう」と題されたこのプレゼンは、グーグルだけでなく世界的な反響を呼んだ。

ハリスはその中で、人類史上、これほど少数の人が、ソーシャルメディアというものを通して世界中の人々に大きな影響を与えることはなかったと主張した。そのわずかな数の人間とは、シリコンバレーにいる「ほとんどが男性で、サンフランシスコ在住の25～35歳の白人で（中略）、3つの会社［フェイスブック、グーグル、アップル］で働いている」、均質的なデザイナーたちのことだ。

彼はTEDトークで、テック企業が依存性のある不健全な行動を促すことで、いかにユーザーの心をコントロールしているか訴えた。たとえば、フェイスブック・フィードの「ドゥームスクロール」〔気分を落ち込ませながらも、悪いニュースを求めてタイムラインをスクロールしつづけること〕は、「いいね！」や通知、SNSで感じる怒りなどによって、私たちのドーパミンニューロンを過剰に刺激する。

ハリスはテクノロジー業界にポジティブな変化をもたらすためにセンター・フォー・ヒューメイン・テクノロジー（CHT）という非営利組織を共同設立したが、自分たちですべての活動を行おうとはしなかった――その正反対だった。

同じような目標に向かって活動するパートナーたちと積極的に関わり、強固で多岐にわたる同盟関係を築いたのだ。

CHTは自らを中心に据えるのではなく、様々な協力者を結びつけることを重視する（6章のネットワーク型リーダーシップの体現だ）。同組織はテクノロジーの依存性に対処する様々な活動に取り組むチェンジメーカーたちと連携している。

そのリストにはカリフォルニア大学サンフランシスコ校、コロンビア大学、マサチューセッツ工科大学、コーネル大学の研究者や、数学者、ベンチャーキャピタリスト、起業家、政治家、さらにはフェイスブックの「いいね！」ボタンを発明したジャスティン・ローゼンスタインといったメンバーが名を連ねている。

彼らは共に「人類に最大限の利益をもたらすために、テクノロジー・インフラとビジネスモデルを根本から再構築する」という1つのビジョンのもとで前進している。

CHTはそのまとめ役を担い、各メンバーはそれぞれの専門性を活かし、たとえば法律面は法律の研究者、健康への影響は医師、といった形で変革に取り組む。

チェンジメーカーは、一人ひとりが自分らしい方法で変化を促せる。しかし、永続的な変革を実現するには、同じ問題意識を持つ人たちを見つけ、共に変革に取り組み、学び合う必要がある場合が多い。

それがチェンジメーカー同盟の力だ。

■アプローチ――(チェンジメーカー・キャンバスの6行目)

キャンバスの最後のセクションでは、「チェンジメーカー・インパクト方程式」(9章)で学んだことが役に立つ。

この方程式は、「(チェンジメーカー・マインドセット＋チェンジメーカー・リーダーシップ）×（行動）＝インパクト」というものだった。

キャンバスの5行目までは、戦略を見極め、行動を計画するためのもの。この最後の6行目では、その実行に必要なマインドセットとリーダーシップを、あらためて確認する。

チェンジメーカー・マインドセット

サンプルケースの場合　取り組みの初期に生じる周囲の反発を乗り越えるための「レジリエンス」、大きなビジョンを実現するための「長期的思考」、楽観的でありながら現実的に課題を克服しようとする「柔軟な考え方」

まずはチェンジメーカー・マインドセットから始めよう。これまで学んだこのマインドセットの様々な側面のうち、あなたにとって最も重要なものは何で、ポジティブな変革を導くのに最も適しているのは何だろう？

現状を疑い、大多数の意見に流されないこと？　柔軟性と共感を重視すること？　短期的な結果を求める圧力の中で、長期的な視点を持つこと？

取り組みを成功させるためにチェンジメーカーとして実践すべきマインドセットは何かを、じっくり考えよう。

▼チェンジメーカー・リーダーシップ

サンプルケースの場合 上層部を納得させるための「権威に頼らず人を動かす力」、相手に奉仕する瞬間を見つけてすぐに実践する「マイクロリーダーシップ」、包括的なリーダーシップ

変革を実現するために必要なチェンジメーカー・リーダーシップや、まわりと協力するためのスキルは何か考えよう。

権威に頼らず人を動かすこと？　ネットワーク・ベース型リーダーシップを発揮すべき？　マイクロリーダーシップと、目的を持ったリーダーシップを組み合わせること？

正解はないが、自分なりの答えを考えることで、それらのリーダーシップの手法やアプローチを効果的に実践しやすくなる。

私はチェンジメーカー・キャンバスを、私たちのために、そしてあなたのためにつくった。

このキャンバスを実践することで、アイデアを行動に変え、十分な準備を整えたという勇気と自信を持って、変革のための重要な一歩を踏み出せるはずだ。

この章のまとめ

主なポイント

- どんな変革でも、最初の段階では、何から手をつければいいのかわからないものだ。
- まずは「Ｗｈｙ（理由）」から始めよう。自分にとって最も貴重な資源である「時間」をその変革に費やそうとする理由は何か？
- 変革にはまわりの協力が欠かせないが、取り組みに関わる形には「実行者」「エバンジェリスト」「コミュニティ」「同盟」の４タイプがあり、それぞれに合わせた方法で関与してもらうことが大切だ（たとえば「エバンジェリスト」は承認や社会的証明を与える役割、「同盟」のメンバーはコラボレーターとして参加する役割を担ってくれる）。

チェンジメーカー・キャンバスの日本語版は次のＵＲＬからダウンロードできます

▼https://www.sunmark.co.jp/book_files/pdf/3994-8change.pdf

12章 チェンジメーカー・ジャーニー
はじめる

■「波紋」のように広がる行動

チェンジメーキングは、私たち全体の努力の積み重ねによって起こるものだ。私たちがチェンジメーカーの道のりで誰かに触発され得るのと同じように、私たちも誰かを触発できる。

また本書の冒頭で学んだように、変化は指数関数的に発生するために困難を伴う場合がある。だがこの同じ原則は、チェンジメーカーの最大の強みにもなり得る。自分ではその瞬間に気づかなくても、自らをチェンジメーカーと見なし始め、変化を起こす許可を自分自身に与えると、まわりに感銘を与え、共に取り組みに参加するよう促せるようになる。

あなたが、「自分のチェンジメーカーとしての行動によって影響を受けた人のことをすべて知る」のは不可能だ。

それでも、あなたが誰であろうと、どこに住んでいようと、どんな変革に取り組もうと、**あなたの行動が起こした波紋は、あなたが想像もしなかった場所にまで届くだろう。**

本書を読み終えようとしているあなたは今、場所を問わず変革を導く準備ができている。

あなたは世界中にいるチェンジメーカーの1人だ。

「ゼロからのスタート」ではない

本書の調査、ストーリー、教訓、研究を通じて学んだように、チェンジメーカー・マインドセット、リーダーシップスキルは、私たちの誰もが利用できるものだ。

これらのチェンジメーカーの事例を紹介してきたのは、彼らを手本にして、同じことをすべきだというプレッシャーを与えるためではない。

本書で学んだことを武器にすれば、あなたはそれ以上のことができる――チェンジメーカーとしての自らのアイデンティティを受け入れ、先人が成し遂げてきたものを土台にし、自分なりの一歩を踏み出せる。

本書で学んだ教訓を、自分が置かれた状況と、自分だからこそ導ける変革に当てはめよう。世界が求めているのは、本書で紹介してきたチェンジメーカーたちのクローンではない。

求められているのは、新たなチェンジメーカー――つまり、あなただ。

世界は、あなたがすべての経験、興味、情熱、スキル、そしてチェンジメーカー・マインドセットとリーダーシップ、行動によって変化を起こすことを必要としている。

あなたが自分の居場所で、自分らしい方法で、自分だからこそできる違いをもたらすために、私たちはあなたを必要としているのだ。

人生は「勇気」に応じて伸び縮みする

本書ではここまで、チェンジメーカー・マインドセットを身につける方法を説明してきた。あなたはすでに、幅広く、効果的なチェンジメーカー・リーダーシップのスキルを学んでいる。アイデアを実行に移すために何が必要かも理解しているし、チェンジメーカーとしての道具箱にも必要なツールはすべて揃った。

あなたは「チェンジメーカーになる」のプロセスの有効性を知っていて、自分と同じような人の多くが、本書で紹介してきた概念と教訓を学んだ結果チェンジメーカーになったことを知っている。チェンジメーカーの自己評価ツール「チェンジメーカー・インデックス」の結果からも自信を得られるはずだ。

後は、変化を起こす勇気を呼び起こすだけだ。

私は学期の終わりにいつも、小説家のアナイス・ニンの言葉を引用している――**「人生は、勇気に応じて伸び縮みする」**。

今こそ、これまでずっと自分の中で眠っていた勇気を呼び覚まし、影響力を広げる時だ。

自分の心の中にある、呼び起こされるのを待っている勇気を見つけよう。それは人任せにせず、変革の行動を起こそうと自分に言い聞かせる勇気だ。条件が完璧に整うのを待つことなく、途中で困難が待ち構えていても、今すぐ行動を起こそうと決意する勇気だ。

チェンジメーカーになるのは、誰だって怖い。だがアーティストのデイモン・デイビスは、ミズーリ州ファーガソンでのデモ参加者の物語を掘り起こした自身の作品に触れながら、**「勇気は伝染する」**と語っている。わずかな勇気を出せば、変化を起こすための勇気は倍増していく。

いきなり大きな飛躍をする必要はない。一歩踏み出す勇気があればいい。これまでに何千人ものチェンジメーカーがやってきたのと同じことを、今度は自分がすればいいだけだ。

これで、自分の居場所でポジティブな変革を導くために必要なものはすべて揃った。あなたはもう、チェンジメーカーだ。

世界は、かつてないほどあなたを待ち望んでいる。

あなたがこれからすることを、私たちは楽しみにしている。

謝辞

人生においても執筆においても、もし私が何かを成し遂げたのなら、それは信じられないほど素晴らしい人たちに囲まれ、支えられ、勇気づけられてきたというとてつもない幸運に恵まれたからだ。

私はお返しができないほど大きなものを与えられてきた。本書には、これまで私が友人や家族、同僚と分かち合ってきた喜びや苦難が詰まっている。

もしここに名前を書き忘れた人がいたとしても、私の感謝の気持ちがページを飛び出して直接あなたのところに向かっているのを知っておいてほしい（新米パパの睡眠不足のせいにもしよう）。

次の人たちに心から感謝する。

まず、日々、私の意欲を高め、意見をぶつけ、鼓舞してくれる素晴らしい学生たちへ。講義をした日の夜は眠れないことが多い。教室の熱気と君たちのとてつもなく大きな情熱や可能性に触れた興奮が収まらないから。

君たちを教える立場であることを、とても光栄に思う。

バークレー・ハースの素晴らしいコミュニティに。

ジェイ・ストウスキーは私を信じ、私のために戦い、ハースで教えるという最高の機会を与えてくれた。

エリカ・ウォーカーは私に賭け、賢明な助言も与えてくれた。

学部長のアン・ハリソンは、「変革を起こす」という前代未聞のテーマの講義を行うことを許してくれただけでなく、それを支援し、励ましてくれた。

ローラ・ハスナー、ブランディ・ピアース、マリアナ・ソーマ、リッチ・ライオンズの楽観主義と友情、バークレーのチェンジメーカーに対する根気強いサポートに。

カリフォルニア大学バークレー校の教授陣とスタッフに。あなたたちを友人と呼べることをとても幸せに思う。ありがとう。

深夜の執筆中、いつも心の支えになってくれたスポティファイの「ディープフォーカス」プレイリストに。

この執筆プロジェクトのMVB（最も価値のある飲み物）と呼べる、コンブチャとアイスコーヒーに。

本書の執筆中、そして執筆に至る過程で出会ったすべてのチェンジメーカーに。あなたたちなくして、現在の私は存在しない。

本書で紹介した素晴らしいチェンジメーカーたちにも特別の感謝を――自らの物語を語ってくれたことに、あなたの事例を世界に共有してくれたことに。

最高の出版エージェント、ジェフ・シュリーヴが2020年4月に最高のタイミングでくれたメールがきっかけで、私たちは一緒にこの素晴らしい旅を始めた。初めての著者にチャンスを与えてくれたこと、そして私のすべての疑問にウィットと知恵で答えてくれたことに感謝する。

優れた編集者、出版者のナナ・K・ツゥマシに。初めて話をしたときから、本書を担当してもらいたいと思っていた。あなたは私のすべての期待を超えていた。いつも私の側にいて、編集者としての図抜けた力量と鋭い頭脳をこのプロジェクトに注ぎ込んでくれた。

本を書くというとてつもない挑戦を支えてくれた友人と家族に。あなたたちの励ましと支えはかけがえのないものだった。

ジャスティン・シフリンとライアン・アベロウィッツは、忙しい最中に時間をつくって何度も本書の内容を確認してくれた。

ピーター・ローディはプロジェクトの早い段階で不可欠なアドバイスをくれた。

ベン・サンズは何年も前から本書を書くことを促してくれた。

デビッド・ナミアスは本の執筆の歴史において、最も割に合わない取引条件を受けてくれた――チキンシャワルマ1皿、ビール1本と引き換えに、本書に対するとても思慮深い意見や指摘をくれた。

アラナ・ブダクは、私を信じ、本書を様々な面から支えてくれた。

エミリー・アルトマンとアンドリュー・ブラウンシュタインは、私が執筆を休む際のサポートから、統計分析に関する質問への回答まで、幅広い支援をしてくれた。

デイブ・アルトマンとジュディス・アルトマンは執筆の全過程を通じて揺るぎない励ましと支援（と、完璧なタイミングで祖父母として孫の面倒を見てくれた！）をくれた。

マーク・ブダク、グレン・ブダク、シェリル・ベル、フィリス・ジェローム、アーウィン・アルトマン、グロリア・アルトマンも常に私とこの本を温かく見守ってくれた。

両親のモー・ブダクとレニー・ブダクは小さい頃から価値観の大切さを教えてくれ、常に変化を起こすことを促し、そして私が想像し得る以上の、最高の息子のPRエージェントになってくれた（父と母の遊び心たっぷりの宣伝には常に感謝している）。

息子のアシャーは、本書を書いている理由をいつも思い出させてくれた。私は君のために生きている。君は私の人生のすべてだ。

最後に、妻のレベッカ・ブダクに。君の知恵、親切心、優しさ、愛がなければ、この本は書けなかった。君のおかげで、私は良いチェンジメーカーになるよう、そしてなにより、良い夫、父親、人間になるよう日々励まされている。君は唯一無二の存在だ。

- Equal Justice Initiative (EJI), Intro on Posts page, Facebook, https://www.facebook.com/equaljusticeinitiative.
- Eva Rodriguez, "Bryan Stevenson Savors Victory in Supreme Court Ruling on Juvenile Life Sentences," *Washington Post*, June 25, 2012, https://www.washingtonpost.com/lifestyle/style/bryan-stevenson-savors-victory-in-supreme-court-ruling-on-juvenile-life-sentences/2012/06/25/gJQA8Wqm2V_story.html.
- Lizzie Kane, "Bryan Stevenson: 4 Steps to 'Change the World,' " *Q City Metro*, January 29, 2020,https://qcitymetro.com/2020/01/29/bryan-stevenson-4-steps-to-change-the-world; " 'Hope Is Your Superpower' : Bryan Stevenson Speaks at Penn State Abington," Penn State, March 22, 2019,https://www.psu.edu/news/academics/story/hope-your-superpower-bryan-stevenson-speaks-penn-state-abington.
- Svenolof Karlsson and Anders Lugn, "Laila Dials a Winner," Ericsson, https://www.ericsson.com/en/about-us/history/changing-the-world/the-nordics-take-charge/laila-dials-a-winner.
- J. Nina Lieberman, "Playfulness and Divergent Thinking: An Investigation of Their Relationship at the Kindergarten Level," *Journal of Genetic Psychology* 107, no. 2 (1965): 219, https://doi.org/10.1080/00221325.1965.10533661.
- Morten T. Hansen, "IDEO CEO Tim Brown: T-Shaped Stars: The Backbone of IDEO's Collaborative Culture," *Chief Executive*, January 21, 2010, https://chiefexecutive.net/ideo-ceo-tim-brown-t-shaped-stars-the-backbone-of-ideoaes-collaborative-culture.
- Ian Leslie, *Curious: The Desire to Know and Why Your Future Depends on It* (New York: Basic Books, 2015); "Ian Leslie on Why Curiosity Is Like a Muscle," Quercus Books, May 7, 2014, YouTube video, https://www.youtube.com/watch?v=SOGqGOnlJCI.
- Bruce D. Perry, Lea Hogan, and Sarah J. Marlin, "Curiosity, Pleasure and Play: A Neurodevelopmental Perspective," *HAAEYC Advocate*, August 2000.
- Bethany Biron, "REI Is Defying Black Friday and Closing Its Stores for the 5th Year in a Row—and It Wants Shoppers to Join Its Plan to Fight Climate Change," *Business Insider*, November 9, 2019, https://www.businessinsider.com/rei-closed-black-friday-for-the-fifth-year-2019-11.
- Lizz Kannenberg, "Social Spotlight: REI's #OptOutside and How a Campaign Becomes a Movement," Sprout Social, January 22, 2020, https://sproutsocial.com/insights/social-spotlight-rei.
- Emily Parkhurst, "That REI Black Friday Stunt? It Worked. REI Posts Largest-Ever Membership Growth," *Puget Sound Business Journal*, March 15, 2016, https://www.bizjournals.com/seattle/news/2016/03/15/that-rei-black-friday-stunt-it-worked-rei-posts.html.
- Solomon E. Asch, "Effects of Group Pressure on the Modification and Distortion of Judgments," in *Groups, Leadership and Men*, ed. H. Guetzknow (Pittsburgh: Carnegie Press, 1951), 177–90.
- Tyler Tervooren, "Finally, a Simple Way to Tell Smart Risks from Dumb Ones," Riskology, https://www.riskology.co/smart-risk-equation.
- Anthony Ray Hinton and Lara Love Hardin, *The Sun Does Shine: How I Found Life and Freedom on Death Row* (New York: St. Martin's Press, 2018).〔アンソニー・レイ・ヒントン著、『奇妙な死刑囚』、栗木さつき訳、海と月社〕
- E. P. Hollander, "Conformity, Status, and Idiosyncrasy Credit," *Psychological Review* 65, no. 2 (1958): 117–27, https://doi.org/10.1037/h0042501.
- A. A. Scholer et al., "When Risk Seeking Becomes a Motivational Necessity," *Journal of Personality and Social Psychology* 99, no. 2 (2010): 215–31, https://doi.org/10.1037/a0019715.
- Miriam Cosic, " 'We Are All Entrepreneurs' : Muhammad Yunus on Changing the World, One Microloan at a Time," *The Guardian*, March 28, 2017, https://www.theguardian.com/sustainable-business/2017/mar/29/we-are-all-entrepreneurs-muhammad-yunus-on-changing-the-world-one-microloan-at-a-time.

3章

- Gwen Yi, "To Lead Is to Let Go: Why I Fired Myself as CEO of Tribeless," *Medium*, December 5,

2018, https://gwenyi.medium.com/to-lead-is-to-let-go-why-i-fired-myself-as-ceo-of-tribeless-3f4c4eb46c.
- グウェン・イ・ウォン（Gwen Yi Wong）への個人的なインタビュー、2021年6月22日
- Amy Y. Ou, David A. Waldman, and Suzanne J. Peterson, "Do Humble CEOs Matter? An Examination of CEO Humility and Firm Outcomes," *Journal of Management* 44, no. 3 (September 21, 2015): 1147–73, https://doi.org/10.1177/0149206315604187.
- Kibeom Lee and Michael C. Ashton, "Getting Mad and Getting Even: Agreeableness and Honesty-Humility as Predictors of Revenge Intentions," *Personality and Individual Differences* 52, no. 5 (April 2012): 596–600, https://doi.org/10.1016/j.paid.2011.12.004.
- Samantha A. Deffler, Mark R. Leary, and Rick H. Hoyle, "Knowing What You Know: Intellectual Humility and Judgments of Recognition Memory," *Personality and Individual Differences* 96 (July 2016): 255–59, https://doi.org/10.1016/j.paid.2016.03.016.
- Jim Collins, *Good to Great: Why Some Companies Make the Leap... and Others Don't* (New York: Harper Business, 2001).
- *Public Trust in Government*: 1958–2021, Pew Research Center, May 17, 2021, https://www.pewresearch.org/politics/2021/05/17/public-trust-in-government-1958-2021.
- "The State of Personal Trust," *Trust and Distrust in America*, Pew Research Center, July 22, 2019, https://www.pewresearch.org/politics/2019/07/22/the-state-of-personal-trust.
- Esteban Ortiz-Ospina and Max Roser, "Trust," *Our World in Data*, July 22, 2016, https://ourworldindata.org/trust.
- Rachel Botsman, "We' ve Stopped Trusting Institutions and Started Trusting Strangers," filmed June 29, 2016, at TEDSummit, Banff, Canada, video, 16:59, https://www.ted.com/talks/rachel_botsman_we_ve_stopped_trusting_institutions_and_started_trusting_strangers.
- "University of Texas at Austin 2014 Commencement Address— Admiral William H. McRaven," Texas Exes, May 19, 2014, YouTube video, 19:26, https://www.youtube.com/watch?v=pxBQLFLei70.
- Pauline Rose Clance and Suzanne Ament Imes, "The Imposter Phenomenon in High Achieving Women: Dynamics and Therapeutic Intervention," *Psychotherapy: Theory, Research & Practice* 15, no. 3 (1978): 241–47, https://doi.org/10.1037/h0086006.
- Ruchika Tulshyan and Jodi-Ann Burey, "Stop Telling Women They Have Imposter Syndrome," *Harvard Business Review*, February 11, 2021, https://hbr.org/2021/02/stop-telling-women-they-have-imposter-syndrome.
- Basima Tewfik, "Workplace Impostor Thoughts: Theoretical Conceptualization, Construct Measurement, and Relationships with Work-Related Outcomes," (PhD diss., University of Pennsylvania, 2019), https://repository.upenn.edu/edissertations/3603.
- Brené Brown, "The Power of Vulnerability," filmed June 11, 2010, at TEDxHouston, Houston, TX, video, 20:03, https://www.ted.com/talks/brene_brown_the_power_of_vulnerability.
- Morten Hansen, *Great at Work: The Hidden Habits of Top Performers* (New York: Simon & Schuster, 2018).
- David Allen, "Opera's Disrupter in Residence, Heading to Bayreuth," *New York Times*, July 20, 2017, https://www.nytimes.com/2017/07/20/arts/music/operas-disrupter-in-residence-heading-to-bayreuth.html.
- "Anna Deavere Smith, Yuval Sharon, and Kate D. Levin— Aspen Ideas Festival," The Aspen Institute, June 30, 2020, YouTube video, 23:04, https://www.youtube.com/watch?v=v3Sa1CRXbeE.
- "Take the Thomas-Kilmann Conflict Mode Instrument," Kilmann Diagnostics, https://kilmanndiagnostics.com/overview-thomas-kilmann-conflict-mode-instrument-tki.
- 詳細およびグラフについては、以下を参照のこと。"Thomas Kilmann Conflict Mode Instrument (TKI®)," Myers-Briggs, https://www.themyersbriggs.com/en-US/Products-and-Services/TKI.
- Scott Shigeoka and Jason Marsh, "Eight Keys to Bridging Our Differences," *Greater Good Magazine*, Greater Good Science Center at UC Berkeley, July 22, 2020, https://greatergood.berkeley.edu/article/item/eight_keys_to_bridging_our_differences.

4章

- Jim Heskett, "Why Isn't Servant Leadership More Prevalent?" Working Knowledge, Harvard Business School, May 1, 2018, https://hbswk.hbs.edu/item/7207.html.
- Robert K. Greenleaf, *The Servant as Leader* (Indianapolis: Robert K. Greenleaf Center for Servant Leadership, 1970).
- "Emily Cherniack," New Politics, https://www.newpolitics.org/emily-cherniack.
- Adam M. Grant, *Give and Take: Why Helping Others Drives Our Success* (New York: Penguin, 2014). 〔アダム・グラント著、『GIVE & TAKE「与える人」こそ成功する時代』、楠木建監訳、三笠書房〕
- Cone, "New Cone Communications Research Confirms Millennials as America's Most Ardent CSR Supporters," press release, September 23, 2015, https://www.conecomm.com/news-blog/new-cone-communications-research-confirms-millennials-as-americas-most-ardent-csr-supporters.
- "2020 Edelman Trust Barometer," Edelman, January 19, 2020, https://www.edelman.com/trust/2020-trust-barometer.
- Alison Beard, "Why Ben & Jerry's Speaks Out," *Harvard Business Review*, January 13, 2021, https://hbr.org/2021/01/why-ben-jerrys-speaks-out.
- Phillippa Lally et al., "How Are Habits Formed: Modelling Habit Formation in the Real World," *European Journal of Social Psychology* 40, no. 6 (October 2010): 998–1009, https://doi.org/10.1002/ejsp.674.
- *Measuring the Economic Impact of Short-Termism*, discussion paper, McKinsey Global Institute, February 2017, https://www.mckinsey.com/~/media/mckinsey/featured%20insights/long%20term%20capitalism/where%20companies%20with%20a%20long%20term%20view%20outperform%20their%20peers/measuring-the-economic-impact-of-short-termism.ashx.
- Simon Sinek, *The Infinite Game* (New York: Portfolio, 2020).
- James P. Carse, *Finite and Infinite Games: A Vision of Life as Play and Possibility*(New York: Free Press, 1986).
- Brian Chesky, "Open Letter to the Airbnb Community About Building a 21st Century Company," Airbnb, February 14, 2018, press.atairbnb.com/brian-cheskys-open-letter-to-the-airbnb-community-about-building-a-21st-century-company.
- Cameron Sperance, "Airbnb and Vrbo Significantly Outperformed the Hotel Industry but for How Long?" *Skift*, August 14, 2020, https://skift.com/2020/08/14/airbnb-and-vrbo-significantly-outperformed-the-hotel-industry-but-for-how-long.
- James M. Kouzes and Barry Posner, "To Lead, Create a Shared Vision," *Harvard Business Review*, January 2009, https://hbr.org/2009/01/to-lead-create-a-shared-vision.
- Matthew Kelly, *The Long View: Some Thoughts About One of Life's Most Important Lessons* (North Palm Beach, FL: Blue Sparrow, 2014).
- Ashlee Vance, *Elon Musk: Tesla, SpaceX, and the Quest for a Fantastic Future* (New York: Ecco, 2015).
- "Future of Driving," Volvo, https://www.volvocars.com/en-vn/why-volvo/human-innovation/future-of-driving.
- Hannah Bae, "Bill Gates' 40th Anniversary Email: Goal Was 'a Computer on Every Desk,' " CNN Business, April 6, 2015, https://money.cnn.com/2015/04/05/technology/bill-gates-email-microsoft-40-anniversary/index.html.

5章

- Mario T. García, ed., *A Dolores Huerta Reader* (Albuquerque: University of New Mexico Press, 2008).
- Demetri Martin, *This Is a Book* (New York: Grand Central, 2012).

- Thomas L. Friedman, "We Need Great Leadership Now, and Here's What It Looks Like," editorial, *New York Times*, April 21, 2020, https://www.nytimes.com/2020/04/21/opinion/covid-dov-seidman.html.
- *The Flux Report: Building a Resilient Workforce in the Face of Flux*, January 2014, Right Management, https://www.rightmanagement.co.uk/wps/wcm/connect/350a18c6-6b19-470d-adba-88c9e0394d0b/Right+Management+Flux+Report+Spread.pdf?MOD=AJPERES.
- Stephen J. Zaccaro, "Social Complexity and the Competencies Required for Effective Military Leadership," in *Out-of-the-Box Leadership: Transforming the Twenty-First-Century Army and Other Top-Performing Organizations*, James G. Hunt, George E. Dodge, and Leonard Wong, eds. (Bingley, UK: Emerald Publishing, 1999), 131–51.
- Gunnar Bohné, "Emotions at Play: Gaining Emotional Knowledge Using a Video Game" (master's thesis, Uppsala University, 2014), http://uu.diva-portal.org/smash/get/diva2:747683/FULLTEXT01.pdf.
- "Empathy Definition: What Is Empathy," *Greater Good Magazine*, Greater Good Science Center, UC Berkeley, https://greatergood.berkeley.edu/topic/empathy/definition.
- Patti Sanchez, "The Secret to Leading Organizational Change Is Empathy," *Harvard Business Review*, December 20, 2018, https://hbr.org/2018/12/the-secret-to-leading-organizational-change-is-empathy.
- Erik C. Nook et al., "Prosocial Conformity: Prosocial Norms Generalize Across Behavior and Empathy," *Personality and Social Psychology Bulletin* 42, no. 8 (2016): 1045–62, https://doi.org/10.1177/0146167216649932.
- Anne Brice, "How Having the 'Wrong' Address Almost Cost One Graduate Everything," *Berkeley News*, May 13, 2021, https://news.berkeley.edu/2021/05/13/graduation-profile-aurora-lopez.
- Elizabeth Levy Paluck, Hana Shepherd, and Peter M. Aronow, "Changing Climates of Conflict: A Social Network Experiment in 56 Schools," *Proceedings of the National Academy of Sciences* 113, no. 3 (January 19, 2016): 566–71, https://doi.org/10.1073/pnas.1514483113.
- Byron Katie, "The Work Is a Practice," The Work of Byron Katie, https://thework.com/instruction-the-work-byron-katie.
- Danielle D. King, Abdifatah A. Ali, Courtney L. McCluney, and Courtney Bryant, "Give Black Employees Time to Rest and Recover," *Harvard Business Review*, February 22, 2021, https://hbr.org/2021/02/give-black-employees-time-to-rest-and-recover.
- Audre Lorde, *A Burst of Light and Other Essays* (Mineola, NY: Ixia Press, 2017).
- Stephen R. Covey, *The 7 Habits of Highly Effective People: Powerful Lessons in Personal Change: 30th Annivesary Edition* (New York: Simon & Schuster, 2020).
- "Habit 7: Sharpen the Saw®," FranklinCovey, https://www.franklincovey.com/habit-7.
- Arnaldo Camuffo et al., "A Scientific Approach to Entrepreneurial Decision Making: Evidence from a Randomized Control Trial," *Management Science* 66, no. 2(February 2020): 564–86, https://doi.org/10.1287/mnsc.2018.3249.
- 講義で「意図的に拒絶される」演習を始めた後で見たものだが、「意図的に 100 日間連続で拒絶された」という体験を話すジャ・ジャン（Jia Jiang）の TED トークは、優れた知見を提供してくれる。"What I Learned from 100 Days of Rejection," January 6, 2017, TED video, 15:31, https://www.youtube.com/watch?v=-vZXgApsPCQ.

6 章

- Herminia Ibarra, *Act Like a Leader, Think Like a Leader* (Boston: Harvard Business Review Press, 2015).〔ハーミニア・イバーラ著、『誰もがリーダーになれる特別授業』、河野英太郎監修、新井宏征訳、翔泳社〕
- Herminia Ibarra (@HerminiaIbarra), "My new book #ActLikeaLeader," February 9, 2015, 3:45 a.m., https://twitter.com/HerminiaIbarra/status/564751835450597376.
- "BUILD.org," Remake Learning, https://remakelearning.org/organization/build-org.

・*State of the Global Workplace: 2021 Report*, "State of the Global Workplace," Gallup, https://www.gallup.com/workplace/349484/state-of-the-global-workplace.aspx.
・Margaret Wheatley and Deborah Frieze, "Using Emergence to Take Social Innovations to Scale," 2006, https://www.margaretwheatley.com/articles/emergence.html.
・Damon Centola et al., "Experimental Evidence for Tipping Points in Social Convention," *Science* 360, no. 6393 (June 8, 2018): 1116–19, https://doi.org/10.1126/science.aas8827.
・Mark Wilson, "The Magic Number of People Needed to Create Social Change," *Fast Company*, June 22, 2018, https://www.fastcompany.com/90176846/the-magic-number-of-people-needed-to-create-social-change.
・Barbara Ransby, "Black Lives Matter Is Democracy in Action," editorial, *New York Times*, October 21, 2017, https://www.nytimes.com/2017/10/21/opinion/sunday/black-lives-matter-leadership.html.
・Jane Wei-Skillern, David Ehrlichman, and David Sawyer, "The Most Impactful Leaders You Have Never Heard Of," *Stanford Social Innovation Review*, September 16, 2015, https://ssir.org/articles/entry/the_most_impactful_leaders_youve_never_heard_of.
・Shawn Achor, Andrew Reece, Gabriella Rosen Kellerman, and Alexi Robichaux, "9 Out of 10 People Are Willing to Earn Less Money to Do More-Meaningful Work," *Harvard Business Review*, November 6, 2018, https://hbr.org/2018/11/9-out-of-10-people-are-willing-to-earn-less-money-to-do-more-meaningful-work.
・Scott D. Johnson and Curt Bechler, "Examining the Relationship Between Listening Effectiveness and Leadership Emergence: Perceptions, Behaviors, and Recall," *Small Group Research* 29, no. 4 (1998): 452–71, https://doi.org/10.1177/1046496498294003.
・Kate Murphy, *You're Not Listening: What You're Missing and Why It Matters* (New York: Celadon Books, 2020).〔ケイト・マーフィ著、『LISTEN――知性豊かで創造力がある人になれる』、篠田真貴子監訳、松丸さとみ訳、日経 BP〕

7章

・Drew Dudley, "Everyday Leadership," filmed September 30, 2010, at TEDxToronto, Toronto, Canada, video, 6:01, https://www.ted.com/talks/drew_dudley_everyday_leadership.
・Sydney Page, "She Almost Jumped Off a Bridge. She Now Returns There to Post Notes That Have Saved the Lives of Others," *Washington Post*, June 3, 2021, https://www.washingtonpost.com/lifestyle/2021/06/03/suicide-bridge-note-kindness.
・Gillian R. Brassil, "Sedona Prince Has a Message for You," *New York Times*, May 29, 2021, https://www.nytimes.com/2021/05/29/sports/ncaabasketball/sedona-prince-ncaa-basketball-video.html.
・Nancy Armour, "Opinion: Sedona Prince Has Left Her Mark on NCAA Tournament, Women's Sports," editorial, *USA Today*, March 29, 2021, https://www.usatoday.com/story/sports/columnist/nancy-armour/2021/03/29/ncaa-tournament-sedona-prince-impact-women-goes-beyond-oregon/7042248002.
・Ronald A. Heifetz, *Leadership Without Easy Answers* (Cambridge, MA: Belknap Press of Harvard University Press, 1994).〔ロナルド・A. ハイフェッツ著、『リーダーシップとは何か！』、幸田シャーミン訳、産能大学出版部〕
・"First Follower: Leadership Lessons from Dancing Guy," Derek Sivers, February 11, 2010, YouTube video, 2:57, https://www.youtube.com/watch?v=fW8amMCVAJQ.
・Liz Wiseman, *Multipliers: How the Best Leaders Make Everyone Smarter* (New York: Harper Business, 2017).〔リズ・ワイズマン著、『メンバーの才能を開花させる技法』、関美和訳、海と月社〕
・Liz Wiseman and Greg McKeown, "Managing Yourself: Bringing Out the Best in Your People," *Harvard Business Review*, May 2010, https://hbr.org/2010/05/managing-yourself-bringing-out-the-best-in-your-people.
・Lauren Keller Johnson, "Exerting Influence Without Authority," *Harvard Business Review*,

February 28, 2008, https://hbr.org/2008/02/exerting-influence-without-aut.
- "Pitbull— Feel This Moment (Official Video) ft. Christina Aguilera," Pitbull, March 15, 2013, YouTube video, 3:49, https://www.youtube.com/watch?v=5jlI4uzZGjU.
- Noah J. Goldstein, Robert B. Cialdini, and Vladas Griskevicius, "A Room with a Viewpoint: Using Social Norms to Motivate Environmental Conservation in Hotels," *Journal of Consumer Research* 35, no. 3 (October 1, 2008): 472–82, https://doi.org/10.1086/586910.
- David B. Strohmetz et al., "Sweetening the Till: The Use of Candy to Increase Restaurant Tipping," *Journal of Applied Social Psychology* 32, no. 2 (July 31, 2002): 300–09, https://doi.org/10.1111/j.1559-1816.2002.tb00216.x.
- Konexio (@Konexio_eu), "Our vision?," Twitter, January 28, 2021, 1:11 a.m., https://twitter.com/Konexio_eu/status/1354718835341930496.
- Rebecca Sun, " 'Crazy Rich Asians' : Read the Letter That Convinced Coldplay to Allow 'Yellow' in the Movie," *Hollywood Reporter*, August 19, 2018, https://www.hollywoodreporter.com/news/general-news/read-crazy-rich-asians-director-s-letter-coldplay-yellow-1135826.

8章

- Jason Le Miere, "New Zealand PM Says She Told Donald Trump to Show 'Sympathy and Love for All Muslim Communities,' " *Newsweek*, March 15, 2019, https://www.newsweek.com/new-zealand-donald-trump-mosque-muslim-1365338.
- Andrés Tapia, "The Inclusive Leader," Korn Ferry, https://www.kornferry.com/insights/this-week-in-leadership/the-inclusive-leader.
- Juliet Bourke and Bernadette Dillon, "The Diversity and Inclusion Revolution: Eight Powerful Truths," *Deloitte Review*, January 2018, https://www2.deloitte.com/content/dam/insights/us/articles/4209_Diversity-and-inclusion-revolution/DI_Diversity-and-inclusion-revolution.pdf.
- Juliet Bourke and Andrea Titus, "Why Inclusive Leaders Are Good for Organizations, and How to Become One," *Harvard Business Review*, March 29, 2019,https://hbr.org/2019/03/why-inclusive-leaders-are-good-for-organizations-and-how-to-become-one.
- Juliet Bourke and Andrea Titus, "The Key to Inclusive Leadership," *Harvard Business Review*, March 6, 2020, https://hbr.org/2020/03/the-key-to-inclusive-leadership.
- "Introduction," re:Work, Google, https://rework.withgoogle.com/print/guides/5721312655835136.
- Charles Duhigg, "What Google Learned from Its Quest to Build the Perfect Team," *New York Times*, February 25, 2016, https://www.nytimes.com/2016/02/28/magazine/what-google-learned-from-its-quest-to-build-the-perfect-team.html.
- Amy Edmondson, "Psychological Safety and Learning Behavior in Work Teams," *Administrative Science Quarterly* 44, no. 2 (1999): 350–83, https://doi.org/10.2307/2666999.
- "Identify Dynamics of Effective Teams," *Guide: Understand Team Effectiveness*, re:Work, Google, https://rework.withgoogle.com/guides/understanding-team-effectiveness/steps/identify-dynamics-of-effective-teams.
- Markus Baer and Michael Frese, "Innovation Is Not Enough: Climates for Initiative and Psychological Safety, Process Innovations, and Firm Performance," *Journal of Organizational Behavior* 24, no. 1 (February 2003): 45–68, https://doi.org/10.1002/job.179.
- Edmondson, "Psychological Safety," 350–83.
- Amy C. Edmondson, *The Fearless Organization: Creating Psychological Safety in the Workplace for Learning, Innovation, and Growth* (Hoboken, NJ: Wiley, 2019).
- Maura Kessel, Jan Kratzer, and Carsten Schultz, "Psychological Safety, Knowledge Sharing, and Creative Performance in Healthcare Teams," *Creativity and Innovation Management* 21, no. 2 (June 2012): 147–57, https://doi.org/10.1111/j.1467-8691.2012.00635.x.
- Katherine W. Phillips, "How Diversity Makes Us Smarter," *Scientific American*, October 2014, https://www.scientificamerican.com/article/how-diversity-makes-us-smarter.
- Cristian L. Dezsö and David Gaddis Ross, "Does Female Representation in Top Management

Improve Firm Performance? A Panel Data Investigation," *Strategic Management Journal* 33, no. 9 (September 2012): 1072–89, https://doi.org/10.1002/smj.1955.
・Orlando Richard et al., "Employing an Innovation Strategy in Racially Diverse Workforces: Effects on Firm Performance," *Group & Organization Management* 28, no. 1 (2003): 107–26, https://doi.org/10.1177/1059601102250022.
・Denise Lewin Loyd et al., "Social Category Diversity Promotes Premeeting Elaboration: The Role of Relationship Focus," *Organization Science* 24, no. 3 (May–June 2013): 757–72, https://doi.org/10.1287/orsc.1120.0761.
・Phillips, "How Diversity Makes Us Smarter."
・Daniel Goleman, "Leadership That Gets Results," *Harvard Business Review*, March–April 2000, https://hbr.org/2000/03/leadership-that-gets-results.

9章

・Lanre Bakare, "Pink Seesaws Reach Across the Divide at US-Mexico Border," *Guardian*, July 30, 2019, https://www.theguardian.com/us-news/2019/jul/30/pink-seesaws-reach-across-divide-us-mexico-border.
・"Ethiopia Plants over 350 Million Trees in a Day, Setting New World Record," *UNEP*, United Nations Environment Programme, August 2, 2019, https://www.unep.org/news-and-stories/story/ethiopia-plants-over-350-million-trees-day-setting-new-world-record. Note that Ethiopia's claim of 350 million trees has not been independently verified as of February 2022.
・Brandi Nicole Johnson, "7 Things Leaders, Brands, Companies and Organizations Can Do to Support Black Employees," *Medium*, June 4, 2020, https://medium.com/@bnicolejohnson/7-things-leaders-brands-companies-and-organizations-can-do-to-support-black-employees-b182a44c4a72.
・Jim Collins and Morten T. Hansen, *Great by Choice: Uncertainty, Chaos, and Luck—Why Some Thrive Despite Them All* (London: Random House Business, 2011).
・*The Social Intrapreneur: A Field Guide for Corporate Changemakers*, Allianz, IDEO, Skoll Foundation, and SustainAbility, 2008, https://www.allianz.com/content/dam/onemarketing/azcom/Allianz_com/migration/media/current/en/press/news/studies/downloads/thesocialintrapreneur_2008.pdf.
・"Patrimonio Hoy: A Home for Everyone," CEMEX, October 7, 2015, https://www.cemex.com/-/patrimonio-hoy-a-home-for-everyone.
・Tomas Chamorro-Premuzic. "Why You Should Become an 'Intrapreneur,' " *Harvard Business Review*, March 26, 2020, https://hbr.org/2020/03/why-you-should-become-an-intrapreneur.
・Clayton M. Christensen, *The Innovator's Dilemma: The Revolutionary Book That Will Change the Way You Do Business* (New York: Harper Business, 2011).
・Vincent J. Felitti, "The Relationship of Adverse Childhood Experiences to Adult Health: Turning Gold into Lead," *Zeitschrift fur Psychosomatische Medizin und Psychotherapie* 48, no. 4 (October 2002): 359–69, https://doi.org/10.13109/zptm.2002.48.4.359.
・Nadine Burke Harris, "How Childhood Trauma Affects Health Across a Lifetime," TED video, September 2014, https://www.ted.com/talks/nadine_burke_harris_how_childhood_trauma_affects_health_across_a_lifetime.
・*The Social Intrapreneur*, https://www.allianz.com/content/dam/onemarketing/azcom/Allianz_com/migration/media/current/en/press/news/studies/downloads/thesocialintrapreneur_2008.pdf.
・Steve Blank, *The Four Steps to the Epiphany: Successful Strategies for Products That Win* (Hoboken, NJ: John Wiley & Sons, 2020); Eric Ries, *The Lean Startup: How Today's Entrepreneurs Use Continuous Innovation to Create Radically Successful Businesses* (New York: Crown Business, 2011).〔スティーブン・G・ブランク著、『アントレプレナーの教科書』、渡邊哲訳、堤孝志訳、翔泳社〕

10章

- Adam Grant, “Who’s the Boss?: Transcript,” *WorkLife with Adam Grant*, TED Media, May 25, 2021, https://www.ted.com/podcasts/worklife/whos-the-boss-transcript.
- “United for Respect Member Carolyn ‘Cat’ Davis Speaking at the 2017 Walmart Shareholders Meeting,” United for Respect, October 7, 2019, YouTube video, 2:57,https://www.youtube.com/watch?v=ft3drtjhMFg.
- “The Three Types of People You’ll Meet When Implementing Change,” Innov8rs, September 23, 2018, https://innov8rs.co/news/the-three-types-of-people-youll-meet-when-implementing-change.
- Christine Ingebritsen, “Norm Entrepreneurs: Scandinavia’s Role in World Politics,” *Cooperation and Conflict* 37, no. 1 (2002): 11–23, https://doi.org/10.1177/0010836702037001689.
- Martha Finnemore and Kathryn Sikkink, “International Norm Dynamics and Political Change,” *International Organization* 52, no. 4 (Autumn 1998): 887–917,https://doi.org/10.1162/002081898550789.
- Cass R. Sunstein, “Social Norms and Social Roles,” *Columbia Law Review* 96, no.4 (May 1996): 903–68, https://chicagounbound.uchicago.edu/cgi/viewcontent.cgi?article=12456&context=journal_articles.
- Julie Kliger et al., “Empowering Frontline Nurses: A Structured Intervention Enables Nurses to Improve Medication Administration Accuracy,” *The Joint Commission Journal on Quality and Patient Safety* 35, no. 12 (December 2009), https://doi.org/10.1016/s1553-7250(09)35085-0.
- Victoria Colliver, “Prescription for Success: Don’t Bother Nurses,” *San Francisco Chronicle*, SFGATE, October 28, 2009, https://www.sfgate.com/health/article/Prescription-for-success-Don-t-bother-nurses-3282968.php.
- For more information on the model and its development, see “What Is Theory of Change?,” Center for Theory of Change, https://www.theoryofchange.org/what-is-theory-of-change.
- William Samuelson and Richard Zeckhauser, “Status Quo Bias in Decision Making,” *Journal of Risk and Uncertainty* 1, no. 1 (March 1988): 7–59, https://doi.org/10.1007/bf00055564.
- Daniel Kahneman and Amos Tversky, “Prospect Theory: An Analysis of Decision Under Risk,” *Econometrica* 47, no. 2 (March 1979): 263–91, https://doi.org.10.2307/1914185.
- Alison Beard and Jonah Berger, “Mastering the Art of Persuasion,” episode 753, *HBR IdeaCast*, August 11, 2020, https://hbr.org/podcast/2020/08/mastering-the-art-of-persuasion.
- Jonah Berger, *The Catalyst: How to Change Anyone’s Mind* (New York: Simon & Schuster, 2020).
- “Case Study: The Berkeley Haas School of Business: Codifying, Embedding, and Sustaining Culture,” Berkeley Haas Case Series, cases.haas.berkeley.edu/case/berkeley-haas-culture.
- John P. Kotter, *A Sense of Urgency* (Cambridge, MA: Harvard Business Press, 2008).

11章

- Paulo Coelho, *The Alchemist* (New York: HarperOne, 1993).〔パウロ・コエーリョ著、『アルケミスト 夢を旅した少年』、山川紘矢、山川亜希子訳、角川文庫〕
- Simon Sinek, “How Great Leaders Inspire Action,” filmed September 16, 2009, at TEDxPugetSound, Newcastle, WA, video, 17:48, https://www.ted.com/talks/simon_sinek_how_great_leaders_inspire_action.
- “Models of Impact,” Verynice, http://www.modelsofimpact.co.
- Jodi Rudoren, “Peace Deal Comes with Hummus at Israeli Restaurant,” *The New York Times*, November 25, 2015, https://www.nytimes.com/2015/11/25/world/middleeast/peace-deal-comes-with-hummus.html.
- Donella Meadows, “Leverage Points: Places to Intervene in a System,” Donella Mead-ows Archives, Academy for Systems Change, https://donellameadows.org/archives/leverage-points-places-to-intervene-in-a-system.

・Paul Batalden and Earl Conway, “Like Magic? ('Every System Is Perfectly Designed...'),” *Institute for Healthcare Improvement*, August 21, 2015, http://www.ihi.org/communities/blogs/origin-of-every-system-is-perfectly-designed-quote.
・このコンセプトにはさまざまなバリエーションがあるが、Atlassian社は優れた情報源(便利なテンプレートもある)を提供している。同社はこれを、新入社員のオンボーディングで使用している。“My User Manual,” Atlassian, https://www.atlassian.com/team-playbook/plays/my-user-manual.
・Robert B. Cialdini, *Influence: The Psychology of Persuasion* (New York: Collins, 2007).
・Leandra Fernandez, “Empathy and Social Justice: The Power of Proximity in Improvement Science,” Carnegie Foundation for the Advancement of Teaching, April 21, 2016, https://www.carnegiefoundation.org/blog/empathy-and-social-justice-the-power-of-proximity-in-improvement-science.
・Joanna Cea and Jess Rimington, “Designing with the Beneficiary,” *Innovations: Technology, Governance, Globalization* 11, no. 3–4 (Summer–Fall 2017): 98–111, https://doi.org/10.1162/inov_a_00259.
・Tristan Harris, “A Call to Minimize Distraction & Respect Users' Attention,” October 2019, https://idoc.pub/documents/a-call-to-minimize-distraction-respect-users-attention-by-tristan-harris-d47e1096j7n2.
・Tristan Harris, “How a Handful of Tech Companies Control Billions of Minds Every Day,” filmed April 28, 2017, at TED2017, Vancouver, BC, Canada, video, 16:52, https://www.ted.com/talks/tristan_harris_how_a_handful_of_tech_companies_control_billions_of_minds_every_day.
・“What We Do,” Center for Humane Technology, https://www.humanetech.com/what-we-do.

12章

・Carol A. Dingle, *Memorable Quotations: French Writers of the Past* (Writers Club Press: Lincoln, Nebraska, 2000).
・Damon Davis, “Courage Is Contagious,” filmed April 24, 2017, TED2017, Vancouver, BC, Canada, video, 5:17, https://www.ted.com/talks/damon_davis_courage_is_contagious.